新版

サードカルチャーキッズ

国際移動する子どもたち

デビッド・C. ポロック
ルース＝ヴァン・リーケン
マイケル・V. ポロック　著

嘉納もも
日部八重子
峰松愛子　訳

THIRD CULTURE KIDS

Growing Up Among Worlds

スリーエーネットワーク

日本語版［新版］発刊に寄せて

このたび、嘉納ももさん、日部八重子さん、峰松愛子さんという三人の優れた女性によって『サードカルチャーキッズ（*THIRD CULTURE KIDS: Growing Up Among Worlds*）』の日本語訳が改訂され、新しい息が吹き込まれたことを、私は言葉にできないほど嬉しく思っています。

嘉納さんと日部さんは日本語訳の初版を翻訳してくれました。日部さんは日本語教師および翻訳者としての経験を生かし、嘉納さんは帰国子女研究に携わった初期の研究者の一人として貢献されました。今回の新版では、峰松さんが新たに加わりました。峰松さんは大学の授業で、原書のサードカルチャーキッズ英語版をテキストとして使っており、「幼少期の異文化体験がアイデンティティと所属意識に与える影響」について教えています。

三人とも国際移動を伴う生活をしてきたため、個人的にも、また仕事上でもこのテーマについて理解があります。三人が協力して翻訳することで内容に深みが増し、複数の文化圏で育つ人に共通する特性を、だれよりも上手に説明できたのではないでしょうか。この本を読むと、「自分だけではなかったのだ！」と思う瞬間が数え切れないほどあると思います。これまで自分が言葉にできなかったことについての用語や説明を見ることになるからです。

本書が初版と異なるのは、次の二つのことです。

まず、文化的な複雑さが増していることについて常に私たちは学び続けているということが書かれています。新版には「クロスカルチャーキッズとは？」の一節が新たに加わりました。グローバル化が進む今日、さまざまな背景を持つ子どもたちは、ますます文化が交錯し続ける世界に直面しているのです。共著者のデビッド・ポロックは二〇〇四年にこの世を去りましたが、私はその後も変わりゆく世界とさまざまな文化背景を持つ子どもたちについて話を広げてきました。

次にマイケル・ポロックを新たな共著者として招いたことです。マイケルはデビッドの息子です。彼はサードカルチャーキッズというテーマについて父親から聞いて育っただけでなく、自身もＴＣＫであり、大人になってからは中国のインターナショナルスクールに十年間勤めました。彼の経験について日本語版でも皆さんにご覧いただけるようになりました。

また、私が楽しみにしているのは、新たな内容が日本語版にも加わるということだけではありません。この日本語版は英語版からのただの移し替えではないのです。三人は日本語に翻訳するにあたって、日本の読者に伝わるように工夫を凝らし、内容をまとめてくれました。このアレンジについては、マイケルと私だけでなく出版社も快諾しています。この本は日本の皆さんにとって興味深く、より役立つものになるでしょう。また、日本をベースとして国際移動をする家族にとって重要な資料になると信じています。

もう一つ付け加えたいことがあります。今回の新版には日本語版オリジナルのコラムがあります。これは嘉納もももさんがＴＣＫと帰国子女との比較について書いてくださったものです。これもまた読者に新たな知見と視点を与えてくれるでしょう。

このように私たちの著書が形を変えて、マイケル・ポロックと私ができることよりもさらに優れたものに生まれ変わり、人々の手に渡ることを光栄に思います。そしてこれを実現するためにももさん、八重子さん、愛子さんが多大な時間を費やしてくれたことに感謝します。日本の出版社の皆様にもお礼申し上げます。

どうか本書をお楽しみください。そして、あなたの物語がどのように形づくられようと、あなた自身が歩む旅を楽しんでください。今までどう表現していいかわからなかった体験に言葉や理解を見つけ、あなたを理解してくれる人がたくさんいることに気づき、よりよい人生を送るための手助けになりますように。たとえ住んできた場所は違っても、同じような境遇の人との関係のなかにきっと居場所を見つけることができるでしょう。

ルース＝ヴァン・リーケン

エンジョイ！

新版 サードカルチャーキッズ 国際移動する子どもたち／**目次**

第3章　サードカルチャーキッズの道のり　281

イラストレーション　タニグチ　コウイチ
ブックデザイン　山田　武

第1章　サードカルチャーキッズの世界を理解する

THIRD CULTURE KIDS

1 私のうちはどこ?——エリカの話——

ボーイング747が滑走路を勢いよく走っていく。エリカは飛行機の座席に座りシートベルトをしっかりと締め、固く握り締めた手の上に顎をのせ、愛するシンガポールの地が見えなくなるまで窓の外を眺めていた。

自分の国でもないのに、どうして去るのがこんなにも辛いのだろう? 目を閉じ、背もたれに深くもたれかかった。実感が湧かないため涙は出てこない。私はここに戻ってくるだろうか?

二十三年間の人生のうちの半分を過ごしたシンガポールを彼女は故郷だと思っていた。しかしそうではなかったのだ。でも八歳のときに去ったアメリカが故郷だと思うこともできない。私の戻るところはどこなのだろう?

さまざまな国籍とバックグラウンドを持った人たちがエリカの居場所のなさを理解できると口を揃えて言う。彼らとは、エリカのようにシンガポールで育ったアメリカ人、オーストラリアで育った日本人、中国で育ったイギリス人、ドイツで育ったトルコ人、カナダで育ったアフリカ人、アルゼンチンで育ったノルウェー人の父とタイ人の母を持つ人などである。彼らの共通点は子ども時代の一時期、またはその大半を自分たちの国とは違う文化圏で過ごしたということである。彼らは第三文化の子どもたち、サードカルチャーキッズ（ＴＣＫ）、成長して大人になっている場合はアダルトサードカルチャーキッズ（ＡＴＣＫ）と呼ばれる。

ＴＣＫと呼ばれる子どもたちは多岐にわたる。親が国際的な仕事をしている、外交官である、軍隊に所属している、布教活動をしている、留学している、というようなケースである。また本国の内戦を逃れて海外での亡命生活を余儀なくされているケースもある。

ＴＣＫの世界は「ないない世界」である。彼らの住んでいる世界は両親の文化に基づいた世界ではない。しかし彼らの生活は現地の生活そのものでもない。彼らのこの「ないない世界」とは単にいくつかの文化が融合してできた世界ではない。のちに詳しく述べていくが、母国の文化圏から次に別の文化圏へ移って（それは一つだけとは限らない。次々に別の文化圏に移るケースも含む）生活していく過程で、ＴＣＫは同じ場所で生まれ育った人たちとは違ったライフパターンを構成していく。たいていのＴＣＫはそのような特有の世界に、その本質を深く考えることなく生きていくことを自然と覚える。

ＴＣＫは新しい現象ではない。以前から存在していたのだが、現在に至るまで注目されてこなかったのである。それが今、次のような理由から注目されはじめている。

増加するTCK人口

ここ半世紀の間に国際ビジネスに携わる人たちが急激に増えた。キャロリン・スミスは『不在のアメリカ人』という著書のなかでこう記している。

一九四六年以来、それまでは宣教師と外交官以外にはあまり見られなかった海外勤務が、軍隊や一般企業の海外進出によって増加した。一九九〇年の調査では九十二万二千人のアメリカ人公務員とその家族が海外に居住し、永住や一時定住者も含めるとその総数は三百万と推定される。

これは膨大な人数（訳注・二〇一五年には、この推定数は八百万に達し、この増加が止《とど》まる様子は見えない）である！　しかしスミス氏はアメリカ人についてだけ語っている。仮にこの数字に各国の海外で生活する人たちを加えたらその総数は推して知るべしであろう。

より多くの人が国際的なビジネスに携わるようになっただけでなく、海外に子どもたちを連れていくことは以前と比べて格段に容易になった。母国から移動地へ三週間から三か月間の船旅だった時代に比べ、現在は一日もかからない。インターナショナルスクールはどこにでもある。先端医療も飛行機に乗りさえすればすぐに受けられる（いずれインターネットで医療アドバイスを普通に受けられるようになるだろう）。現代社会では子どもたちが親についていくことは普通になったのである。

世に出はじめたＴＣＫの意見

多くのＴＣＫが大人となり、社会に出るようになって自ら発信するようになった。グローバル・ノマド・インターナショナル（ＧＮＩ）というＴＣＫ経験者が集う組織ができた。また著作物や発言を通して彼らの生の声が聞かれるようになった。このようなＴＣＫやＡＴＣＫたちが世のＴＣＫたちに声をかけて、より多くの仲間の参加を呼びかけたのである。ＴＣＫには多くの有名な政治家、ニュースキャスター、俳優、スポーツ選手、作家がいる。バラク・オバマが米大統領に選ばれたことは、このような育ち方があることを世界に知らしめた。

増大するＴＣＫの存在意義

ＴＣＫの経験はやがて来る世界の雛形である。世界各国間の行き来が容易になり、コミュニケーション手段も発達した現代社会において、単一文化であり続けることはできない。将来的に異文化のなかで育つという経験は珍しいものではなくなり、より一般的となるだろう。社会学者のテッド・ワードは、二十世紀末のＴＣＫは二十一世紀に生きる人間の原型となるだろうと言っている。また専門家は、このように複数の文化を器用に操作することがどのような結果を生み出すのかを予測しようとしている。ＴＣＫの世界を分析することは、まったく新しい異文化混交の形態が長期的にどのような影響を及ぼすのかについて示唆を与えてくれる。

ＴＣＫのライフスタイルの利点は大きい。多くのＴＣＫとＡＴＣＫは彼らの利点を最大限に活用している。しかしそうでない人もいる。なかにはＴＣＫとしての経験があまりにも大きな負荷となり、利点を生かせないでいる人がいることも確かだ。当人にも、また周りの社会にとっても残念なことである。私たちはＴＣＫの利点と難点のよりよい理解を促し、困っているＴＣＫとＡＴＣＫが自分の特別な能力を生かすことができるよう支援をしていきたい。本書を通して、さまざまな角度から複雑なＴＣＫ体験を観察し、考察していくことにしたい。

さてエリカの話に戻るところから始めよう。ある若い女性の本当にあった話である。氏名と地名は実際とは異なる。

客室乗務員に声をかけられるまでエリカはシートベルトサインが消えたことにも気がついていなかった。「お飲み物はいかがですか？」と乗務員は言った。今までにいったい何回飛行機に乗り、どれほどのコーラとピーナッツを食べたことだろう？　エリカは思った。あまりに多すぎて数えられない。でも今日は悲しみが深すぎて、飲み物も食べ

物も喉を通らない。エリカが首を横に振るとスチュワードは次の旅客に移った。

エリカは再び目を閉じた。多くの思い出がよぎった。八歳のとき、エリカの生まれ育ったニューヨーク州の自宅で妹のサリーと一緒にぬいぐるみの観衆を前に人形劇をしているところに父が入ってきた。

「パパ、見る？」エリカが喜んで言うと、

「ちょっと待って。大事なお話があるから、その後でね」

人形を放り出してエリカと妹は父に駆け寄り、父が何を話しだそうとしているのか当てっこを始めた。「赤ちゃんが来るの？」サリーがぴょんぴょん跳ねながら興奮して聞いた。「新しい自転車買ってくれたの？」エリカは聞いた。エリカの父は首を横に振るとロッキングチェアに腰かけ、娘たちを膝に抱き寄せて言った。

「長〜い時間、飛行機に乗ってみたい？」

「わーい」

「いいよ」

「飛行機大好き」

「でもどこへ？　パパ」

父はエリカたちに、会社がエクアドルに新しい支社を開くので、アメリカからそちらに転勤になる話をした。六月の終業式の後ですぐに引っ越すのだという。

準備が始まった。買い物、荷造り、親戚や友人への挨拶。すべてわくわくした。「スポッティはどうやって行くの?」とエリカが母に聞くまでは。

「ワンちゃんを連れて行くことはできないのよ。みんなが帰ってくるまでスポッティはおばあちゃんのところに行くの」

「ママ、スポッティは家族でしょ、置いてくことなんてできない!」

しかしいくら頼んでもだめだった。スポッティは新しい家庭に行った。やがて来る冒険への期待と、残していく人と物への寂しさで胸がいっぱいになりながら、エリカの家族は新しい土地へと旅立った。

記憶の渦から逃れたくて、エリカは不意に目を開け、他の乗客を見回した。しかし、なかなか気分転換はできない。足を組みなおし、シートに腰かけなおすと、またフラッシュバックが襲ってきた。まるで頭のなかにボタンがあって、それを押すたびにスライドショーが移り変わっていくようだ。ニューヨーク州の写真の次はエクアドルの写真というように。エクアドルのキトに着陸しようとしたとき、とっても怖かった。こんな山のなかを飛んでいて着地できる平らなところなんて本当にあるのだろうか? と思ったのに、そのくせ後になって、雄大なアンデス山脈が町の上ににょきにょきと突き出ているのを毎朝見るたびに、何世紀も変わらぬ姿になんとなく安堵を覚えるようになったことを思い出した。

そんな思い出も今は空しい。音楽で気を紛らわそうとエリカはヘッドホンをつけた。しかし、たまたま選んだ2チャンネルからは葦笛のメランコリーなメロディーが流れてきた。そのメロディーを聴くと、たちまちエクアドル人の友達と行ったお祭りのことを思い出した。笛吹きたちの演奏の傍らでエリカたちはダンスを踊った。この音楽を聴いてもだめだ。イヤホンを外すと、それは首からだらりと垂れ下がった。

目の前のモニターでは機内映画が始まっていたが、エリカにはそれも目に入らなかった。彼女の頭のなかのスクリーンの場面は、そびえ立つ山脈からシンガポールのビル群に移っていた。エクアドルで二年間を過ごした後、父はまた転勤になった。それ以来の十三年間は（ウィスコンシンで過ごした大学四年間も含めて）彼女にとってシンガポールが故郷だった。しかし今となっては、そのシンガポールさえも自分の帰る場所ではないということがわかった。では私にとっての故郷とはいったいどこなのだろう？　その問いはエリカの頭から離れなかった。

そんな疑問を抱きながらも、頭のなかではさらなるスライドショーが始まろうとしていた。家族旅行で訪れた数々の地。雨季に入ったばかりのネパールのカトマンズ、マレーシアの熱帯雨林の植物、タイ北部のカレン族、ニュージーランドの南島の冬、ハンガリーのホルバージのつるべ式の井戸……、次から次へと目の前に現れた。エリカは自分が二十三年間の人生でやってきたこと、見てきたこと、経験したことの多さに圧倒された。エリカの知っている世界の豊かさ、奥の深さは計り知れない。でもそれがいったい何になるのだろう？

ほぼすべてのスライドが終わり、最後はシンガポールだった。シンガポール生活の映像は繰り返し出てきて、どうしても前面に出てきてしまう。訪れた場所に代わって今度は人物が現れた。インターナショナルスクールで出会った、驚くほどさまざまなところから集まって来た友人。ラヴィ、ファツ、サム、キム・スー、トレバー、ヒラリー、ムスタファ、ドロレス、ジョー。一人ずつ顔を思い浮かべた。人種、国籍、衣服、文化、宗教、みんなさまざまだ。みんなそれぞれ違うなかで「普通」なんて言葉はなかった。

いろんな友達がいるという事実は、エリカの生活の多様性を反映するむしろ普通のことだった。それに驚く人がいるかもしれないとは思いもしなかった。毎年アメリカに帰省したとき（両親は「アメリカ」とも「合衆国」とも言わず、彼女には馴染みを感じない「ステイツ」（訳注・アメリカ人は正式な国名ではなく、親しみをこめて自分の国を「ステイツ」と呼ぶ）に帰るという表現を使った）、シンガポールの友人と別れるのが嫌だった。そしてシンガポールの友人たちのなかにいるときには感じることのなかった違和感をアメリカでは持った。

飛行機が離陸してからはじめて苦笑いではあったがエリカの顔に表情が出た。アメリカの従兄弟《いとこ》たちが「クルージング」に行こうと言い出したときのことを思い出したのだ。最初彼女はボートに乗ってどこかに行くのだと思った。シンガポールではよく友人たちと一日ボートを借り、近くの小島に漕ぎ出し、そこで日焼けしたり泳いだりピクニックをしたりするからだ。だから、もちろん「行きたい」と彼女は答えた。しかし驚いたことに、従兄弟たちのクルージングとは水やボートとは何の関係もなかったのだ。それは何の目的も持たずにただひたすら車を走らせることだった。ショッピングモールに行き着くと駐車場に車を止め、従兄弟たちはモールのなかで突っ立っているだけ。買い物をするわけでもない。ただ通路をふさいでいる。こんなことをして何が面白いんだろう、と思った。

エリカにとって「帰る」ことは両親が意味するものとはまったく違っていた。両親にとって「帰る」とは毎年の夏に「ステイツ」に一時帰国することであった。彼女にとっての「帰る」とは夏の終わりにシンガポールに戻ることであった。でも今となっては帰る場所がどこなのかもわからない。また同じ疑問である。

フライト中の短い夜が訪れたせいか機内が少し寒くなったようだ。少し眠ろうと、エリカは立ち上がり、頭上の荷物棚から枕と毛布を取り出した。しかし眠れるだろうか？たぶん無理。まだスライドショーが残っているから。そしてシンガポールを離れ、アメリカの大学に通った時代のフラッシュバックがやってきた。

「何も心配することはないのよ。あなたなら大丈夫。いいルームメイトにあたるわよ。今までだって友達をつくるのは得意だったじゃない。何もかもうまくいくわ」

両親は生活に変化を迎えるエリカに言った。

しかしそれは思ったほど易しいことではなかった。アメリカの大学の同級生たちに「どこから来たの？」と聞かれるたび、エリカは「シンガポール」と答えていた。すると必ず「ええ？　ぜんぜん見えないね」という返事がきた。そして彼らはなぜ彼女がシンガポール出身と言うのか、何らかの説明を期待した。

しばらくして、エリカはその質問には「ニューヨーク州」と答えることにした。そこには祖母が住んでいるだけだったが、そのほうが余計な説明を長たらしくしないで済むことがわかったからだ。

やがてエリカが、表面的にではあったが、若者言葉を話し、流行の服を身につけるようになると、彼らはすんなりと彼女を受け入れていった。しかし大学一年生の終わり頃になると、エリカはいわれのない怒り、不安、落ち込みを感じるようになった。なぜみんなアメリカンフットボールでどのチームが勝ったかなどということばかりに騒ぎ立て、ボスニアやルワンダで起こっているような政治不安や暴力に無関心でいられるのだろうか？　彼らは今ここにこうしている間にも戦争で人が死んでいっているということを知らないのだろうか？　彼らにはエリカの世界が理解できなかった。エリカには彼らが理解できなかった。

時が過ぎるうちに、エリカはそれでもなんとかうまくやっていくことを覚えた。エリカは、周りの友人が彼女の過ごしてきた人生を想像すらできないことに気づいたとき、その話をするのをやめた。近くに住む親類は彼女が問題なくやっていると安心していた。

卒業を前にしてエリカは自分の心の支えとなっていた故郷の名残さえも失ってしまっ

た。エリカの父が海外勤務を終え、家族はアメリカに戻り、オハイオ州のデイトンに居を移したのだった。大学の休みにシンガポールに戻ることはなくなった。エリカは人生という本のなかでシンガポールの章を自ら閉じたのだ。過去にしがみついているのは苦しすぎたから。

飛行機の翼の先端の赤く規則正しく点滅するライトはまるで催眠術のようだ、と思いながらエリカはさらに過去へ思いを馳せていった。終わったと思ったシンガポールの章にはまだ続きがあった。いつ、なぜ、私はまたシンガポールの章を再開したんだっけ？

大学を卒業するとエリカは大学院で歴史学を勉強することに決めた。太平洋の上空を飛行しながら、エリカはなぜ自分がその分野を選んだのか、ふと考えた。無意識のうちに私は自分の人生と歴史学を重ねていたのかしら？　かつては輝いて栄えていたけれど、永遠に失われてしまった世界への逃避。

しかしエリカは大学院で勉強しているうちにだんだん焦燥感を増していった。そしてついには大学院を途中でやめることになってしまった。そのときにはエリカはもうひたすらシンガポールに帰ることに固執していた。そうすればすべてが解決するような気がしたのだ。いつもそこの角を曲がれば自分の求めているものがある、と思いながら生きてきたが、実際に自分の求めているものはどこにもなかった。しかし、自分の求めているものとはいったい何だろうか？　どこかに根ざしたいということか？　それはどこでもいいのか？

両親はすでにシンガポールには住んでいなかったものの、エリカにはまだたくさんの友人が現地にいて、彼らに「いつでも遊びに来て」と言われていた。自力で海外生活をしたらいいじゃない。こんなところでどっちつかずで落ちつきのない生活をするよりも、かつて自分が属した土地で生活するほうがはるかにいいに違いない。エリカはインターネット上で航空券を手配した。次のステップはシンガポールの友人のだれかに電話することだ。

「ドロレス、私シンガポールに帰りたいの。仕事探し手伝ってくれる？　ビザが取れ次第行くから。そちらで仕事見つけて自力で生活したいと思ってる」

「ほんとに？　仕事探しだったら何かしら手伝えると思う」と即答がきた。「とにかく落ちつくまではうちにいていいから」エリカは興奮した。以前のように飛行機に乗って海外に行く、忘れられない感覚がよみがえってきた。早くシンガポールに帰りたい、エリカは待ちきれなかった。

シンガポールに着いたとき、「夢がかなった」とエリカは思った。チャンギ空港ほど美しい空港はこの世の中にない。いくつもの垂れ幕が下がっていて、旅行者たちをそれぞれの言語のウェルカム・メッセージで出迎える。ターミナルのなかには色とりどりの花が溢れている。滝の水が岩の間から池に流れ落ち、その周りには木が植えられている。鳥のさえずりさえ聞こえる。まるで天国のようだ。この空港を愛さない人間などいるだろうか？

ターミナルを出るとエリカは大きく息を吸い込んだ。なんと懐かしい匂いだろう。南国の花と排気ガスの入り混じった匂い。奇妙な組み合わせだ。ここでは生――植物、死――公害が混じり合っているのだ。このパラドックスはエリカの人生にも当てはまるのだろうか？　多文化のなかで豊かな経験をし、一つひとつの出来事はエリカに人生の喜びを教えてくれた。その一方で、その場その場に合う役を演じている自分がいるのも確かだった。一歩引いて、先がどうなるのか冷ややかに観察している自分がいつもそこにはいた。

すぐにそのような考えを打ち消そうとした。どこに行っても馴染めない生活はもう終わり、私はシンガポールに帰ってきたのだから。ああ、自分の居るべきところに戻ってくるとはなんて気持ちがいいのだろう。

しかし日が経つにつれ、何かが違うことに気づきはじめた。子ども時代に過ごした駐在員コミュニティでの生活と、シンガポール人の家に身を寄せる若い独身女性の生活はまったくかけ離れたものだった。

住み込みの家政婦もいない。レストランに食事に行くこともそうはない。車もない。友人もそれほど多くない。洗濯ものは手洗い。食事は屋台で、通勤は満員のバスに乗り、炎天下を歩かねばならない。

エリカの子ども時代は、富裕層に属していたわけではないものの、お金に困ることはなかったし、旅行にもよく行った。洋服も存分に買ってもらった。今の生活といったら、些細なこと、例えばランチはいくら以内におさめなければとか、生活費が足りないなどと、始終考えなければならないのだ。

　職探しは思ったよりも難航した。まずまずのマンションを借り、それなりの食事ができて服が最低限買えるような給料の出せる会社はすべて海外企業であり、エリカの父がそうであったように、シンガポールに入る前にすでに雇われていなければならないのだ。職探しをするうちに、ほぼすべての求人はシンガポール人に限られている事実も見えてきた。政府は自国民に職を与えたいがために、外国人への労働ビザをほとんど発給しないのが実情だった。しかも現地の会社の給料では安全な一人暮らしは保証できない。安いアパートを借りるとなれば必然的にあまり治安のよくない地域に住むことになり、ただでさえ白人の若い女性は目を引くので、エリカは格好な標的になりかねない。

　ずっと故郷だと思い続けていた地で、エリカは自分がはじめて他所者《よそもの》だということを思い知らされた。「国際人」という都合のよいステイタスが保証されながら現地人と同じように生活できる「国際パスポート」などないのだ。

　そして辛い決断の日が来た。ついに彼女はこの地も自分の所属する場所ではないということを認めなければならなかった。友人の小さなアパートで、故郷だと思ったこの地で、エリカは泣き崩れた。何が何だかわからなくなった。故郷に帰るという夢は子どもじみて馬鹿げたことだったのだ。エリカに帰る場所などどこにもない。しゃくりあげながらエリカは携帯電話で両親に電話した。

「ママ、私ここでもやっていけない。もうどうしていいかわからない。デイトンでは浮いてしまう。でもここでも浮いてしまう。二つのかけ離れた世界があって、私、その間《はざま》で育ってしまったみたい。やっとわかったの、両方とも私の属する世界じゃないってことを」

大きな悲しみに打ちひしがれ、エリカはこれが最後となるであろう飛行機のチケットを予約した。そしてエリカは今、地上から四万フィートの上空にいる。自分はどこに向かっているのだろうかと思いながら。

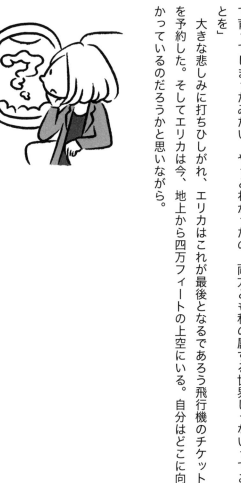

エリカの話は世界中のTCKから聞いた話のほんの一つに過ぎない（訳注・エリカの話は第2節以降にも続く）。話の細部はそれぞれ違うものの、だいたいが似たような話である。それは多様で豊かな人生の話、同時にその多様性のなかで自分がどう位置づけられるのかという疑問が常につきまとう人生の話である。TCKに共通する多様性に満ちた人生はどこから来るのだろうか。TCKとはどのような条件を持った人間をいうのか。TCKであることの利点と難点とは。以降ではそれらの疑問に答えていく。

2　サードカルチャーキッズとは？

サードカルチャーキッズとはどのような者のことを言うのだろうか。一九八九年にデビッド・C．ポロックは次のように定義した。

> サードカルチャーキッズ（ＴＣＫ）とは、発達段階のかなりの年数を両親の属する文化圏の外で過ごした子どものことである。ＴＣＫはあらゆる文化と関係を結ぶが、どの文化も完全に自分のものではない。ＴＣＫの人生経験は彼らが関わったそれぞれの文化から取り入れた要素で成り立っているが、彼らが帰属意識を覚えるのは同じような体験を持つ人々との関わりにおいてである。

この定義を詳しく見ていこう。

「サードカルチャーキッズ」とは……

ＴＣＫは、まずその定義からして物議を醸すテーマである。ミシガン大学の社会学者だったルース＝ヒル・ウシームはＴＣＫ概念を考案した人物だと考えられており、同じく社会学者でもあった夫のジョン＝ヒル・ウシームとともに一九五〇年代に新しい用語「サードカルチャー」をつくった。彼らはイギリスから独立したばかりのインドで、アメリカ人のコミュニティ（軍人・宣教師・技術者・ビジネスパーソン・教育者・報道関係者）が現地のインド人コミュニティとどのように関わるかを研究していた。当初、ウシーム夫妻はこの二つのコミュニティが交流することによって新しく生じた文化を「サードカルチャー」と呼んでいた。ルース＝ヒル・ウシームは特に駐在員の子どもに関心を持ち、彼らのことを「サードカルチャーキッズ」と呼び、単に「親に伴って別の社会（または文化）に移動する子どもたち」と定義した。

ウシーム夫妻が最初に名づけたこの「間《はざま》の文化」の概念は、時代とともに定義が変わってきた。現在では、親の出身国または親のパスポート国の文化（訳注・パスポート国とは、旅券を発行する国のことであり、パスポート文化はしたがってその国の文化）を第一文化、そして家族の生活圏である現地文化を第二文化とし、その間の「母国とは異なり、また現地のものでもない」独自のライフスタイルをサードカルチャー（第三文化）と呼ぶ。

サードカルチャーの定義が最初とは変わってきたことについて、ルース＝ヴァン・リーケンとデビッド・C．ポロックがルース＝ヒル・ウシーム博士に意見を求めたところ、ウシーム博士は「社会学・文化人類学の観点から言わせてもらえれば、永久に変わらない概念というものは存在しません。理解が深まれば概念も変化するし、世界で起きていることが変われば概念も変わるでしょう」と答えたという。

そこでよく質問されるのが、「そのように多様な文化的背景と異なる経験を持つ人たちを一括りにして『文化』という言葉を用いるのはなぜか。そもそも『文化』という言葉の定義は、共通のものを持つ人々の集団をいうのではないのか」ということだ。

良い質問である。個々のＴＣＫの経験の違いを超えた、すべてのＴＣＫに共通する現実が、次に挙げる二つである。

一．「文化が交差する」世界で育つということ

異文化を観察・研究し、また分析をするのとは異なり、ＴＣＫには母国と駐在地を往復する生活を送っているという現実がある。飛行機で移動するような地理的な移動もあれば、現地の友人と共有する文化が自宅での文化や言語と異なるという場合もある。さらに駐在地が複数にわたる場合や両親が国際結婚をしている場合には、接触する文化の数は四つにも五つにもなるのだ。

二．移動の多い世界で育つということ

サードカルチャーを経験することとは、すなわち移動の生活を送ることを意味する。ＴＣＫ自身はもちろん、周りの者も常に移動生活を送っている。ＴＣＫの人生のなかの登場人物が常に変わっていくのと同様に、周りの物理的環境も変化するのだ。ＴＣＫにとっては人を迎えたり見送ったりすることは日常であるため、移動が比較的少ないコミュニティにいたとしても、変化が訪れることは常に予期している。

本書初版ではこれ以外にもＴＣＫに共通する点を挙げた。次に示す四つの特徴は、私たちが当時想定していた「サードカルチャー」（ＴＣＫが共有するライフスタイル）に当てはまると考えていたものである。しかし現在の世界で同様のことが言えるのかどうか、またどのように変わったのかは、検証する必要があるだろう。

一．早晩の帰国

移民と違い、サードカルチャーのなかで生活する家族の多くは、早晩母国に戻ることを予定している。親はこのように考えるかもしれないが、家族全員が揃って帰国することはかつてほど当然のことではなくなった。この点については家族で国際的な移動をする前に意識しておいたほうがよいだろう。

二．明らかな相違

初版では「ＴＣＫは多くの場合、周りの人々と外見的に似ていようといまいと、現地文化、自国文化のいずれにおいても同年代の子どもたちとは世界観が大きく異なる場合が多い」と述べた。この特徴はかつてほど顕著ではなく、それぞれのＴＣＫの置かれた状況によるところが大きい、と言ったほうが正しいだろう。しかしパスポート国に戻ったときに明らかな相違を感じやすいのは変わらないようだ。

三．特権的な生活

初版では、国際ビジネスパーソン・宣教師・軍隊関係者・外交官はおしなべてエリート階級に属しており、所属する組織だけでなく現地の社会からもさまざまな恩恵を受けていると述べた。しかし今日の世界で同様のことは言えないかもしれない。もともとＴＣＫの経験は豊かな西洋諸国の視点から研究されてきた。物質的に恵まれていない国から移動する家族にも当てはまるのだろうか。例えば、発展途上国の外交官には、子どもをインターナショナルスクールに通わせたり、頻繁に母国を訪れたりする経済的な支援がないかもしれない。親の給与は周りが思うほどの水準ではないかもしれない。このような状況下のＴＣＫは、親の職業柄、裕福な家庭でさまざまな支援を得ていると周囲に誤解され、辛い思いをすることもある。

四．組織に影響されるアイデンティティ

ＴＣＫに共通する特徴の多くは、親の所属組織に影響されたアイデンティティに直結しているとルース＝ヒル・ウシームは考えていた。しかし、現在ではＴＣＫの個々のケースによって異なる状況が増えた。そうはいっても軍人や宣教師の子どもなど、親の職業に強く影響されたアイデンティティを築いているケースは当然ながら現在でもある。

サードカルチャーについて理解を深めたところで、ＴＣＫの定義についてさらに具体的に見ていこう。

普通の子どもである

これが次に続く議論においてなぜ最重要になってくるのか。私たちが言いたいのは、TCKはさまざまな経験を積んではいるが、彼らも普通の子どもだということである。TCKは、常に自分は主流文化に属する周りの子どもとは違うと感じ、それゆえに自分は本質的に異端児なのだと（違いに気づいた周りの者たちも）思い込んでしまうことが多い。周りの人とは違った経験をしていても、愛し愛される、理解し理解される、という人間関係を築くことは大切なのだ。人生の意味や目的を模索することも重要なことであり、TCKには考える、学ぶ、想像する、選択するといった能力も他の子どもと同じように備わっているのだ。TCKの特徴や利点と難点は成長過程における移動生活や異文化生活の影響によるものであり、人間としての基盤が違うからではない。この点については本章末尾のコラム「子どものアイデンティティ形成について」で詳しく触れる。

長期間海外で生活する

海外の滞在期間の長さが子どもに与える影響の大きさを左右するわけではない。長さ以外にも年齢や性格、また現地文化への参加度なども関係してくる。例えば、一歳から四歳までの三年間と十一歳から十四歳までの三年間とでは影響の度合いがかなり変わってくる。

どれほどの期間を自国文化から離れて生活すればＴＣＫの特徴が見られるようになるのかははっきりとは言えないが、二週間、あるいは二か月の観光旅行では短すぎるだろう。一年未満の滞在でＴＣＫやＡＴＣＫの特徴を身につける人たちもいる。また親の姿勢や態度、あるいは所属機関の方針などの要素も、ＴＣＫとして過ごした期間や子どものその後の人生がどのような形を取るのかに大きな影響を及ぼす。

学齢期の大半を外国で過ごす

どの程度の期間の海外生活がＴＣＫを形成するのかを特定することは難しいが、何歳のときに海外にどの程度滞在すればＴＣＫになるのか、ということは言える。それは生後間もなくから十八歳までの人格形成期に限定される時期である。異文化体験は子どもだけでなく大人にも大きな影響を与えることがわかっている。しかしその違いは、子どもはアイデンティティ・人間関係・世界観の基本部分の形成期に異文化体験をするということである。例えば、大人が自分を「元国際ビジネスパーソン」「元宣教師」「元軍人」「元外交官」と呼ぶことはあるが、子どもたちは「元ＴＣＫ」とはならない。ＴＣＫは大人になっても（ＡＴＣＫという呼び名を使うかどうかは別として）ＴＣＫなのだ。ＴＣＫのＫは kids（子ども）の頭文字だが、これは大人のＴＣＫがまだ子どもであるというわけではなく、その人の人格形成期の経験を意味しているのだ。

両親の文化圏の外で育つ

最初にウシーム博士の研究対象だったTCKの大半は、親の国または文化から離れて育っており、これまで親のパスポートの国または文化をTCKの自国文化としてきた。しかし近年では「自国文化」が定義しづらくなってきている。というのも親が複数の国籍を保持しているTCKが増えているからだ。さらにTCK自身が親の国籍に加えて、どちらの親も保持していない出生国の国籍も持っている場合がある。

どの文化も完全に自分のものではない

エリカの話に戻ろう。

エリカはアメリカに戻った。自分の人生はいくつもの文化のなかを行ったり来たりするダンスのようだと思った。それぞれの文化はあまりにも魅力的で踊ることをやめられない。愛する素晴らしい土地、シンガポールに行けば街の喧騒を楽しめると思っていたのに、そこに行ったらエクアドルの山が恋しくなるし、オタボロインディアンの市場できれいな織物を手に取ることもできない。エクアドルに住むとなれば、NY州の秋の紅葉や祖母の日曜日の煮込みシチューを諦めるということだ。NY州か両親のいるデイトンに住めば、シンガポールやエクアドルだけでなく、今までに見たもの訪れた場所、すべては遠くなる。一瞬でもいいからエリカは自分の経験したことや住んだ場所すべてを一緒にできればいいと思った。もちろんそのようなことは無理だとわかっているのに。

この点が後に述べる「絶え間なく続く根無し草と落ちつかない感覚」である。どこにいても中途半端という現実は「すべてに属すると同時にどこにも属さない」感覚を生み出すのである。

育った国の文化によりさまざまな影響を受ける

ＴＣＫは自国文化と現地文化の影響を受けるが、その形はさまざまである。ガイ・フォークスの日を祝うケニア在住のイギリス人ＴＣＫ、七月二十六日に独立記念日を祝うロシア在住のリベリア人ＴＣＫ、生のドリアンがなくても輸入食料品売り場でドリアン味の飴やゼリーを探すマレーシア育ちのフィンランド人ＴＣＫ、輸入食材が増えてきたアメリカ中西部のインディアナポリスでマーマイトの瓶を探し求めるオーストラリア育ちのアメリカ人ＴＣＫ。食べ物や言語に限ったことではない。社会ルールもそうだ。

・ムサは父が大使として勤務した六年間をロンドンで暮らした後、ギニアに帰国した。ギニアでは時間の感覚に馴染めなかった。ミーティングの始まりも終わりも時間通りでなくてもまったく気にもとめないギニアの人々に、多くの駐在員が経験するような苛立ちを覚えた。ムサは母国の人間関係重視の世界観に代わって、ロンドン生活のなかで時間に管理された世界観を身につけてしまったのだ。

・ゴードンがカナダで夏休みのアルバイトをした際、上司はゴードンのことを怠惰で信用できない人物だと評価した。ゴードンは人の目を見て話すことをしなかったからだ。だがゴードンの育ったアフリカでは、目上の人と話すときには目を合わさずに下を見なければいけなかった。

ＴＣＫが持ち合わせている文化的なものには、行った先々の文化から取り入れた要素が入り交じっている。サードカルチャーは二つの文化のそれぞれの習慣を足しただけのものではない。もしそうであるならＴＣＫに共通点が生まれることはなく、三人三様で終わってしまうだろう。

海外生活を経験した人にだけ帰属意識を感じる

　エリカは長いシンガポールからのフライトの末、オハイオのデイトンに戻ってきた。そして昼間はフランス語とスペイン語を教え、夜は在留外国人に英語を教えはじめた。過去にはもう戻れないのだと、あらためて自分に言い聞かせた。日常生活はいやでも続く。自分にさえ自分のことが理解できないでいる間は、他人に自分のことをわかってもらえるはずがない。

　そんなとき、エリカはジュディに出会った。

　ある晩、エリカは芝居を観に行った。早めに着いたエリカは、席に座ってプログラムをめくりはじめた。

　最初のページを読んでいると、白髪交じりのくせのある髪を後ろに束ねた中年の女性がわざわざ狭いところを通って隣に座った。なんで、前の列に行かないのかしら。がらがらなのに。エリカは天井を見上げた。今夜は一人で静かに観劇しようと思ってたのに。

　さらに悪いことに、この女性はおしゃべり好きなタイプだった。

「こんばんは。ジュディと言います。あなたは？」

うるさいなあ。私くだらない会話するの得意じゃないんだけど。

「エリカです。はじめまして」

これで終わりにしてよね。エリカはプログラムに顔を戻した。

「こちらこそはじめまして」

ちょっと、放っておいてくれない?

女性はさらに続ける。

「毎月来るんだけど、あなた、お会いしたことないわね。新しく引っ越してきたの?どこの方?」

いいかげんにしてほしい。エリカは、ひどく苛々しはじめた。ここは劇場であって証言台じゃないんですけど。しかも本当に私のこと知りたいわけじゃないでしょ。

「ここ、デイトンに住んでますけど」エリカは素っ気なく答えた。もう話しかけないで。

ジュディは続ける。

「ずっと前から?」

関係ないでしょ!　エリカは怒りが爆発しそうになってきた。

「いいえ、まだ二年です」

はい、もう黙ってよね。

「あら、そうなの。その前はどちらに？」エリカはこのしつこいおばさんに体を向けて、大きなため息をついた。

「その前は、いろいろなところを転々としました」もう！

「あらまあ、そうなの！　私もよ。どこに住んだことがあるの？」

エリカははじめてその女性の顔を直視した。信じられない。この人、本当に詳しい話が聞きたいんだ。エリカは口ごもりながら言った。

「シンガポールとエクアドルに住んでました」

「どれくらい？」

「実際に住んで学校に通った期間は、合わせて十年くらいです」

「そう！　私はね、ベネズエラに住んでいたのよ。あら、そのことについてあなたともっとお話しがしたいわ。ここデイトンでは外国で育つってことがどういうことなのかわかってくれる人を見つけるのが大変なのよね」

ちょうどそのとき、幕があがったので会話は中断された。芝居の後、二人は一緒にお茶をした。エリカは驚いた。まったく違うバックグラウンドの二人だった。ジュディの親は外交官で、エリカの親はビジネスパーソン。ジュディはベネズエラに住み、エリカはシンガポールとエクアドルに住んだ。ジュディは四十七歳、既婚、四人の成人した子どもがいる。エリカは二十五歳、未婚、子どももいない。にもかかわらずジュディとエリカはすぐに打ち解け、まるで旧知の友のようになった。

「うちにはじめて社長の奥様が夕食に来たときにね」

エリカが笑いをこらえながら言う。

「その奥様はシンガポールに来たばかりだったんだけど、シンガポールがいかにひどいかっていう話ばかりするの。だから妹と私で巨大ゴキブリとか猛毒のクモの作り話をしてその奥様を怖がらせたの」

ジュディは笑った。

「わかるわ。私もね、新しく来た人たちが文句ばかり言うのには耐えられなかったもの。ベネズエラに個人的な思い入れがすでにあったのね、ベネズエラの悪口にはいつも言い返してやったわ」

「今から考えるとちょっと悪かったかな。でも私たちの土地に土足でどかどか入り込んでくるあの人は嫌だった。シンガポールにはいいところだっていっぱいあるのに、それをわかろうともしないで。傲慢で心が狭くて、シンガポールにいる資格なんてない人だった。もっとも、彼女だって私たちのことをそう思ってたのかも」
二人で大笑いした。そしてさらに三時間も会話を続けた。エリカには信じられないことだった。自分の心の言葉を、はじめて通訳なしに話すことができたのだ。心のなかの乾ききって空虚だった空間がたちまち潤い、余計な説明なしに理解してくれる人を見つ

けた喜びに満ちていった。

世界中のＴＣＫは互いに顔を合わせると、この本能的なつながりを直ちに感じるという。なぜだろうか。なぜブラジル育ちのオーストラリア人が、香港育ちのスイス人の心情を直ちに理解できるのだろうか。

これまでは西洋諸国の似たようなルーツを持つＴＣＫが多かったからだという人がいる。しかし、ＴＣＫの背景やルーツが多様になってきた今だからこそ、必ずしもそうではないことがわかる。私たちはさまざまな国や背景を持つＴＣＫやＡＴＣＫと関わってきた。昨今ＴＣＫは、これまで以上に互いに強いつながりを感じている。またインターネット上のＴＣＫやＡＴＣＫのやりとりを見るとそれは明らかだ。

一九九四年にコーネル大学で（おそらく）はじめてのＴＣＫによるパネルディスカッションが記録された。このビデオには、ＴＣＫたちの緊密なつながりがよく表れている。参加者たちは、

・ケルビン　香港生まれ。ナイジェリアとイギリス、アメリカ育ち
・マリアンヌ　エジプト、デンマークとアメリカ育ちのデンマーク人
・カマル　子ども時代を日本で過ごしたインド人
・アリ　子ども時代をドイツ、イギリス、アメリカで過ごしたトルコ人

・アメリカ人　フィリピン育ち
・アメリカ人　フランス育ち

ビデオに出てくるこれらＴＣＫは、それぞれ現地文化に対する位置づけが異なっていたが（例えば、ドイツに長年住んだ末に、時間厳守が絶対となったトルコ人）、ディスカッションを通して明らかになったのは、相違点に比べ共通点のほうがはるかに多いということだった。そしてさらに明白だったことは、参加したＴＣＫたちがこのフォーラムに参加できてみな感激していたことだ。ここでは過去にさまざまな状況のなかで感じたことをお互いに話しだすと、みながその状況を直ちに理解するのだ。共感の笑いと涙を誘うが、長々とした説明は必要なかった。

コーネル大学のアリス・ウーは二〇〇一年と二〇一〇年に、そのときと同じパネリストたちにインタビューした。回答に共通していたのは、ＴＣＫとしての経験が、（キャリア、教育、結婚や子育てなどの）人生の選択において大きく影響していると感じていたことだった。

そして次のテーマである。多文化の間《はざま》で育ち、移動の生活を繰り返すと、同じような環境に育った者同士、なぜ即座に連帯を感じるのだろうか。ＴＣＫの特徴について詳しく見る前に、文化が複雑に絡み合う今日の世界で育つことについて、ＴＣＫとは異なる理由で異文化を経験する子どもたちについても考えてみよう。

3　クロスカルチャーキッズとは？

僕の名前はブライス・ロイヤー。出身はカナダのオタワ……というのは実はウソ。でも、聞かれたらそう答えてる。

じゃあ、本当はどこの出身なのか？　それは質問者が判断することかな。僕の父はフランスとベトナムのハーフ。仕事は国連平和維持活動（ＰＫＯ）の隊員。母はエチオピア人。僕の両親は障壁をものともせず大恋愛をしたんだ。人種・文化・価値観を超えた、ありそうもないラブストーリーだよ。僕は自分が受け継いでいる多様性をありがたいと思っている。

僕がどこに属しているのかって？　フランス人でもベトナム人でもエチオピア人でもカナダ人でもないな。それらすべての国に属しているわけではないし、どこにも属していないわけでもない。僕はクロスカルチャーキッズ。それは多文化のなかに生きる人々のこと。僕はずっと「他所者《よそもの》」だった。見た目も違うし、考え方も違う。話し方も違う。家族のなかでさえ、だよ。朝ご飯はフランス風、昼ご飯はエチオピア料理、晩ご飯は僕オリジナルの多国籍料理。実は、中華料理のデリバリーに頼ることが多いんだけどね。認めたくないけど（笑）。だって便利だし、たまには怠けたいときだってあるさ。

ブライス・ロイヤー、TCKidNOW の開発者ブライスはいったい何者だろうか。父親の国際的な職業によって世界のいろいろな場所に住んだことがあるという点で、確かにＴＣＫだ。しかし、それ以外の点についてはどのように説明できるだろうか。これまで見てきたどのケースよりも複雑そうである。

世界に目を向けると、ブライスのように、これまでの定義（ＴＣＫの定義も含めて）に基づいた単純な分類におさまらない人々がたくさんいる。第四十四代米国大統領バラク・オバマが二〇〇八年に選挙運動をしている最中、彼が何者であるかを定義するにあたって、ニュースキャスターたちがいかに悩んだかを想像してほしい。大統領に立候補しようとしているこの男は、母親はアメリカ国籍の白人、父親はケニア国籍の黒人だ。両親は離婚し、母親はインドネシア人と再婚。母親はオバマ少年を連れてジャカルタに移住。裕福ではなかったため、オバマ少年はインドネシアの現地校に通い、学校ではインドネシア語で教育を受ける。家に帰ると、英語保持のために母親と毎日数時間、英語の勉強をする。しばらくするとオバマに父親の違う妹ができる。オバマとは違う人種のミックスの妹だ。母親は再び離婚して、オバマを連れてハワイに移住し、そこで彼を育てた。カンザス出身で白人の祖父母も一緒にハワイに行った。さて、このような経歴のオバマを報道関係者はどのように描けばいいのだろうか。「アフリカ系アメリカ人？　白人と黒人のハーフ？　ミックス？」さまざまな専門家たちがオバマを人種や民族の枠組みで定義しようとしているなかで、彼の最も基本的な点について理解している人は少なかった。オバマ元大統領は人種が混ざっているだけでなく、ブライスと同じように、文化も混ざっていたのだ。

ＴＣＫにとっての文化の複雑性

第1章第2節では、ＴＣＫの歴史と基本的な概念がどのように発展してきたかを説明した。そのなかでルース・ウシーム博士が述べた通り、時代が進むにつれてその概念は発展し変化するのだ。ウシーム博士が最初に研究対象としたグループ「親の職業に伴い外国へ移住する子どもたち」についても同じである。

ルース・ウシームがＴＣＫの研究を始めたとき、対象となったのは親とともにインドに住むアメリカ国籍の子どもたちであった。親はたいていの場合、両方ともアメリカ国籍で、一所《ひとところ》に留《とど》まって働いている人たちであった。ＴＣＫの概念が発展しはじめたのは、ポロック夫妻が一九七六年にケニアに赴き、インターナショナルスクールの生徒たちの研究に取りかかった頃である。この学校のＴＣＫたちはみな異なるパスポートを持っていたが、多くは西洋諸国の出身であり、また、両親ともに同じ国籍とパスポートを持っている生徒が大半だった。さらにケニア以外の国に住んだ生徒たちもいたが、それらは主にアフリカの国々であった。

ボブ・ディランが言ったように「時代は変わる」ものなのだ。今のＴＣＫたちの体験話を聞いていると、文化が複雑に果てしなく幾層にも重なっているように見える。彼らは、母文化（第一文化）、生活圏の文化（第二文化）、そして私たちが「サードカルチャー（第三文化）」と呼んでいる、海外移動を経験した人々に共有される現実世界に対応するだけではなく、そのなかに含まれるさまざまな文化にも対応しなければならないのだ。家族のルーツが西洋的な文化ではないＴＣＫたちにとって、通学するインターナショナルスクールや駐在員のサードカルチャーのなかで共有される価値観と、毎日学校から帰って経験する家庭内での価値観とは、かなり違う場合がある。

あるアフリカ出身のＡＴＣＫが、私たちの考えに一石を投じてくれた。ＴＣＫたちは複数の文化を経験していることで他者への気遣いができるという点についてだ。「ＴＣＫとして育ったからといって、必ずしも異文化への理解があるとは限らないと思う。僕がインターナショナルスクールに通っていたとき、学校に馴染むためには西洋的に振る舞わなきゃいけなかった。学校のみんなは、僕のことを理解してると思ってただろうけど、実際にはだれも僕のことをわかっていなかったと思う。学校から家に帰った後の、アフリカ文化の世界の僕。学校と家庭の世界が違うなんて、学校のみんなは想像さえしなかっただろうな」

正直、私たちも彼の話を聞くまでは、そのような想像をしたことはなかった。それ以来、ＴＣＫと個別に会話したり、インターナショナルスクールの講演でパネリストとして話したりす

るとき、こんな質問をするようにしている。「学校で毎日あなたが経験していることと家のなかで、何か違うことはありますか?」すると、「話す言語が違う」という答えがよく返ってくる。他にも、「年配者にはお辞儀をする」とか、「大人への話し方を変える」というような答えも出てくる。学校とは反対の価値観が家庭で教えられることもあるのだ。多くのTCKが学校で学ぶ価値観は、「いろいろなことに疑問を持ち、多様な視点で考える」である。しかし、毎日学校から家に帰ると、「子どもの個人的な意見よりも両親の考えが絶対的に尊重される」といった、学校とは異なる価値観のなかで暮らしているTCKがいるのだ。二つの異なる世界観が交ざり合った結果の体験談である。こういった興味深い話を私たちは聞いてきた。

複数の国籍や文化を持つ親のいるTCK家庭が増えている。休暇にはどこの国へ行くのか。家ではどの言語を使うのか。地域や学校ではどうか。

マックスとマリアはまさにそうした家庭の親だ。マックスはフランス出身で、アメリカで医学を研修した。マリアはニカラグア出身。二人はアフリカの救援機関で働いているときに出会った。二人は結婚し、その後、二人が出会った地域に戻り仕事を続けた。三人の子どもたちは、フランス語・スペイン語・アラビア語を話し、英語も少し話す。自分たちの置かれている状況を考えて、ホームスクールが一番いいだろうということになった。そしてマックスが教えるときはフランス語を使い、マリアが教えるときはスペイン語を使った。それから毎日二人のどちらかが英語でのレッスンもして、さらに現地の家庭教師がアラビア語を教えた。

子どもたちにとって、そんな自分たちの生活パターンはきわめて「普通」だった。政治的緊張が周囲に起きていたとしても。それが子どもたちの知っている生活なのだ。しかし両親の休暇が近づくと、途端にストレスを感じるようになる。両方の親の親戚たちが、毎年「帰って」くることを待っている。しかしフランスとニカラグアは決して近くない。さらにアメリカ在住の救援機関の支援者たちも、彼らからの現地の状況報告を当然期待していた。マックスとマリアが休暇の間にみんなに公平に会えるように計画すると、それぞれの祖父母たちは孫たちと過ごす時間が足りないと不満を言う。もちろん子どもたちは度重なる移動に飽きて、マックスもマリアも疲れ果ててしまうのだ。一年ごとにそれぞれの国へ帰ろうとしても、その年に予定に入れてもらえなかった側の家族は裏切られた気持ちになる。

かつての植民地時代には、両親は同じ国の出身であることが多かった。そのため、現在多くのＴＣＫ家族が直面している多国籍家庭という現実について考える必要がなかったのである。昔は、両方の祖父母は同じ国に住んでいただろうから、家族に会うこともそれほど難しいことではなかった。

前の世代の西洋のＴＣＫを考えると、パスポート国への帰国は簡単でなかったにしても、（海外赴任中）そのほとんどはイギリス・アメリカ・ドイツ・フランスなどの在外学校に通学していた。言語運用能力や発音は母国の人々と変わらないため、帰国しても少なくとも最初のうちは、彼らのＴＣＫらしさは隠れたままである。

現在、インターナショナルスクールでは四十から五十か国の国籍の生徒が在籍しているところは珍しくない（最も多かったのは、百二十か国以上の生徒がいる学校だった！）。これは多くの生徒たちが、自分の主言語ではない言語を使って学習しているということである。教育の言語が英語だとすると、非英語圏の生徒たちはその学校の多数派の英語発音を習得し、自分のパスポート国の人々とは異なる発音で英語を話すことになる。帰国したとき、前の学校で習得したアメリカやイギリス英語の発音、そして「母国語（母国の言語）」を正確に話せないことをからかわれたりする。

さて、次の話は香港のＡＴＣＫジョイス・マンの体験の一部である。

自分の不完全な広東語や外国人のような振る舞いに対して、もう謝ったりしない。私は一九九〇年代に香港を離れ、西洋かぶれした子どもとして帰国して、学費の高いインターナショナルスクールに通い、それから海外の大学に進学した。英語はぺらぺらだけ

ど、広東語には訛りがある。

いってみれば私は、香港の返還期における上流中産階級の人々の苦闘、希望、恐れの産物なのだ。香港が中国に返還される一九九七年より前に、両親は不安感から私たちをカナダ、オーストラリア、アメリカ、イギリスへと連れ回した。仕事を見つけることのできない苛立ちからか、その後私たちを香港に連れ戻し、そこで国際的な教育が受けられるよう注力した。

私たち子どもにとって、それは英語を話して育つということを意味した。学校での西洋的なカリキュラムも放課後の活動もすべて英語だったし、その合間に香港の文化を吸収する時間なんてほとんどなかった。

さらにいえば、学校では広東語は禁じられていた……。親戚・友人・同僚・知り合い、それからぜんぜん見知らぬ人からも私の広東語は嘲笑された。自分のルーツを忘れていると言われたり、もっとひどいときには香港人じゃないとまで責められた。去年、レストランの店主からは、客全員の前で「大体あんた、中国語しゃべれるのかい?」って大きな声で怒鳴りつけられた。異文化体験のなかで身につけたいろんなスキルがまったく意味なくなるのね、「地元の」香港の人とは違う言動を取った時点で。自分のルーツに背を向けてるって見なされる。

さらに、両親それぞれの出身国やその国の地政学的な現状次第では、ＡＴＣＫが大学卒業後に家族のもとに戻ったとしても状況はとても複雑なことになってしまう。国が、その人の背負っている複雑な文化的差異やＡＴＣＫに特有の流動性（変わり易さ）に対して適合していない、ということが判明するときだ。

ユン・チェ（ドリス）はシンガポール人の母親と韓国人の父親の間に生まれ、中国の西部地方で育った。彼女はアメリカの大学に在籍中に二十一歳になった。同じ時期に親はシンガポールに戻ったが、成人していたドリスを扶養家族として登録することはできなかった。家族に合流することができなかったのでドリスはインドで一年間働き、その後また家族とともに暮らそうと試みた。シンガポールでは二重国籍は認められていないためドリスは観光ビザを取った。入国後シンガポールに家族とともに残れるよう就労ビザを申請した。数か月間いろいろと試し、待ってみたが就労ビザはおりず、他の国で仕事を見つけなければならない状況になった。韓国のパスポートは持っていたが韓国に長く住んだことがなかったので、人間関係や文化・言語のスキルはなく、そこで仕事を見つけて安心して暮らすことはできなかった。最終的にドリスは、バングラデシュのＮＧＯ（非政府組織）で仕事を見つけた。

このような話は、現在のＴＣＫの文化がさらに複雑さを増している状況を反映しているだけでなく、文化が交じり合った環境のなかで育った経験を持つ人々がＴＣＫ以外の他の多くの人々の間でもますます一般的になっていることを示している。移民の子どもや難民の子ども、また国際養子縁組やマイノリティとして育ったような人たちだ。他にも、両親の国際的な職業のため、異なる文化間を移動するわけではないが、日常的に多様な文化に囲まれ、それらの文化に深く関わるような環境のなかで育った人もいるだろう。そうした経験は、ルース＝ヒル・ウシームが最初に提唱した伝統的なＴＣＫのものとはずいぶんと違う。しかし、このような多様な異文化体験を経た人たちは、ＴＣＫに共通して見られる特徴に自分たちがいかに共感するかを話してくれる。彼らが知りたいのは「自分はＴＣＫかどうか？」ということだ。プラビンはこうした問いを発した一人である。

プラビンの人生の始まりは平凡なものだった――両親の故郷であるインドで生まれた。プラビンが生まれたときから両親は一つのことを強く願っていた。それは彼にあらゆる機会を与えるということだった。国際化が進み、変わりゆく世界のなかで成功するために必要なあらゆる機会。その一つがプラビンに英語の能力を身につけさせることだった。親はプラビンをインド北部の山間部にあるイギリス式の全寮制の学校に送った。

学校で生徒は英語だけで話したり書いたりしなければならなかった。

　プラビンの親は遠くに住んでいたため、プラビンは学校の休暇のときに親と会うことはできなかった。一学年が終わり、六歳のプラビンが一年間待ちに待った日が来た。夏休みを一緒に過ごすため親が迎えに来てくれるのだ。プラビンは楽しみな気持ちを抑えきれなかった！　でも少し不安もあった――もし親の顔がわからなかったらどうしよう？　どうやったら見つけられるのか？

　両親の姿が見えた。やっぱり親の顔を忘れるはずがない！　プラビンは二人のもとに駆け寄った。二人はプラビンを抱き上げた。すると、思いもしなかったことが起きた。プラビンは両親が何を言っているのか理解できなかったのだ。二人の話す言葉はなんとなく耳馴染みのあるものだったが、理解することのできたいくつかの単語に対しても答えを返すことができなかった。家から離れている一年の間、プラビンは自分の母語（訳注・最初に覚えた言語）を忘れてしまったのだ。そして両親は英語が話せなかった。それ以降、毎年両親が夏休みごとに村にプラビンを連れ帰っても、プラビンは幼馴染みたちとも会話をすることはもうできなかった。その日から現在に至るまで、プラビンは複数の文化とその間《はざま》で、どこにも落ちつかない感覚を持ちながら生きてきているのだ――一つの国にいながらにして。

私たちが通常思い浮かべる伝統的なTCK経験の他にも、さまざまな理由から、複数の文化のなかで育った人たちの話は多くある。海外留学生はその一つの例だろう。彼らは両親のいない状況のなかでほぼ一年程度、異なる文化を体験する。米国NBCの夕方のニュースで「サテライト・ベビー」についてのルポがあった。サテライト・ベビーとはアメリカに移民した人の子どもたちを指す言葉だ。「育児にお金がかかる」「母文化につながっていてほしい」と親が思うことから、子どもたちは学齢期になるまで親戚とともに「故郷」で暮らす。そして五歳か六歳で子どもたちは親元に戻され、出生の上では市民だが文化的にはつながりの感じられない土地で暮らすことになる。もう一つ見られる傾向として、英語を話さない親が、指導言語が英語であるインターナショナルスクールや遠方の全寮制の学校に子どもを送るというケースがある。後々子どもが国際的ビジネスパーソンとして成功できるよう、子どもに流暢な英語を身につけてほしいと親は願っているのだ。こうした子どもたちは、親に連れられて新たな文化圏に移動したわけではないので、厳密にはTCKではない。しかし、インターナショナルスクールに通う子どもたちは、日常的に異なる文化圏を行き来している。また全寮制の学校に送られる子どもたちは、それに加えて「愛着」や「喪失」など、幼い年齢で全寮制の学校に送られたTCKによくある問題に直面する。

このような事例の数々から、ごく妥当な疑問が浮かび上がってくる。「何らかの理由によって複数の文化の間《はざま》で育った（または育っている）人はみな本質的にTCKまたはATCKと言えるのだろうか？」

TCKに関する活動をしている人やTCKを知る人のなかには「違う」と言う人がいる。前に述べたような経験には多くの違いがあり、すべてを一括りにしてしまうとどれも正確に研究できなくなると言うのだ。それならば、なぜこんなにも多くの異なる背景を持った人々がＴＣＫプロファイル（特徴）に共感を示すのか。それを理解するための努力がほとんどなされていないのは問題ではないか。それぞれのグループごとに自分たちの経験を集めてゼロから理解しなければならなくなるのだから。

そうかと思えば逆に、従来のＴＣＫとしての生活経験がなくても、ＴＣＫの特徴に共感する人は「みんなＴＣＫということにしてしまいましょう」と言う人もいる。どんな子どもでも、複数の文化の間《はざま》で育った者であれば正真正銘のＴＣＫなのだ。すると反対派の人たちは、「難民キャンプの子どもと駐在大使の子どもとを一緒に考えることはできないでしょう、乗馬の個人レッスンを受けて豪邸に住んでいるような子どもですよ」と疑問を呈するのだ。確かにそうである。しかし驚いたことに、実際にはいくつかの共通項があるのだ。

リベリア内戦の真っ只中、ルース＝ヴァン・リーケンは夫とガーナを訪れた。そこで、リベリア時代の友人たちの多くが（ルースはリベリアに九年間住んでいた）近くの難民キャンプで生活していることを知った。

ルースは友人たちに会いたかった。でも、どのような言葉をかけたらいいのだろうか？　ルースが友人たちに最後に別れを告げてからの、彼らの体験は想像を絶するもの

だった。彼らが体験した戦争の恐怖や余儀無い移動に、ルースの今の生活において共感できる点などあるだろうか。

　再会した直後は、昔に戻ったかのようだった。聞き慣れたリベリア英語はルースの耳に心地よく響いた。楽しくおしゃべりをして互いの家族や友人の近況を報告し合った。だが会話が進むうちに、戦死した多くの人々や数々の残虐行為についての悲しい話が入り交

じるようになった。ルースは彼らの心の傷みを思うと、ただ深い悲しみを感じることしかできなかった。ルースと友人たちの生活に共通することなど何一つないように思えた。
　ひと通りの話の後、最後に会ったときからルースが何をしてきたのかを友人の一人が聞いてきた。ルースにはそれまで自分がやってきたすべてのことは、今この状況においてはずいぶん無意味なものに思えた。どちらかといえば、規則的なルースの日常は、友人たちの劇的で悲しい話に比べると色褪せているように思えた。しかし自分の話やTCKに関する活動の数々を共有しているうちに、リベリアの友人たちも話しはじめた
——子どもたちが、親の知るリベリアについて何も知らないと気づいたときの気持ち。子どもたちがリベリアでもなくガーナでもない二つの世界の間《はざま》にとらわれてしまってい

る今このときの気持ち、など。
ガーナに家族で旅行するだけの余裕のある白人ATCK女性とその友人たち——肌の黒い男性・女性・子どもたち、そして恐ろしい内戦の被害者であり、国連の配給を頼りに生活している人たちだ。しかし「故郷」と定義される環境の外で育ち生活することの影響について話しているとき、その場所にいた人はみな互いの外面的な状況の違いを超えた一つの共有体験のなかでつながったのだ。

このような難民の子どもたちはTCKだろうか。もしTCKであるなら、特権を持った「駐在員」の子どもとして育ったTCKではなく、難民として育つということの意味を私たちはどのように考えればよいのか。もしTCKではないとするなら、なぜ彼らは共感し合うのか。彼らは互いにどこに接点を見出しているのだろうか。

今日の世界において文化の融合が進行するにつれ、だれが「正式な」TCKに含まれ、だれが含まれないのかという問いは私たちが取り組むべき重要な問題だ。しかし、それはだれかを特別な「クラブ」に含めるのか、または除外するのかということではない。大切なことは、グローバル化する世界のなかで起きている多くの出来事が、子どもとその家族に与える具体的な影響について共通の理解を深めていくことなのだ。実際、TCKの特徴に自分との接点を見出し、「自分はTCKだ」と自称する人たちすべてを一括りにしてしまったら、さまざまな経験に関する研究を困難なものにしてしまうだけでなく、個人の話の細かい部分をも削ぎ落としてしまうことになる。

例を挙げよう。ルースが訪れたリベリアの難民キャンプで育った子どもたちと、移動を続けるなかでどこの文化ともつながりを感じることのできないTCKとの間には、大きく重なり合う点がある。しかし、リベリアの子どもたちの話と、両親または組織の決定で移動した子どもたちの話を「同じもの」として分類してしまうと、難民の子どもたちのトラウマや「国を失う」体験は残念ながら抜け落ちてしまう。同時に、TCKコミュニティとしては、つながり合う部分があるからこそ彼らを包み込み、「おいで、私たちの仲間になって」と言いたくなるのだ。異なる文化の間《はざま》で育つことの影響に関し私たちが学んだストラテジーを共有するにあたり、戦争や強制移動といった悲しいトラウマが従来のTCKのほとんどが経験したことのない現実であることをしっかりと受け止め、それを尊重するためにはどうしたらよいのだろうか。

変わりゆく世界であるがゆえに、だれがTCKでだれがTCKでないのかという議論をさらに複雑にしているもう一つの例がある。「移民（immigrant）」（国・地域によっては単に移住者（migrant）と表記される）の変化である。歴史的には、TCKの体験と移民の子どもたちとの体験の違いは単純なものだと考えられてきた。移民は定住を目的としてある土地へと移住し、新しい国に着くと二度と故国に帰ることがない場合が多い。しかし、TCKはいつかは自国に帰ることを想定して移動する。この早晩の帰国についての違いによって、私たちは移民の子どもたちとTCKとでは、現地またはホスト国との関わり方が違ってくると考えていた。しかし今やだれもが頻繁に移動する世の中である。移民の子どもたちはＴＣＫと同様、自国とホスト国を行き来するし、それは定期的であることが多い。ただ、このような共通点があるにしてもＴＣＫと移民との間では「定住」についての想定が違う。こうした変化をすべて考慮に入れた上で、このような子どもたちの多くが共通点を見出す「世界のニューノーマル」を、両者それぞれの経験の特徴的な利点や難点の存在を認めつつ、より正確に描写するために、私たちはどのようにしたらいいのだろうか。

ここで本節冒頭の問いに再び戻ることになる。今日の多くのＴＣＫやＡＴＣＫの文化の複雑性だ。ブライス・ロイヤーやバラク・オバマをはじめとするＴＣＫが遭遇した何層にも重なり合った異文化体験、それによって彼らの人生に加えられたいくつもの色合いは従来のＴＣＫ体験をはるかに超えている。私たちがその点をしっかりと押さえていることを示すことが重要ではないだろうか。彼らの人生のすべてを一つの「ＴＣＫという枠組み」に押し込むのではなく、自分たちを形成したさまざまな要因に目を向けるよう手助けをすることはできるだろうか。

また、従来のＴＣＫ体験を経ていなくても、その特徴に通じるものが感じ取れるという人々についてはどうだろうか。言葉の定義にこだわり続けるのではなく、進化し続けるこの興味深い現実をより広い視野で研究することはできるだろうか。

できる、と私たちは信じる。

必要なのは新しい用語なのだ。

クロスカルチャーキッズの定義とは

二〇〇二年、ルース＝ヴァン・リーケンは「クロスカルチャーキッズ」という用語を創った。その目的は（願わくは！）だれをTCKと呼べるのか、あるいは呼べないのかという議論を超えて、世の中で起きている事態についてさらに研究を進めやすくするためであった。

・クロスカルチャーキッズ（CCK）とは、人生の最初の十八年の間に、長期間にわたり二つ以上の文化圏に深い関わりを持って生きている、またはその経験を持つ人のことである。

・アダルトクロスカルチャーキッズ（ACCK）とは、成人したCCKのことである。

ルースは、国際的な仕事や訓練を担う人々（企業の駐在員・軍関係者・宣教師・外交官・NGO職員・大学院生）によるさまざまなコミュニティの子どもたちを、より広く解釈してサードカルチャーキッズという言葉で表現したが、CCKに関してもそれと同じように捉えられないかと考えた。つまり、クロスカルチャーキッズという包括的な用語のもとに、従来のTCKをも含むすべてのタイプの「異文化の間《はざま》に育つ子ども」を含められないか、ということである。そのように考えれば、異文化の間《はざま》で育つ子どもの多様性を一つの全体像のなかで浮かび上がらせることができる。個々の体験の特徴を見落とすこともない。さらに、個々の体験談の現実や文化的な複雑性を、より大きな文脈のなかでより明確に捉えることができる。例えば、オバマの話を詳しく見ると、彼は少なくとも六つのＣＣＫタイプに属していることがわかる。従来のＴＣＫ・二文化（バイカルチャー）・二人種（バイレイシャル）・国内ＴＣＫ・マイノリティ・教育ＣＣＫだ。ＣＣＫの枠組みのなかで研究者は特定のグループについて深く研究することも可能だ。将来的には、研究者たちがこのように異なる環境のなかで育った子どもたちへの長期的な影響を比較対照し、各グループについて何が普遍的で何が特殊なのかがわかるようになるのではないだろうか。

ＣＣＫに関して想定し得るいくつかのタイプを示してみよう。

・従来のＴＣＫ

親の選んだ仕事や訓練のために、（少なくともどちらかの）親のパスポート国とは異なる国または国々に帯同する。

・親が二文化・複文化・複民族の子ども

少なくとも二つの文化を持つ両親のもとに生まれた場合。両親は互いに同じ人種的背景を持っていたり持っていなかったりする。

・複数の人種的背景を持つ子ども

少なくとも二つの人種的背景を持つ両親のもとに生まれた場合。両親は互いに同じ文化を持っている場合も持っていない場合もあり得る。

・国境付近の子ども

通学のために国境を相当の頻度（毎日のこともある）で行き来したり、また国境を越えて働く両親を持つ。

・教育ＣＣＫ

通学する学校の文化が毎晩帰る家庭の文化と異なる。

・マイノリティの子ども

居住国において多数派である人種や民族とは異なる人種や民族グループに属する両親を持つ。

・移民の子ども

市民権を持たない新たな国に永住した両親を持つ。

・難民の子ども

戦争・暴力・飢饉や自然災害など、自ら選択したのではない状況が理由で元の国・地域以外の場所に居住する両親を持つ。

・国際養子縁組の子ども

子どもの出生国とは違う国出身の養親に養子縁組された場合。

・国内ＴＣＫ

国内における多様な文化やサブカルチャーのなかで移動してきた両親を持つ。

・その他

クロスカルチャー体験のなかで育つその他の子ども。

以上のタイプは、現代世界において子どもがＣＣＫとして育つ数多くのあり方のほんの一部に過ぎない。見てわかる通り、このＣＣＫの枠組みの素晴らしい点の一つは、サブグループを容易に加えていくことができるということだ。サブグループはここに挙げられているものよりも数多くあり、これからも増え続けるだろう。「その他」のところには、ほぼ制限なくさまざまな体験が入れられるだろう。

異文化の間《はざま》で育った子どもというこの枠組みが、ろう者の両親を持つ子どもに当てはまるということについて、オヤ・アタマンは素晴らしいブログ記事を書いている。言語体系の異なる「ろう文化」とその周りの「聴文化」の橋渡し役を、このタイプのＣＣＫは担っているのだそうだ。この「その他」には他にもいろいろな障害を含めることができるだろう。また、親が離婚している子どもたちが、しばしば私たちに話してくれることがある。父母それぞれの家で半々過ごすことになるのだが、二つの家を行き来するたびに「文化を切り替える」のだと彼らは言う。それぞれの親が許してくれることと許してくれないことの決まりが違ったりするからだ。また、国によっては村から都市の喧騒へと移動する子どもたちも異文化間の移動を体験していると言える。村では自給農業と密接な共同生活が主流であり、都市では交通渋滞、匿名性、貨幣経済が避けられない生活様式となっているからだ。

ＣＣＫの概念は今後さらに発展していくであろうが、その一方で、ほぼすべてのＣＣＫが併せ持つ一つの共通点があると、確実にわかっている。その言葉の意味からして当然のことだが、どのCCKも何かしらの異文化の入り交じったライフスタイル――環境――のなかで育っている点だ。それは個々の境遇とは関係ない。同じ文化的背景を持ちながら、人種の違う親のもとに生まれた子どもは一つの例外になるかもしれない。だがその場合においても、自分たちが周りとは違う目で見られているという環境に育った子どもは、やはり何らかの文化的影響を受けているのではないか。そのように考えれば、幼少期に異なる文化の間《はざま》を頻繁に行き来することの影響は、どのグループについても議論に値するテーマなのではないだろうか。

ダルフール難民とともに活動する友人がCCKの分類を見て言った。「ダルフールの僕の友人たちを『人間』として真っ当に扱ってくれたのはこの分類の仕方がはじめてだね。僕たちは、彼らの抱える問題がすべて暴力のせいだと考えることに慣れっこになってしまっている。いや、暴力は確かに酷《むご》いよ。だけど僕たちがつい忘れがちなのは、彼らが自分たちの文化的意味空間をも失ってしまった、ということなんだ。その喪失感は、理由はどうあれ自分の文化を失うという目に遭った人みんなが感じるものと、まったく同じものなんだよ」

しかし、なかにはもっと目につきにくいＣＣＫがいる。自国を出ることなしに異文化を体験する国内ＴＣＫである。ジェニファーはその一人だ。

ジェニファーの両親は、上流中産階級層が住むトロント郊外で育った。ジェニファーが九歳のとき、両親はバンクーバーに近いアメリカ先住民居留地で教師として五年間勤務することになった。その五年の間、ジェニファーは先住民（First Nation）の友達とともに小学校に通い、遊び、食事をし、外を散歩した。しかしジェニファーの生活は先住民の友達と同じではなかった。例えば、代々伝わる先住民の儀式をジェニファーの家族は当然やっていなかった。ジェニファーの両親は門限と勉強時間を決めていたが、友達にそんなものはなかった。ジェニファーは友達との違いをそれとなく受け入れていた。

ジェニファーが十四歳のとき、両親はトロントに戻ることになった。両親はジェニファーにもう少し「普通」の中学生活を送ってほしかったのだ。しかし両親の期待とは裏腹に、それはジェニファーの思う「普通」からは遠かった。驚いたことに、クラスメイトたちは流行の服を着ているかそうでないかでお互いを判断するのだった。さらに耐えられなかったのは、見かけだけで人を判断する習慣は、いちばん考えなければいけない事柄にはまったく無関心だからできたのだということだった。先住民とカナダ政府間での土地問題が新聞で報道されたとき、ジェニファーはそれを自分の問題として捉え、記事を読んだ。ジェニファーはこの問題に左右される人々を直接知っていた。そのことについてクラスメイトやその親たちと話そうとしたが、みな真剣には取り合わなかった。「なぜ先住民の人たちは文句ばかり言うのかしらね。すでに政府にいろんなことをしてもらっているのに」

この問題について、関心を持ってほしいと言えば言うほど周りの人はジェニファーに過激派のレッテルを貼る。そしてジェニファーは周りの人の無関心さに腹を立てる。ジェニファーはしばしばベッドに入ると泣いた。懐かしい友達のいる世界に帰りたいと。

ジェニファーはカナダを離れたことはない。しかし自国にいながらにして、文化と文化の間《はざま》に育つ者、つまりTCKになったのだ。同様に、軍人の子どもにも自国から出ていなくてもTCKの特徴が見られる場合がある。軍隊のなかには特別なサブカルチャーがあり（メアリー＝エドワード・ウェルチ『ミリタリーブラッツ』を参照）、一般市民とはかなり異なる。親が軍を辞め一般市民の生活に戻ったときに、子どもたちは海外生活を終えたTCKが母国に戻ったときと同じ感情を表すという。

カリフォルニアとワシントンの海軍基地で育ったベルナデットは、十四歳のときに父が軍を退役したので、一家でインディアナ州のテールオート南東の町に引っ越した。そこでの生活は今までに経験したことがないもので、周囲にまったく馴染めなかった、とのちに回想した。

このような例を見ると、ＴＣＫがＣＣＫの原型であることがはっきりしてくる。ＴＣＫにとって幼少期の異文化体験は大きな意味を持つ。その理由を考えれば、他のＣＣＫにも生かせる教訓が見えてくるはずだ。従来のＴＣＫと他のＣＣＫを比べると、異文化体験のパターンや移動の程度は異なるかもしれない。しかし自分と同類である「はず」の人たちと関わろうとすると、もはやその人たちの集団とは合わない、あるいは属していない、と感じた体験は多くのＣＣＫに共通のものなのである。このことがまさにＴＣＫの定義にも出てくる「類似の体験をした他者に親しみを感じる」という点なのだ。世の中が変わっていくなかで、これは新しいつながり方の一つだと言えるのかもしれない。このようにすべてのＣＣＫに共通する点を見出すことで、逆にそれぞれのサブグループに特有の部分もはっきりしてくるのだ。

なお、このＣＣＫの分類の優れている点を挙げるとすれば、ロイヤーやオバマのようなＴＣＫが、人種や民族などＴＣＫ以外の自分の要素についても考えやすくなることだ。複数の人種的な背景を持つ人がたびたび言うように、「家族のなかにさえ自分と見た目の似ている人がいない」

環境で育つことについて、基本的なＴＣＫ体験とは分けて考えられるのだ。オバマの場合、ＴＣＫの体験に加えて、実父と養父がそれぞれに持つ複数の文化的背景の間《はざま》でどのように過ごしたのだろうか。


ングジョ家の人々は私たちの考案したＣＣＫの分類を見せられると笑った。

「私たちの子どもたちがこのなかでいくつのグループに属しているかなんてちゃんと考えたこともなかった」

説明を求められると、ングジョ夫人は言った。

「私はケニアのある地域の出身で、夫は別の地域出身。二人ともスワヒリ語と英語を話すけれど、お互いの母語（地域の言葉）は話せなかった。そうすると私の子どもたちはバイカルチュラルのグループに入るということになるのかな。夫は大手の国際銀行で仕事をすることになったので、一家でアメリカに移住したの。そこではじめてマイノリティ集団に属することになったけど、やがて夫の仕事で世界中に駐在させられることになった。その時点で、子どもたちはいわば従来のＴＣＫになったわけよね。この四つの体験すべてを同時に説明する言葉があると知ることができてよかったわ！」

ＴＣＫすべてがこれほど複雑な体験をするわけではない。その一方で、ＴＣＫでなくても移民の子ども、あるいはマイノリティの子ども、バイカルチュラルの子どもであれば、ングジョ家の子どもたちとの共通点を多く見出すことはできるかもしれない。ングジョ家の子どもたち（現在は成人している）がＴＣＫとして学んだことをいくつか共有すれば他のＣＣＫの手助けになる。複数の文化圏の間《はざま》で過ごした子どもたちが、これまでの生活のなかであまり意識することのなかった状況に目を向けるようになるからだ。幼少期から得られるこうした恵みとは何だろうか。異文化交流を体験した、というその一点があるだけで直面する困難とは何だろうか。ングジョ家の人々が移民世代に関する研究論文を読めば、自身の体験の複雑さについても理解を深めることができるかもしれない。各グループ間で相互理解や仲間意識が培われるようになれば、みなで成長できる。それを私たちは期待しているのだ。

しかし、依然として疑問も残る。複数の文化のなかで育つ子どもたちを上手く言い表す名称が見つかったとしても、個々それぞれの体験をしっかり把握できていなければ、それらを比較対照するといった作業はできないのではないだろうか。

ここは大切なポイントだろう。ＣＣＫの分類のなかで示した多くのグループについて、実際に彼らがどのような生活を送っているのか私たちは知らない。しかし私たちは、これまでの活動や経験を通して、ＴＣＫについての豊富な知識は持ち合わせている。

本書ではこの後、主に従来のＴＣＫ体験に焦点を当てて述べていくことになるが、その理由として以下の二点を挙げておきたい。

一、このTCK体験について、私たちは詳しく知っている。TCKやATCKが自らの異文化体験の深みと特徴について語ることができるよう引き続き特徴について言語化し、それらを理解できるよう手助けしていきたい。それは長年の経験からこうした作業の重要性をよく知っているからである。

二、CCKというより広範なグループに共通のテーマが浮かび上がってくるであろう。そうした点をみなさんと一緒に考えていきたい。広く他のグループの体験にも適用可能な原理や基本的理解というものは何か。本書の役割は議論を完結させることではない。まずは議論の場を設け、願わくはそれを前に進め、そしてさらに広げていくことにある。

以上を念頭に置きながら、TCKと、そしておそらくCCKにとっても、異文化体験がいかに重要なことであるのかを考えていきたい。

4　幼年期に異文化体験をするとどうなるか

私は
いろいろな文化の交ぜあわせ
だれにも似てない私
良いことだと思う
私にはわかるから
旅人の気持ち、一時滞在者の気持ち、外国人の気持ち
彼らを襲う
ホームシック
悪いことだとも思う
だれも
一つの場所で育った人にはわかってもらえない
折りにふれて襲うホームシックを
本当の意味で
共感してはもらえない

自分も相手のことを
本当の意味で
理解することを諦めそうになる
私は
ぽつんと海に浮かぶ孤島であり
ミニ国連でもある
本当の私は
神のみぞ知る

「だれにも似てない私」アレックス＝グラハム・ジェームズ

私はだれ？

この詩はインドで育ったオーストラリア人、アレックスが書いたもので、ＴＣＫの矛盾する点がよく表現されている。世界の人々と場所に強く連帯を感じると同時に一歩引いた状態。なぜ、アレックスをはじめエリカ、またほとんどのＴＣＫがこのような感じを抱くのだろうか。

それに答える前に、彼らの育つ世界というものを分析する必要があるだろう。異文化体験と移動の多い生活、この二つの要素がＴＣＫの人生に大きく影響している。

ちなみに大人も海外勤務に伴う異文化と移動生活に大きく影響を受けるものだが、彼らとＴＣＫとの違いは何だろうか。

確かに、一つの場所でいろいろな文化背景を持った人に囲まれて育った子どもは多様性に寛容になる。しかし、それはＴＣＫと比べると安定した多様性とも言えるだろう。知らない場所に繰り返し根こそぎ連れて行かれることでなく、暗黙のルールに従って、人々がどのように共存し、関わり合っているかを明確に把握し、自分もそれに従っている。ＴＣＫはそれに加えて、一晩飛行機に乗っただけで自分を取り囲む世界ががらりと変わってしまうのだ。人間関係も激しく入れ替わる。自分だけでなく周囲も移動生活が日常茶飯なので、常に人が去来を繰り返す。ＴＣＫでない子どもの引っ越しは通常、同じ文化圏のなかで起こる。友達に会えなくなる寂しさや住み慣れた場所を去る悲しみはあるものの、次の土地でまったく違う文化や慣習を学ばねばならないということはない。使用言語は同じ、通貨も同じ、そして大統領がだれかをあらためて知る必要もない。

次に大人がはじめて他の文化圏に住む場合だが、大人でもカルチャーショックを経験し、土地に慣れるのには多少の時間を費やすだろう。しかし価値観やアイデンティティ、また家族や友人との基本的な人間関係はすでに自国文化において確立されている。たまたま別の場所や文化圏に住んでいても、自分たちをアメリカ人、オーストラリア人、ケニア人、インドネシア人と見なしていることに変わりはない。自分が何者なのか、どこに属するのかといった基本的な部分が揺らぐことはないのだ。
しかしTCKはそうはいかない。帰属意識や文化的アイデンティティの形成というきわめて重要な発達課題を終える前に、さまざまな文化のなかに放り出されるのである。イギリス人の乳児の例を取ってみよう。赤ん坊の最初の一歩は外国の地、最初の言葉は中国人のアマ（ベビーシッター）の発した中国語。人間とは何か、ましてやイギリス人とは何かなど考えもしない。赤ん坊はそのときの状況に適応するだけである。

TCKについての意義ある議論のために、まず移動が激しいことと文化的にも変化の多い環境のなかで発達段階を過ごすことの「相互作用」を心に留《とど》めておかねばならない。どちらも単独ではそれほどの影響を及ぼさないが、TCKの利点と難点、また特徴的な性格をもたらすものがまさにこれらの要素なのだ。これらがどのように影響し合うのかを理解するために、それぞれの要素を個別に詳しく見ていきたい。TCKと、場所の移動なしに多文化を経験し国内で移動生活する子どもたちとがどのような点で違うのかがはっきりしてくるだろう。まず子ども時代の異文化体験から取り上げ、移動生活については次節で述べることにしたい。

文化の重要性

人がアイデンティティや帰属意識を構築していく過程では、次のようなステップを踏む。まず幼年時代に社会の基本ルールを学び、そして思春期にルールを内面化することを覚え、さらに成人してからはそれを基盤に行動する。きわめて普通に見えるこのステップが、なぜＴＣＫにとって重要となってくるのか。それに答える前に「文化とは何か」「人はどのように文化を身につけていくのか」「なぜ文化は重要なのか」という問いから入っていこう。

「文化」という言葉を考えるとき、私たちはつい周りの人がどんな服装をしているかとか、どんな行動を取るかなどを思い浮かべるが、文化を学ぶということは外から見える行動パターンを学ぶことではない。文化は暗黙の了解や共通の信仰、価値観からも成り立っているのだ。いうなれば、文化は私たちが日常生活や世の中を解釈し、理解するための一つの枠組みのことである。文化人類学者のゲーリー・ウィーバーは、「文化というものは本能的行動ではなく、周りから学んだり教えられたりしながら世代から世代へと伝えられ、受け継がれていくもの」と述べている。また文化とは氷山のようなものだともいう。見えているのは一部分のみで、水中に沈んでいる部分は見えている部分よりもはるかに大きい。見えている部分、水面上に出ているのは「表層文化」であり、行動・言葉・慣習・伝統を含む。水に隠れている部分は「深層文化」であり、信仰・価値観・暗黙の了解・思考パターンなどである。

文化の深い部分での基本的な同質性がなければ人は結束しない。お互いの服装や食べ物の嗜好などを表面的に模倣し合っただけで、結束した集団ができあがるというわけではない。『屋根の上のバイオリン弾き』というミュージカルのなかでは、「文化」がどういうものかがよく描かれている。牛乳屋を営むテヴィエは帝政ロシア領のユダヤ人の村、アナテフカに住んでいる。何年にもわたりテヴィエの文化はほとんど変わることなく存続してきた。人はみな自分の居場所をわきまえ、人との関係を守り、神の教えに従って暮らしていた。外からの影響はほとんどなかった。代々守られてきた戒律は変わらず、みな昔からの家業である牛乳屋、結婚仲介業、農業を守っていた。その家業をだれが決めたのかだれも知らない。それは伝統的に受け継がれてきたのだ。「伝統的」に。これは文化的信仰がいかに実践されているかを如実に示す言葉である。テヴィエは言う。

しきたりに従って、わしたちは先祖代々平穏に生きてきた。ここアナテフカにはすべてにおいてしきたりがあるのじゃ。食事の仕方、睡眠の取り方、洋服の着方。髪の毛は覆わなければならないし、神への帰依を示すため祈祷用のショールは必ず身につける。そのしきたりはいつ始まったのか？　そんなことはだれも知らないさ！　しきたりに従って、わしたちは役割を守り、神の思し召しに沿って生きてきた。このしきたりがなければ、人生は「屋根の上のバイオリン弾き」のように危なっかしいものになってしまう。

テヴィエはしきたりが守られなくなってきたことを嘆く。劇中では古いしきたりがどんどん破られ、テヴィエは焦りはじめる。彼の平穏な生活は失われ、素朴な生活は音を立てて崩れていく。その変化に、精神的にも感情的にもついていけない。そしてテヴィエはどうしたらよいのかわからなくなり、孤独に陥って、ついに子どもたちからも見放される。

あるコミュニティにおいては暗黙の了解、その微妙な「バランス感覚」が重要なのだ。文化のバランスが備わっている状態は、長年にわたって基礎を練習してきたピアニストに譬えることができる。ピアニストは練習の積み重ねによって鍵盤の位置やペダルを踏む箇所、また音階やトリルなどをまったく考えずに自然な演奏をする。楽譜に書かれている記号を見れば自然に体は反応する。この考えない体の反応こそが、より深い情趣に溢れた音楽を創り出すことを可能にするのだ。

文化におけるバランス感覚もこれに似ている。一つの文化に長く身を置くと、行動パターンや暗黙の了解を自然に取り込み、本能的ともいえる力で何が正しく何が面白いのか、何がその場にふさわしく、何が無礼にあたるのかを学んでいく。会議の前に自分の服装がその場に合っているかどうかを気にすることに時間を割かずに、新しいビジネスプランにゆっくり考えを巡らすことができるというものだ。「すべてをわきまえている」状況は人に、安定・安心・帰属意識をもたらしてくれる。テヴィエではないが、私たちもしきたりが何のためにあるのかはわからなくとも、そのしくみはちゃんと理解している。

反対に、周りを取り巻く社会のルールや暗黙の了解を常に模索している状態では、私たちのエネルギーはそちらに向いてしまい、生活を享受するどころではなくなってしまう。いうなれば、周りがラフマニノフを弾いているのに、こちらは鍵盤の位置を探しているようなものである。

「文化のバランス」を失うと何が起こっているのかを理解することで精いっぱいになり、積極的に行動できなくなるのだ。

異文化を転々とする生活

何年もの間、周りから浮いてしまう自分のどこが人と違っているのかを問い続けたと多くのTCKが言う。あらゆる場面で見当違いな言動を取ってしまう。周りの人はTCKの頓珍漢《とんちんかん》な言動を不審に思い、TCKは自分が周りにどうしても馴染めない屈辱感を味わう。

皮肉なようだが、「文化のバランス」を達成し、アイデンティティを確立する過程でTCKが苦しむのは、文化の学び方が他の人と異なるからではなく、むしろ同じだから悩むのだ。文化を学ぶということは、いわば周りの環境からそれを「吸収する」ことであって、実用書を読んだり文化人類学の修士を取ったりすることではないのだ。だがTCKも周りの人もつい忘れがちなのが、テヴィエのように伝統を守り続ける安定した単一文化のなかで育った人とは違い、TCKは親についていろいろな場所を転々とし、行った先々でまったく違う価値観や慣習にさらされるということなのだ。前の場所での常識や行動パターンが新しい場所では無礼にあたり、滑稽に見えるということがある。どの文化の基準を身につければよいのかわからなくなる。

そこで出てくるのが次のような疑問だ。TCKは自らが経験した文化圏のすべてに所属するのだろうか。それともどこにも所属しないのだろうか。部分的にはあらゆる文化に所属するのだろうか。世界のどこかに彼らの居場所はあるのだろうか。

「文化のバランス」の模索過程を語る上でもう一つ注意したいのは、文化の規範は学ぶ側も教える側も無意識であるということだ。両親・コミュニティ・学校・同年代の友達などのグループはこの文化伝授のプロセスに関わっているが、必ずしもその役割を意識しているわけではない。テヴィエの住む村のように人が同じ価値観や慣習を持つ場所においては、一つのグループが他のグループの教えを無意識のうちに強化する。だがＴＣＫにとっては、文化のルールが一晩で変わるという事実に加え、それらのルールを教えてくれる人たちの考え方やライフスタイルも場所によって異なるという事実がある。

ＴＣＫは文化をどのように学習していくのか、その過程をよりよく理解するために、それぞれのグループを詳しく見ていこう。

両親

両親は氷山モデルの「水面上」と「水面下」の両方の文化規範を伝える役割を果たすが、そのやり方には手本を示す、直接言葉にする、などさまざまある。手本を示す例としては、状況に合わせて服装を変える（仕事に行くのとテニスに行くのとでは同じ服を着ない）、他人のことを話す際は敬意を払う、などがある。直接言葉にする例としては、「ものを食べるときは口を閉じて」「弟をぶつのを今すぐやめなさい。でないとおしおきよ」と叱ったり、「妹におもちゃ貸してあげたの、えらいわね」と褒めたりする。

ＴＣＫがどこで育とうとも両親の価値観は両親の自国文化（一つとは限らない）に根ざしており、現地の価値観とは違うことがある。服装がいい例だ。イスラム教の家庭の女子は、どこに住んでいようとヒジャブを身につけ続けるかもしれない。オランダ人の子どもはブラジルの森林のなかに住んでいても洋服を着ている。他にもある。母国ではどんなときでもストレートにものを言うことが当たり前だとされる一方、現地では他人の面目を傷つけないようにするため、たとえ本当のことであろうと伏せておくことが常識だったりする。

国際結婚の両親を持つＴＣＫが増えている。ルース＝ヒル・ウシーム博士によると、一九六〇年には海外に居住するアメリカ人の子どもの二十五パーセントが両親が別々の文化圏から来ていた。ヘレン・フェール博士が行ったＡＴＣＫへのアンケート調査結果では、一九九五年には四十二パーセントが多文化の家庭に育ったと回答した。ある青年はドイツ人の父親とカンボジア人の母親を持ち、フィリピンで生まれた。さらに家庭内の言語はフランス語であった。幼い子どもにとってこのような「多文化」を学ぶことは大変なことだ。しかも親から受け継ぐ文化的ルールと慣習を身につけるという初歩のステップは複雑なものになる。

ベビーシッター

両親が共働きのため週に五日は丸一日ベビーシッターと過ごすＴＣＫがいる。ベビーシッターの多くは現地の人で、現地の言葉を話す。スコットランド人のベビーシッターと一日を過ごすドイツ人の子どもは、昼間はドイツ語を耳にしないだろう。また彼らの子どもへの接し方は文化によって大きく異なる。ナイジェリア人のベビーシッターに育てられるロシア人の赤ちゃんはベビーカーには乗らず、歩けるようになるまでずっとおんぶで過ごす。子どもを褒めて育てる自国文化とは異なり、現地文化では叱って育てる場合もある。

ベビーシッターが現地の人だった場合、現地文化のやり方が日常生活や子どもとの接し方に影響を及ぼすのは避けられない。小説家パール・バックが中国で過ごした子ども時代について話したことがある。アメリカ人の母親と中国人のベビーシッターの違いは何だったかという問いに、バックはこう答えた。

「本を読んでほしいときには母のところへ行き、転んだりして優しく言葉をかけてもらいたいときには中国人のベビーシッターのところへ行きました」

教育を重視した文化と育てることに重点を置いた文化。バックは幼心にも違いを見分けていたのである。

同年代の友達

子どもが友達と遊ぶとき、本能的に身についている文化的ルールを丸覚えのまま使う。「ずるいぞ」「いくじなし」子どもの年齢が上がるにつれ、そのような相手を辱めるような言葉のやりとりを通して、コミュニティの価値観が徐々に刷り込まれていく。ＴＣＫの多くはさまざまな文化圏から来た子どもと学校をともにし、遊ぶ。それぞれの文化の価値観は異なっている。サッカーやクリケットに熱中する子どももいれば、アメフトや野球ファンの子どももいる。何よりも学業優先に育てられる子どももいれば、学校の成績よりも友達づくりを重要視する子どももいる。子どもは何を最優先するのかをどのようにして決めるのだろうか。異なる文化が子どもにどのような影響を及ぼすのか次に見ていこう。

母国文化・現地文化・サードカルチャーのコミュニティ

ＴＣＫではない子どもは、テヴィエの暮らす村のようなコミュニティで育つだろう。ここでは、子どもは親だけでなく隣人からも同じようにしつけられる。村ではみな同じしきたりに従っているからだ。正直・勤勉・年長者への礼儀を大切にするということを両親だけでなく村全体が教え、しきたりを守らない場合は非難される。何をすべきか、また何をすべきでないかをだれが決めたのかは知らないが、みながルールを心得ているのだ。このような「故郷（母国文化）」のなかで文化のバランスを保つのは難しくない。

しかしＴＣＫにとってはこの「母国文化」のコミュニティが、文化バランスを保つ上で最も難しい場所になることがある。異国の地にいても、親からはいわゆる母国文化における表層部分である言語や価値観または伝統を教わるだろうが、深層文化については知らないままでいる。

また現地文化がＴＣＫに及ぼす影響についていえば、それは場合によっては大きかったり小さかったりする。度重なる移動のため、現地文化の深い部分まで吸収するほどその地に長く住んだことがない場合、また軍・大使館・宣教教会・企業がそれぞれ特別な居住区を持っていて、外のコミュニティとの接触がまったくないという場合、現地文化の影響は小さいかもしれない。そのような場合でも、コミュニティと触れ合うことで、文化が違えば異なる習慣や価値観そして世界観があることを知るだろう。反対に、現地に自分しか外国人がいない生活をしてきたＴＣＫの場合、現地の食生活を取り入れたり、現地の子どもたちと遊んだりして文化をより深く理解するだろう。例えば、私たちは日本で育ったあるアメリカ人のＴＣＫに会ったのだが、彼の物腰や英語のアクセント、「故郷」がどこかという感覚は完全に日本での体験に基づいていた。それは幼少期に日本の学校に通ったからだろう。母親と一緒にアメリカに帰国したとき、アメリカの同級生よりも日本人といるほうが居心地がよいからと、土曜日の日本語補習校に通いたいと彼は言った。このようなＴＣＫは「母国文化」よりも「ホスト文化（訳注・滞在先の現地文化）」にいるときのほうが文化バランスを保ちやすいようだ。なぜなら、彼らは母国文化の仕組みを、以前住んでいたホスト文化ほどにはまだ深く理解できていないからだ。

しかし、ＴＣＫにとって最も重要なコミュニティの一つが「サードカルチャー」であり、ウシーム博士が研究した駐在員のサブカルチャーである。ＴＣＫはここで、ライフスタイルや文化的規範を他の人と共有することで、最も「居心地のよさ」を感じることができるのである。

学校

文化は教科書から学ぶものではない。だが文化的裏づけのない教育制度は存在しないわけで、カリキュラムや教育方法はその社会の価値観や常識を反映する。カリキュラムを実践する側は、そこに見られる価値観や、やり方が正しいと思っている。コミュニティが一つの文化的価値観を持つ場合、学校はその価値観に基づいた教育を提供する。(同一コミュニティ内に属する)教師や学校経営者は親や社会の価値観に沿うようなカリキュラムをつくるからだ。

TCKは場所を移動し、学校が変わるたびに教育方針の違うカリキュラムを経験する。さまざまな国から人が集まっている駐在員コミュニティにおいては教師たちも多様な文化圏から来ている。このことはTCKの文化観の発達の上で相応の混乱を招く場合がある。ジョーの例を見てみよう。

僕たち兄弟はアルゼンチンでイギリス人学校に通ったことによって、イギリス文化とアルゼンチン文化の入り交じった環境に置かれた。しかもアメリカ人は僕たちだけだった。アルゼンチンの人たちは自国の教育に誇りを持っていて、ペロン大統領は公立校以外の学校にもそのカリキュラムを課した。つまりアルゼンチンの学校カリキュラムをまずこなした上で、はじめてその学校独自の教育方針に基づく授業を行うことができる、ということだ。僕たちの学校は朝八時から夕方四時までだった。午前中の四時間はスペイン語による授業で、午後の四時間はイギリスのパブリックスクールに基づく授業だった。両親は家ではアメリカ文化を守ろうと空しい努力をしていた。僕たちが数字の7を書くときに真ん中に棒線を入れることをやめさせようとした。イギリス式とアメリカ式のスペルが違う単語ではアメリカのスペルを教えようとした。学校で北米の歴史や地

理、文学についての授業があると聞いて両親は喜んだが、その北米とはアメリカではなくカナダを指すと知ったときにはひどくがっかりしていた。

このようなケースは何もイギリス人学校に通ったアメリカ人だけではない。英語を母国語としない子どもがアメリカンスクールに通う場合、事態はさらに困難である。ATCKで文化人類学者のダナウ・タヌは、アジアのTCKについて研究し、次のように書いた。

TCKとして育ったからといって、自然の成り行きで異文化に敏感になるとは限らない。インターナショナルスクールの学校文化が中立的だと思う人は多いだろう。しかし実際には「国際的」だと感じる人もいれば、「西洋的」と感じる人もいて、その捉え方は個人の言語・文化の背景による。

私にとってインターナショナルスクールに通うことは、西洋諸国で育つアジア系移民の二世の経験のように感じられた。家に帰ればアジア人になるし、学校にいる間は西洋人になる。育った国はアジアの国なのに、現地通貨よりも先にアメリカの硬貨の数え方を算数の授業で覚えたのだ。

高校を卒業する一九九〇年代半ばには、西洋文化や歴史について説得力のあるエッセイを書くことができたのに、アジアの歴史についての知識は皆無だった。このことに気づいたとき、私は自分を恥ずかしく思い、大学ではアジア研究を専攻した。私は英語が第一言語だったため学校での勉強は苦労せずに済んだ。しかし英語が第二言語だったインターナショナルスクールの友人たちは、西洋的なインターナショナルスクールの文化に適応するのが難しかったようだ。

このような環境のなかで育った弊害として、私は人種差別的なものの考え方を自分のなかに取り込んでしまっていた。アジア諸国など西洋以外の国が学校の授業で扱われることはなく、扱われたとしてもほんの申し訳程度だった。そして校長先生や先生など権力のある地位に就いている大人はほとんどが白人だったため、西洋は優れていて他は劣っている、というふうに知らず知らずのうちに学んでしまっていたのだ。そのような考え方が間違いだということは頭ではわかっていたため、自分や他者には当てはめないように努めたが、心のなかではなかなか拭い去ることはできなかった。大人になってこの感覚から解放されるのに何年もかかった。

学校とは価値観を学ぶ場であると同時に、文化的慣習を学ぶ場所でもある。では、子どもが両親の文化とはまるで違う価値観・慣習・宗教方針の学校に放り込まれた場合はどうなるであろうか。これは世界を巡って生活する家族にはよくある状況である。母国の教育方針に沿った学校が現地にない場合、違った教育方針の学校に子どもを行かせなければならない。

まして寄宿学校に入れられた子どもは、授業時間だけでなく二十四時間、異なったサブカルチャーの環境に身を置くことになる。寮生活ではたくさんの子どもをまとめるために、家庭内で数人の子どもを扱うのとは比べものにならないほどのルールが必要となる。寮生活を経験したＴＣＫは、自分は大人によってではなく同年代の仲間に育てられたと言う。それが寮生活のいいところだと言う者もいれば、それが辛かったと言う者もいる。いずれにせよ寄宿学校に行くことは、学校から帰って毎晩家族と過ごす生活とはずいぶん異なることは確かだ。

メディア

世界情勢を知るのにラジオに頼っていた時代には、雑誌やテレビなども含めたメディアの影響力は今日よりも限られていた。しかし今ではマウスをクリックしたり、指でスワイプしたりするだけで、地元のみならず世界中の新聞にもアクセスでき、衛星放送・電子雑誌・ブログ・ＳＮＳの最新投稿でさえリアルタイムで確認できるようになった。信頼できる情報源が見極めづらくなるなかで、ＴＣＫの多くは自分なりの「情報源リスト」を所持しているという。何かが起こったとき、どこかで分析記事や解説に触れたとき、本当は何が起こったのか把握するのに役立つからである。自分が今住んでいる国で起こったことが母国で報道されたとする。母国の報道の仕方と現地での捉え方との間にズレを感じることはよくある。いわゆる「メディア」にはその地域に実際に住んでいる友人も含まれる。例えば、ドイツ在住のムスタファがメキシコシティで起きた地震について知ったとする。ムスタファはメキシコシティに帰国していたホセにすぐ連絡を取り、安否確認をしてから現地の状況を聞く。ホセはムスタファとＳＮＳでつながっているのだ。サードカルチャーにおいては複数の文化間の対話があり、ＴＣＫの自国の文化で主要な情報源とされているメディアについても、そうした多角的な視点から再検討されるようになるのだ。

親の所属する組織

ＴＣＫの多くはサードカルチャーの体験だけでなく海外駐在員のコミュニティ全体とそのサブコミュニティにおけるしきたりにも影響を受ける。宣教・ビジネス・軍・外交関係などのサブコミュニティのなかにはそれぞれの決まりや暗黙の了解が存在する。『ミリタリーブラッツ』という本のなかでメアリー＝エドワード・ウェルチはこう書いている。

> **軍人を親に持つ子どもは、五歳までには軍における規則と価値観を内面化し、それに基づいた軍隊アイデンティティをつくり上げ、軍隊コミュニティのなかで親の代役を務められるだけの度胸を備えている。**

コミュニティの一員として受け入れられるためには、身形《みなり》を整えること、信仰を守ること、政治的価値観を持つこと、といったサブカルチャーにおけるルールを遵守しなければならないことをＴＣＫたちは学ぶのだ。

これらの所属組織は、組織に所属する駐在員だけでなくその家族に対しても組織文化の言動や理念を期待してきた。これが、ルース＝ウシームが当初ＴＣＫは「代表的な役割」を担っていると考えた所以である。母国文化のなかで従来通りの育ち方をしていたら、本来担う必要のない、また年齢にそぐわない責任もＴＣＫは負ってきたのだ。

所属組織自体が特定の（国の）文化に根ざしていることも忘れてはならない。その文化圏外の出身であるＴＣＫにとっては思いもよらぬ影響が及ぶかもしれないからだ。例えば、ある組織がインドの法律や時間の感覚に基づいて社内の方針を決めているとしたら、それは必ずしもオーストラリア出身の社員たちには馴染めないものだったりする可能性がある。

ＴＣＫと彼らを取り巻く主流文化

ＴＣＫの人生を大きく左右する異文化生活にはもう一つの側面がある。それはパスポート国であろうとホスト国であろうと、周りの主流文化と自分を関係づけていくのが難しいということだ。主流文化というと、多くの人は、これがホスト国文化についてのことだと捉えがちだが、ＴＣＫはどこの国においても主流文化に入れないという困難さを感じる。これからＴＣＫが周りの文化に自らを合わせるときの行動パターンを見ていくが、それはホスト国文化・パスポート国文化双方に対するものだということをここで明確にしておきたい。

前節でも述べたように、服装・使用言語・言動・慣習といった上辺の文化だけを真似しても、長い期間にわたって集団を結束させることはできない。しかし歴史的に見て表層文化は、ある集団が共有する信仰・暗黙知・価値観など深層文化の象徴でもあった。複数の部族や国民が隣り合わせに存在した地域でも、一目見ただけで自分たちのグループに属する者かそうでない者かを瞬時に見分けることができた。表層的な要素が深層を見分けるための手段でもあったのだ。

現在はそう簡単にはいかない。外見上の行動パターンは世界中で変わりつつある。テレビやビデオ、インターネットの普及により、人々のファッションや生活様式はどこの世界でも似たり寄ったりのものになった。ビジネススーツやジーンズが民族衣装に取って代わった。貿易や通信手段の発達、また海外旅行が当たり前になったことで音楽や食べ物、そして言語が世界各地に猛スピードで広まる。

しかし、見かけの進展の早さとは裏腹に文化の深いレベルでの変化はもっと緩やかで、そこにこそ問題の生じる原因が潜んでいるのだ。それはなぜか。見かけが違ったり、一目で自分たちとの違いを認識できたりするような場合には、人は相手に自分たちと同じ行動や考え方を求めない。しかし見かけも行動も似ていると中身も一緒のような気になり、相手が自分たちと同じように反応することを期待する。だが実際は外見が同じように見えても、隠れて見えない文化の深い部分（人生の重大な決定を左右する部分）においては、非常に大きな相違があるのだ。このことは文化相違によるストレスを生じさせる。明らかに外見が違う場合には相手が自分と同じであることを最初から期待しないが、外見が似ている場合は同じ振る舞いをしないと不快に感じるのだ。

文化における相互作用にはこうした（不思議な）特徴があるが、それはＴＣＫ体験にどのような影響を及ぼすのであろうか。また、文化の違いについての議論とどう関わってくるのであろうか。

世界がグローバル化してきたとはいえ、ＴＣＫが訪れ、住む国にはそれぞれの土地に深く根ざした文化がある。使用言語や通貨の単位、年配層の世論、また人間関係を重んじるか、それとも目的重視か。さらに人口の多くを占める民族・人種がその土地の主流文化を形づくるという現実。ＴＣＫが周りの大多数の人々と外見が似かよっている場合とそうでない場合があり、また文化的慣習が母国と現地とでほぼ同じ場合とまったく違う場合がある。どこに住んでいても表層と深層の双方において相似と相違がある。現地の人たちと外見は違うが考え方が相似・相違のパターンと、現地の人たちと外見は同じだが、考え方が相似・相違のパターンに分類できる。要するに、自分を取り囲む主流文化との関係においてＴＣＫは四種類のパターンに分けられるということだ。これは自国文化、現地文化の双方に当てはまる。この四つのパターンを分類すると、外国人型・帰化型・隠れ移民型・鏡型となる。

・外国人型――外見の相違・思考の相違

この型が現地文化におけるＴＣＫの従来のモデルである。現地の人たちとは見かけも違うし、世界観も違う。本人も周りも外国人だということを意識している。

・帰化型――外見の相違・思考の相似

明らかに外見の違うＴＣＫだが、現地生活があまりにも長いため現地文化に溶け込み、思考や行動は現地の人と同じものになっている。ＴＣＫ本人は自分を取り囲む文化に溶け込んでいても、現地の人はTCKを外国人だと意識している場合がある。

・隠れ移民型――外見の相似・思考の相違

これはTCKが自国文化のなかに戻ったときに起こる。また現地の人と外見が似ている国で育つ場合もそうだ。まったくの外国人のように、物を見るときの視点は現地の主流文化のものではない。しかし、周りの人たちは外見が同じなので中身も同じだと思っている。

・鏡型――外見の相似・思考の相似

TCKのなかには現地文化に生きる人々と外見が似ていて、さらに現地で過ごした時間が長いため現地文化の深層レベルをも吸収してしまっている者がいる。パスポートを見てはじめてその国の国民でないとわかる。数年間だけ現地に居住して母国に戻った場合、幼いときに海外駐在した場合などがこれに該当する。海外に出たものの文化基盤は自国文化にしっかりと根づいており、本人もその文化に属していることを自覚している。

TCKでない子どもや大人でも、これらの型のどれかに当てはまると言う人がいるかもしれない。しかし違う点がある。TCKは子ども時代を通じ、行く先々でこの四つの型の間を行ったり来たりするのである。外国人型だと思っていたのに、次の移動により隠れ移民型になる。さらに複雑なことに、TCKはある文化から次の文化へ移動するというのではなく、自国文化と現地文化への行き来を何回も繰り返すのだ。なぜそれが問題かというと、いくつもの文化圏を往来することで、そのたびに新しい文化ルールを学ばなければならず、さらにもっと基本的なこと、つまり自分とは何かということを常に周りの環境に合わせて探していかねばならないからである。

　自分と周囲の文化環境がどのような関係にあるのか、「外国人型」や「鏡型」に当てはまる場合、それを見極めるのは比較的簡単だ。「見た目通り」だからである。「外国人型」に当てはまる人は、自分が周りと違うことを一目で認識する。現地コミュニティの人たちもＴＣＫを見てすぐに違いがわかる。ＴＣＫと現地文化に属する人は互いに思考や行動の相違は当然だと考える。反射的に相手が自分とは違う人間だと判断する。実際にそうである。「鏡型」に該当するＴＣＫはどうか。外見はＴＣＫも周りの人も同じなので、生活規範も同じだと思う。これも正しく、実際にそうである。「外国人型」と「鏡型」の二つのケースでは、周りの人の期待は表層においても深層においても裏切られることはない。ＴＣＫ本人もコミュニティの人も違和感を持たない。

　しかし「帰化型」と「隠れ移民型」に該当するＴＣＫたちはそうはいかない。まず自分と周りが期待する行動は相反する。「帰化型」ＴＣＫはしばしばもどかしさを覚える。コミュニティのだれかが、ＴＣＫが現地の言葉を話せないと思って自分の知っていることを丁寧に説明しようとしたり、ゆっくりと話したりするのだ。外見が違っても中身は現地の人間と変わらないということに人は気づかないのである。「隠れ移民型」においては、周りはＴＣＫを自分と同じだと思っているため、自分と同じことができることを期待する。

　特に「隠れ移民型」や「帰化型」のＴＣＫが、自分のアイデンティティについて考える上で示しがちな反応は次の通りである。

・**カメレオン型**

「同調」アイデンティティを見つけようとする人たち。他の土地で生活してきたことを隠し、服装や言語、態度などの外面を周囲の環境に合わせようと努力する。

・**主張型**

「異なる」アイデンティティを見つけようとする人たち。自分は周りの人とは違うし、同じになるつもりもないと主張する。

・**壁の花型**

「だれでもない」アイデンティティを見つけようとする人たち。その土地の文化ルールを知らない人間であることが露呈するくらいなら、目の前の活動に積極的に参加するよりも、ある一定の期間、傍観することを好む。

・**適応型**

「ありのまま」でいる人たち。素《す》の自分に居心地のよさを感じていて、過剰に同調しようとも反発しようともしない。見たところ新しい環境にはスッと馴染み、その一方で適応することに苦闘する人に腹を立てることもない。

これらの反応については、第2章で例を挙げ、詳しく見ていく。

異文化のなかで育つ子どもがどのように周りの環境に自分を関連づけて理解していくのか、わかっていただけたであろうか。次節では、子ども時代に常に移動生活を重ねることによって、

「自分とは何者か」というＴＣＫ自らの問いかけにどのような影響が生ずるのかについて見ていきたい。

5 幼年期に移動し続けるということ――未解決の悲嘆――

放浪の生活は好きだ。日本、台湾、アメリカ、オランダに移り住んだ。自分でもよく適応したと思う。現地の匂い。眺め。新しい文化に潜む摩訶不思議。「国際人」特有の話術も使い分けられる。フォーマルな場での丁寧な言葉遣いだってバックパッカー同士のくだけた会話だってできる。国から国へと渡り歩くのは慣れっこ。何年かすると次の土地へ移る生活に体が順応してくる。外交官生活が長いと大事なものを失ったり、友達や住み慣れた場所に何度もお別れしたりの連続だけれど、それでも私はそんな生活が大好きだった。

「一所《ひとところ》に落ちつかない」というのが私の人生の縦糸だった。

ATCK　サラ＝マンスフィールド・テイバー

移動の利点

サラは、多くのＴＣＫが人生を振り返ったときに口にする、ＴＣＫの利点について述べている。成長の過程で異文化を体験するだけでなく、TCKは移動を重ねる生活を通して豊かな体験の恩恵を受ける。TCKやATCKにとって、標準時間帯や日付変更線を越えたり空港から空港へと移動したりすることは、普通のことだ。行き先がわかっていようがそうでなかろうが、空港のゲートで飛行機を待つことは懐かしい場所にいるような感覚にさせる。訪れた素晴らしい場所の数々、味わった珍しい食べ物、目にしてきた多様な文化的コミュニティは、このような生活を送っていない人にとっては想像しがたいことかもしれない。

しかしTCKの異文化体験を前節で細かく見てきてわかったように、文化的に多様な世界で育つことはTCKにとって豊かな体験であると同時に、大きな困難にもなり得る。さらに、TCKに共通する生活体験のもう一つの側面である「移動し続ける」ことについても考えていきたい。

移動の難点――未解決の悲嘆

セラピストでもあるATCKのシャロン・ウィルマーは、一九八四年にTCKが抱える課題について学会で講演をした。そこで彼女が話したのは、TCKの依頼人たちが繰り返し訴えることは主に二つある、ということだった。一つは慰めの欠如、もう一つはより本質的なアイデンティティに関することだった。私たちもシャロンと同意見だ。TCKとATCKがグローバルな幼年期の恩恵を受ける一方で、どのような課題を抱えているかを聞かれたとき、それは「不確かな個人的・文化的アイデンティティ」と「未解決の悲嘆」だと答えている。ここでは未解決の悲嘆を

「さまざまな喪失（そうと認識されているもの、認識されていないものも含め）によって引き起こされ、一度も慰められることなく悼《いた》まれなかった悲嘆」と定義する。

ＴＣＫが経験する「度重なる移動」が、これら二つの問題（不確かなアイデンティティと未解決の悲嘆）に関与していると私たちは考える。移動は見聞を深める素晴らしい機会を与えてくれる。しかし同時に、その後の人生のさまざまな場面で、のしかかるような感情的・心理的影響をつくり出していることにＴＣＫやＡＴＣＫは気づく。それはなぜなのか。まず、移動を続けるということについて考えてみよう。

度重なる移動の定義

移動のパターンにはＴＣＫの間でも大きな違いがあるのに、なぜそれを共通の問題として捉えることができるのかとよく聞かれる。親が軍隊に所属していたり大使館勤務だったりする場合、子どもたちはそれに伴い数年ごとに国をまたいで移動する。移動生活はだれの目にも明らかだ。一方で、海外で生まれ育ち、現地の大学を卒業している子どもなどは移動生活とは無縁のように見える。

程度の差はあっても、すべてのＴＣＫは移動生活による影響に向き合う。エリカのように親が仕事で海外赴任している場合や外交官の家族は、毎夏一時帰国のための休暇を取ることができる。宣教で赴任している場合、休暇は四年に一度だけであり、その際は一年もしくはそれ以上の期間母国に残り、その後また同じ赴任地に戻るというのが通常である。休暇が意味するのは、赴任先の友達に別れを告げて母国の親戚や友達に会いに行くことである。しばらくすると母国の親戚と友達にバイバイを言ってまた赴任先の友達の元へ帰る。寄宿学校に入っているＴＣＫにはまた別のパターンがある。休暇のたびに親元へ帰るが、そのパターンは三か月は学校で過ごし、一か月を家で過ごすというものだ。行ったり来たりの生活はそのたびにだれかと会い、別れることを意味する。これは辛いことだ。ポール・シーマンがその寄宿学校の生徒の移動生活のパターンについて話してくれた。

まるで季節ごとに移動する遊牧民のようだった。年に四回、荷造りしては里帰り、一時滞在先へということもあった。移動のたびに楽しみなこともあれば、諦めねばならないこともあった。ずいぶん幼いうちから「故郷《うち》」って曖昧な言葉だと気がついていた。どこに滞在していても僕たちの本当の居場所は今いない所にあるような気がした。二人の僕がいた。楽しいけれども寂しいという感覚に慣れていった。自立心を持つように、と教えられる一方で、それでも自分ではどうにもならないことがあるんだ、ということも学んだ。どちらかの場所を離れる、ということは知らない所に行くのではなく、慣れ親しんだ場所に戻るということを意味していた。せめてそのことに安心し、慰められたものだ。

ＴＣＫは自分たちが移動をするだけではない。周りの人たちも常に行ったり来たりするような生活を経験している。短期のプロジェクトで来る人たちは数か月の滞在の後去っていく。大好きな先生が、別の大陸で仕事を見つけたと言って去っていく。親友が親の転勤のために去っていく。兄や姉が母国の寄宿学校に入るため、また他の国の大学に進学するために去っていく。自分は移動していないのに周りが移動し続ける「居残り組」のＴＣＫも、移動の影響を受けている。たくさんの「こんにちは」と「さようなら」本人だけでなく、周りの人も含む移動生活。それが本書で私たちが言う「常に移動生活を経験すること」であり、その移動があるたびにそこに関わる人すべてに何らかの影響を与える。

常に移動し続けること（ＴＣＫにとっての移動）

移動はなぜＴＣＫに影響を及ぼすのだろうか。「なぜ移動がＴＣＫに大きな意味を持つのか？移動をして新生活を送らなければならない人はＴＣＫでなくともたくさんいる」と言う人がいる。確かにその通りだ。私たちがＴＣＫの移動の話をするのは、他の人たちにはない経験だからではない。頻度と程度の問題なのだ。心理学者のフランシス・ホワイトは言う。「ＴＣＫの家族は（移動の多い）親の職業の特性から、別離を多く経験しがちだ。世界の大半の人と同じ数の別れを経験するだけではなく、それに加えて親の職業ゆえの別れも経験する」つまり、国際的な移動を伴う生活を送ることにより、ＴＣＫは普通の生活を送っている人々に比べ、はるかに多くの別れと喪失のサイクルを繰り返すのだ。他の人よりも多く移動のサイクルを経験するだけでなく、ＴＣＫの移動には文化の変化も伴う。通常の移動のストレスに加えてカルチャーショックやカルチャーストレスのような課題も加わるからこそ、ＴＣＫの移動による影響は通常よりも大きいのだ。

第3章第1節で詳しく述べるが、それぞれの移動は、状態や段階、人・場所が変わる過渡期の経験でもある。どんな過渡期においても、得るものと同時に失うものがある。そして喪失は、意識するしないにかかわらず悲嘆という感情を引き起こす。では悲嘆とはどのような形で表れるのだろうか。一日中、目を腫らして泣くことだけでなく、他の形で表れることだってあるのだ。

グリーフ・サイクル

どのような悲嘆でも大小に関係なく、アメリカの精神科医であるキューブラー・ロスの「グリーフ・サイクル」を引き起こす。人は「否認」「怒り」「取引」「抑鬱」「受容」などの行動や感情を用いて悲嘆を表現する、というのだ。行動や感情がどの程度強く表れるかは喪失の深さに関係している。失ったものに対して愛着があればあるほど、喪失の程度も深い。そして悲嘆の表現も激しくなる。

このグリーフ・サイクルの五つの状態は段階的に進んでいくものではなく、輪になって横につながり、一つの状態から他の状態へ行きつ戻りつするものだ。怒りの段階を感じた後に異なる段階に移ったとしても、怒りは戻ってくることがある。これは過渡期が家族内で複雑化する理由の一つとなる。家族一人ひとりが異なるペースで過渡期のプロセスを体験し、異なる喪失に対してそれぞれが反応する。それだけではない。一人ひとりが感じる悲嘆の段階が日によって異なるのだ。悲嘆の原因となる喪失さえ小さなものもあれば大きなものもあり、一人ひとりで異なる。

例を挙げてみよう。あるある朝、ＴＣＫのジャスティンは愛犬を残してきてしまったことに怒りを感じている。妹のゾーイは近所の友達と遊べないことを悲しんでいる。母親は家のことで忙しく、引っ越しの大変さから目を背けている。母親は怒ったり悲しんだりしている子どもたちを叱るかもしれない。別の日が来る。家族それぞれがやっと上手く「適応」したかのように見える。しかし翌日にはだれかが何かを思い出して怒りを感じている。このような不安定なプロセスを経験すると、移動を重ねる家族は「自分たちはおかしいのか」または「周りの人に何か問題があるのか」と考えるようになるかもしれない。また、いつになったらこの状況から抜け出せるのかと途方に暮れるかもしれない。

そう考えると、喪失とそれに伴う悲嘆のサイクルはＴＣＫの人生に大きく影響することが理解できるだろう。度重なる移動と過渡期は、ＴＣＫが体験してきた素晴らしい世界や世界中の友人たちを失うことも含んでいるのだ。

ＡＴＣＫのアレックス＝グラハム・ジェームズは「偽葬式」という象徴的な詩を書き、こうした感情を上手く表現している。

葬式はなかった
花もなかった
儀式もなかった
だれも死んでいない
すすり泣きも号泣もなかった
単に私の心のなかで起こったことだから
「そんなこと、できない……」
でも、そうするしかなかった
だれも私が嫌だったことに気づいていない
「行きたくない……」
それを言ったのは私だけ
自分を落ちつかせ
スーツケースを持って
飛行機に乗り込んだ

悲嘆を理解するのは難しいことではない。しかし、TCKやATCKにとって「未解決の悲嘆」は、普通の人が感じるものよりも困難なものとなる。それはなぜだろうか。

「未解決の悲嘆」の原因

ここで未解決の悲嘆の定義をもう一度見てみよう。それは「さまざまな喪失（そうと認識されているもの、認識されていないものも含め）によって引き起こされ、一度も慰められることなく悼《いた》まれなかった悲嘆」である。

TCKがしばしば未解決の悲嘆を抱え込む理由は五つある。以下、順を追って見ていくことにしよう。

一．隠れた喪失

目に見えない隠れた喪失はTCKの人生の貴重な体験のなかに無数に存在しており、失ったものの一つひとつがもたらす悲嘆に向き合っていくことは難しい。隠れて見えないがために見過ごされていることが多いのだ。喪失に気づかないと、それがもたらす悲嘆にも気づかない。要するに未解決のままということだ。それらを「隠れた喪失」と呼ぶ。

「隠れた喪失」の多くは再び現れる。まったく同質ではないにしても似たような喪失は繰り返し現れ、「未解決の悲嘆」はどんどん積もっていく。では「隠れた喪失」とは何を指すのだろうか。

自分の世界を失う

飛行機に乗った瞬間、ＴＣＫがそれまで生きてきた世界は消えてなくなる。大切な場所の数々、何度も登っては遊んだ木々、ペットたち、そして親友。飛行機のドアが閉まると同時にすべてが消えてしまう。市場の光景や鼻につく匂い、道を行く人々の波、けたたましい音をまき散らしながら走る車の間を通り抜けて道を横切って渡ったこと、現地語で書かれた店の看板、馴染みあるものも「故郷《うち》」もすべて失ってしまう。一つひとつ順番に失っていくのではない、いっぺんにすべてを失ってしまうのだ。それらを弔うことはできない。時間的余裕も場所的余裕もないからだ。悲嘆に暮れている暇などない。一つの世界から次の世界へ、移動のたびに似たような喪失が繰り返される。

社会的地位を失う

飛行機に乗った途端、それまでの社会的地位が失われる。母国でも現地でも同じ場所で長いこと暮らしたがゆえに、自分なりの立ち位置を築き上げていた。自分がどこに属し、また何者で何ができるのかも周りの人たちはよく知っていた。ところがある日突然、自分の世界も立ち位置もなくなってしまうのだ。母国と現地を往来するなかで、この喪失は幾度も繰り返される。

ライフスタイルを失う

轍《わだち》の多い道を自転車で走り、野外市場まで行く。フェリーに乗って学校へ行く。軍の基地内の売店でお気に入りのお菓子を買う。電気と水道に不自由しない生活。そうしたことも一晩にして一変する。自転車など乗れないほどの交通の激しさ。満員のスクールバス。地元の店にはお気に入りのお菓子などなく、電気と水道が三日間も立て続けに止まることは日常茶飯。それまでの日常の生活が消える。安心感と居心地のよい生活がすべてなくなってしまうのだ。

財産を失う

この喪失は金銭的価値とは無関係のものだ。自らの過去へとつながる安心の源である品々を失うことだ。飛行機には荷物制限があるため、おもちゃを処分せねばならない。樹の上に建てた小屋は次に引っ越してくる家族のものになる。政治的非常時における国外退去に至っては何も持ち出すことはできない。

ある会議で「隠れた喪失」についての発言をTCKに求めたところ、さまざまな答えが返ってきた。

「私の国（駐在先の国を指して）」

「寄宿学校に入ってからの兄弟との別れ」

「犬」

「私の歴史」

「木」

「コミュニティでの居場所」

「食器」

「食器？　それはなぜですか？」

「生まれたときから十八年間、私はベネズエラで生活しました。親が家具を売りに出したとき、すごく寂しくなりました。イギリスに着いてから母が荷解きを始めました。そこで気づいたのは食器も持ってこなかったということです。『どういうこと？　なんで食器を持ってこなかったの？』と僕が聞くと、母は『もう古くなって、欠けているものもあったから。それに新しいものをこちらで買うほうが簡単でしょ』と言うのです。母にはわからなかったようです。その食器は私の友達が家《うち》に来たときにも使ったし、家族一緒の食事のときにも使っていたのです。いつでもその食器だった。今までの家族の人生そのもの。何にも代えられないものなのに」


海外への引っ越しの際に思い入れの深いものすべてを持っていくことができないのが国内の引っ越しと違う点である。アムステルダムからロッテルダムへといった国内の引っ越しであれば、業者が来て家具も食器もすべてをトラックに積み込む。そしてトラックを走らせ、次の家へ。家と街の様子は変わるが、壁には同じ絵が掛けられ、お気に入りのリクライニングチェアはリビングルームに置かれ、過去とのつながりが多少なりとも保たれる。海外への引っ越しや大陸間の引っ越しにおいては通常、家財のすべては梱包できない。家具そのものの値段より引っ越し代のほうが高くつくのだ。企業や団体など、または親から引っ越しの指示が来て、必要最低限のものだけをスーツケースに入れる。大きくて入らないものがたくさんある。次の場所に行って同じものを買ったほうが簡単なのだ。

人間関係を失う

TCKの人生には多くの人が行き交うと同時に、人生の核となる人間関係が慢性的に中断される。それは親兄弟、祖父母や叔父叔母、従兄弟《いとこ》そして親友との関係などである。両親が六か月の航海に出ることもある。祖父母や親戚は隣町や隣の県ではなく、海を越えたはるか遠方に住んでいる。教育上の選択によって、家族における別離のパターンに大きな影響が出ることもある。ひと昔前のTCKが六歳で寄宿学校に行ったり、パスポート国で中学や高校に通うといった選択をした場合、そのTCKは親の赴任地について行った兄弟にとって、他人同然になってしまうことがあった。

ルース＝ヴァン・リーケンは三十九歳になって「ジャーナリング」を始め、自分の思いを書き出してみた。のちにそれは『送られなかった手紙』（ＴＣＫとして育った彼女の自伝）のタイトルで出版された。彼女は親と兄弟が彼女を一人アメリカに残し、四年間の任務のためにナイジェリアに旅立った日が、自分のよく知っていた家族が消えた日だったのだと、それまで思いもしなかった。その日以来、親の元で六人の子どもが揃って長期間にわたって暮らすことはなかった。ルースは二十六年経ってはじめて、書くという作業によってそのときの悲嘆を自覚したのだ。それは自動車事故で家族全員が亡くなったという知らせを受けるのと同じくらい深く辛いものだった。

ロールモデル（お手本となる人）を失う

私たちは周りの人たちから直観的に文化を「摑んで」いくのだが、それと同時に人生の次の段階においては、何が待ち受けているのかについてすでにその段階にある人たちを観察し、交流することによって学び取っていく。

多少年齢のいったＡＴＣＫの集まりで私たちは再度「あなたの『隠れた喪失』は何か」という質問をした。一人の男性が「ロールモデル（お手本となる人）」だと答えた。彼は六歳から十八歳までの十二年間を寄宿学校で過ごしたのだが、その間、「家族内における父親像」というものを持つことがなかった。その男性は成功したビジネスパーソンだったにもかかわらず、四回の結婚と離婚を繰り返し、成人した子どもたちとも疎遠になっていた。私たちは子ども時代の「理想の人物像」から「大人になったらかくありたい」というモデルを形成する。ＴＣＫが海外で十代を過ごすと、自分より年齢が少し上の母国の人たちと接する機会がほとんど失われる。私たちは、これが第2章で述べる「思春期の長期化」の一因でもあると考える。大学生や就職したての若者など、手本となるそうした人たちをＴＣＫは見ることがないのだ。

組織のアイデンティティを失う

前にも述べたように、ＴＣＫは多くの場合、組織によって守られた状態で育ち、安定した組織は彼ら自身のアイデンティティの一部になる。そのため、グループのメンバーであるということは自他ともに明白である。しかし成人した途端、基地内の売店のカードが使えなくなる、学費援助が打ち切られる、催事への招待状が来なくなるなど、突然自立した「大人」と見なされるときが来るのだ。頭ではわかっていて、組織内での交友関係も続けるのだが、しかし現実にはもはや組織には属していない。事実、ＴＣＫのなかにはそれはまるで親から勘当されたような感覚だと言う者もいる。

実在しなかった過去への思い

ＴＣＫのなかには子ども時代に実現できなかったことを後々まで悔やむ者がいる。親が大陸を一つ隔てたところに住んでいて卒業式に来ることができなかったことを思い出す。時間を巻き戻すことはできないのだ。自分の母国語が使われている学校で勉強したかったという者、現地にそのまま残りたかったのに親と一緒に帰国せねばならなかった者など、さまざまである。

フィンランド人のクリスはナミビアで子ども時代を過ごした後ヘルシンキに帰った。現地にいるときは親戚から遠く離れていることを疑問に思わなかった。クリスの知っている他のＴＣＫもみんなそうだった。しかし、それはフィンランドの親戚の体験とはまったく違っていた。クリスマスのすぐ後のある晩、従姉妹たちが子ども時代の思い出を語り合っているのを聞いた。クリスマス恒例の家族行事、湖畔のコテージで過ごした夏休みの話、だれそれの誕生日や結婚式にみんなで集まったこと。突然、クリスは自分がそれらを経験していないことに気づき、狼狽《うろた》えた。その後、各国からのＴＣＫの集まりに参加したクリスは、海外に住んだことによって母国の親戚との親密な関係を奪われてしまった、と言った。

実在した過去への思い

実現しなかった過去を悔やむＴＣＫがいる一方で、過去にしたことがもうできないと寂しく思うＴＣＫがいる。大人になっても子ども時代を過ごした国にいれば、自分が住んでいた家や通っていた学校、運動場や教会を見にいくことはできる。多少変わってしまっているとしても、その同じ場所で思い出を回想することができる。しかし、移動を重ねてきたTCKにはもうそれができないのだ。

これまで述べてきた「隠れた喪失」のどの型にも言えることは、悲嘆それ自体が問題なのではないということだ。どの型の喪失においてもだれかが死んだわけでもないし、離婚したわけでもない。具体的に失ったものはないのだ。目に見える明らかな喪失とは違い、それを示すものは何一つないし、儀式もない。失ったものを弔う術はないのだ。しかし、一つひとつの喪失は人間の基本的な心理的要求である「帰属意識」「他人に大切に思われること」、そして「理解されること」という心情と緊密に結びついている。自分に「隠れた喪失」があり、それによる傷手が思いの外深いことに気づかないうちに、たいていのTCKは大人になってしまうのだ。しかし、「隠れた喪失」だけが「未解決の悲嘆」の原因というわけではない。たとえそれを認めたとしても、他の要因が悲嘆の問題の解決を阻むこともある。

二、悲しむことを許してもらえない

TCKキッズナウの社長マイラ・ドゥマピアスはある記事で、TCKは国境や文化を越えて移動するなかで幼年期や思春期を過ごすのだが、その影響を過少に評価する意見に接してきた、と述べている。

「私はずっといろんな所に引っ越したいと思ってた。あなたは恵まれてるのに、何がそんなに不満なの？」
「感傷に浸りすぎじゃない？」
「私の知ってる軍人の子ども（TCK）は文句なんか何一つ言っていなかったけど」

TCKはときとして、「恐れ」や「悲嘆」を打ち明けることは許されないという直接的なメッセージを受け取る。軍隊や宣教師の子弟は特に「強くあれ」と言われ続けてきたであろう。植民地における支配者側の子どもたちは感情を表に出してはいけないと言われたものだ。メアリー＝エドワード・ウェルチは『ミリタリーブラッツ』のなかで書いている。ある女の子が朝起きて階段を下りてくるなり母親に尋ねた。「もしパパがベトナムで銃で撃たれてしまったりしたらどうするの？」母親は即座に答えた。「二度と・そんなこと・言ったら・承知しないわよ！」

親が崇高な仕事をしているときに（国のために戦っている、政府代表として難しい交渉で現地に来ている、恵まれない国で魂の救済を説いている）、子どもが悲嘆や恐れを口にできるだろうか。もし、自分が去ること、他人に去られることが辛いと口に出してしまったら、その子どもは自分を恥ずかしく思うだろう。自分はわがままで、間違っていて、信仰心や愛国心に欠けると感じるだろう。そのような状況のなかでは悲嘆などの後ろ向きの感情が望ましくないことをTCKはすぐに理解する。そして、そうした後ろ向きの感情を隠すために仮面を被り、コミュニティが認めてくれるよう、期待通りに行動する努力をする。

宣教師のコミュニティで育つTCKは、これに加えてもう一つの重荷に直面する。宣教地区に住む人のなかには悲嘆や寂しさは弱さの表れで、ひどい場合には信仰心に欠けるからだと言う者までいる。信仰を失いたくないTCKは、自分が体験した辛さを認めまいと考え込んでしまう。逆に反対の行動に出るTCKもいる。悲嘆を表に出す以上はそれまでの信仰を捨てねばならないと思い込む。彼らもまた自分のTCK体験が持つ逆説的な側面を忘れてしまっているのだ。

悲嘆を軽視する

家族と飛行機に乗り込み、次の土地へ行くとき、親は泣かないようにTCKを諭し、「心配ないわよ。向こうに着いたら新しい友達がすぐにできるから」と言う。別れの悲嘆に気づいていない親は自分の子どもたちに「悲しんではいけない」というメッセージを暗に送っている。友達なんてどこへ行ってもすぐにできるものなんだから大したことではないだろう、と親は考える。そう言われてもTCKは悲嘆を拭えない。するとTCKは自分たちのどこがおかしいのだろうと考えるようになる。時間が経つにつれ悲嘆を葬るしか方法はないのだと子どもは悟る。

子どもの悲嘆と崇高な目的とを天秤《てんびん》にかける

引っ越しや別れが近づくにつれ、子どもは寂しさを口にするようになる。すると親は、このような生活スタイルには重要な理由があるのだと、いつものように説きはじめる。そのような重要事項の前では（国を守っている、国を代表している、世界を救済している、子どもの教育費を貯蓄している）、子どもは少しくらいの困難に直面しても文句を言ってはならないのだ。残念なことに、これでは「慰め」にはならない。大方のＴＣＫは親の職業や生活スタイルを重々承知し、賛同してもいる。それを変えてほしいと言っているのではない。何も変えられないのはわかっているが、それでも愛する友人と離れ、馴れ親しんだ土地を去るのは辛いと、ただ単に自分の気持ちを言いたいだけなのだ。悲嘆を表に出すことを否認されると、自分の考え方を恥ずかしく思うようになる子どもも出てくる。

悲嘆を否認する

悲嘆を否認するのはＴＣＫだけではない。ＴＣＫの周りの大人も同じである。相手を慰めること、相手の気持ちがわかるということは、悲嘆に理由があることを認めることだ。大人が「喪失」による悲嘆を隠そうと必死になっているときに、悲嘆に暮れるＴＣＫを理解する余裕などはない。もしもそんなことをしてしまったら、たちまち自己防衛の手段が崩れ去り、自分を無防備な状態にしてしまうだけだ。

セラピストの一人が私たちに、六歳の子どもを寄宿学校に送らなければならないときの親の気持ちや行動について、学術的な研究はないかと聞いてきた。愛着理論を提唱した心理学者のジョン・ボウルビィ（訳注・イギリスの医師・精神分析家）は子どもの年齢が低いうちに親子が別離を経験した場合の研究をし、それが子どもの愛着形成にどう影響するかについて言及している。一方で親にどう影響するかの学術的な研究は、私たちの知る限りないようだ。ところが、私たちはあるＴＣＫの親についての話を耳にした。子どもが六歳になって寄宿学校に行くとき、後でスキンシップが恋しくならないようにと、親は体の接触を早いうちから止めてしまったということだ。

三．向き合う時間の欠如

「未解決の悲嘆」の原因には失ったものと向き合う時間が十分に取れないということもある。何かを失ったとき、人はだれでも悲嘆と向き合い、それを弔い、受け入れ、終止符を打ち、普通の生活に戻る。そのための時間が必要である。海外への渡航手段がまだ船しかなかった時代、移動には何週間もかかり、悲嘆を解決し次の段階へ移る準備期間がそこには自然と備わっていた。しかしジェット機で移動する現代では、残してきたものに対処するための過渡的な区切りも時間も場所もないのだ。

四．慰めの欠如

慰めのあるなしは悲嘆の解決過程において大きな要因となる。ここではなぜ人は「慰め」を必要とするのか、またどうしてそれがＴＣＫには欠けているのかを述べていきたい。

まず「慰め」とは何か、またそれが「勇気づけ」とどう違うのかを見ていこう。

メリアム・ウェブスターの辞書の「慰め」(comfort) の定義は「問題や心配事があるときの癒し」とある。「慰め」それ自体は状況を変えるわけでも、辛さを取り除くわけでもない。しかし、それは「だれかが思ってくれている、理解しようとしてくれている」というメッセージを送る。「慰め」は悲嘆を認め、「癒し」のプロセスが生じることを許容する。夫の棺の傍に立っている未亡人に歩み寄り、彼女の肩に腕を回してあげたとしよう。言葉のあるなしにかかわらず、その行為は慰めとなる。夫が戻ってくるわけでもなく、涙や苦しみがなくなるわけでもない。しかし彼女の悲嘆は受け入れられ、理解されたと彼女は受け取るだろう。悲嘆に打ちひしがれているのは彼女だけではないのだ。

しかし、人の気持ちを和まそうと思って声をかけるとき、「慰め」と「勇気づけ」を混同してしまった結果、結局はその二つとも相手に与えることに失敗することがある。「勇気づけ」とは悲しむ人の見方を変えようとすることである。例えば、「失ってしまったものにいつまでも執着しないで、もっと楽しいことを考えなさい」とか、「過去は上手くいったのだから、今の状況も過去と同じように良くなるさ」などといった言葉がけがそれにあたる。

「慰め」にも「勇気づけ」にもタイミングというものがある。それが適切さを欠くとどうなるだろうか。夫を亡くしたばかりで悲嘆に暮れている未亡人が、「まあ、でも生命保険に入っていたからよかったわね」などと言われたらどんな気持ちになるだろうか。これは「慰め」でもなければ「勇気づけ」でもない！　また「勇気づけ」の言葉が「慰め」よりも先に来てしまったら、それが直接的であろうと遠回しであろうと、その含みは「頑張って。いつまでもめそめそしていてはだめ」である。これでは実際に勇気づけられるどころか、余計に落ち込んでしまうだろう。

TCKの「喪失」は夫を亡くした未亡人ほど明白ではない。それがこの「慰め」と「勇気づけ」の入り交じった言葉がけを誘い、TCKは「慰め」を得られないのだ。TCKへの言葉がけにはいくつかのパターンがあり、「慰め」のつもりが「勇気づけ」になっていたり、「慰め」にも「勇気づけ」にもなっていないことがある。

五．子どもの悲嘆と悼みに対する理解の欠如

未解決の悲嘆を抱える五つ目の理由として、親の無理解が挙げられる。子どもは感情を表現するための言葉を必ずしも持ち合わせてはいないことを肝に銘じておく必要がある。インターナショナルスクールのカウンセラーであるジュリア・L・シメンズは言う。「感情を整理してその一つひとつに名づけをするスキルを私たちは持ち合わせていない。それは発達段階で習得するものだ。子どもが過渡期を上手く切り抜けるためには、どんなに移動慣れしていたとしても親は子どもを支援し、理解してあげねばならない」

子どもにも当然感情はある。しかし感情を表現するための適切な語彙がなければ、親にそれを伝えることはできない。直接的な表現ができずに、関係のない質問を投げかけてくるかもしれない。例えば、「ママ、私は死んじゃうと思う?」などだ。母親は言葉通りに捉えて「もちろんそんなことはないわよ。あなたは健康だし、まだ幼いでしょ。死ぬなんてことはないわ」と答え

る。それで問題は解決したと思うかもしれない。しかし、ここで子どもが本当に伝えたかったことは、身近に起こった死別や喪失についての気持ちだったかもしれない。子どもは死別や喪失を自分に置き換えてしまい、伝わりにくい方法で気持ちを表現したことで叱られることもあるだろう。

子どもの集中力がどの程度持続するのかということも念頭に置かなければならない。そのときに子どもが「大丈夫そう」に見えても、時間が経ってから（感情を）処理しはじめることがある。子どもが見せる悲嘆の兆候を大人が理解できないときは、子どもが何を言おうとしているのかをしっかりと見極め、そこから学ぼうとする姿勢を持たなければならない。子どもが寂しそうにしていて、その状態がいつまでも続く。どうも様子がおかしいと感じたら、専門家に相談するのがいいだろう。

繰り返すが、ＴＣＫが経験する「喪失」（明白なものであろうとなかろうと）、そしてそれに続く悲嘆そのものはそれほど大きな問題ではない。それは自然なことであり、失ったものへの寂しさを声に出して言うことができれば、それは「良い悲嘆」なのだ。悲嘆と向き合う積極的な姿勢である。問題は未解決の悲嘆である。直接向き合うことのないそうした悲嘆は他の形で現れる。ときには破滅的な形で一生続くこともある。それは「悪い悲嘆」といえる。

「未解決の悲嘆」はどのように現れるか

「未解決の悲嘆」は何らかの形で必ず現れる。悲嘆の感情にまったく関連性の見られない形のこともある。次に述べるのは「未解決の悲嘆」に対するいくつかの典型的な反応である。

否認

自分たちがどれほど多くの悲嘆を経験してきたかを認めようとしないTCKがいる。「六歳のときに親元を離れて寄宿学校に入るのも平気だった。とてもわくわくしていたから、電車に乗ってしまった後は親のことなんて考えもしなかった」実際、過去の出来事の記憶とはこのようなものかもしれない。しかし六歳の子どもが何か月も親元を離れてまったく平気なわけがない。平気だとしたら、それは親子関係に本質的な問題があるか、すでに感情移入を止めてしまっているかのどちらかであろう。愛する人と離れなければならなくなったら、悲しくなるのは当然のことだからだ。

別離は確かに辛いものだったが、自分はすでにそれを乗り越えたと言うTCKもいる。しかしこれまでにも見てきたように、彼らはそう言いながらも妻や子どもといった近親者との間に壁をつくって生活しているのだ。

怒り

「未解決の悲嘆」が引き金となって現れる最も一般的な反応は、「防御」と小さなことに対してもすぐに爆発する「怒り」である。このタイプの反応は結婚、仕事、人間関係、子育てなどさまざまな状況で破滅的な結果を招く。ＴＣＫのなかには「怒り」を昇華し、「まっとうな理由」を見つけては正義、環境問題、市民運動、政治の改革、厳しい教育と戒律に従った宗教活動を擁護する者もいるが、そうした活動に対するＴＣＫの怒りの激しさに異を唱えることのできる者はいない。そんなことをすれば、馬鹿者扱いされるのが落ちである。ＴＣＫがそうした活動にのめり込むのが悪いと言っているのではないが、目的そのものに対してしばしば過剰なエネルギーが注がれているように見えるのだ。

こうした状況のなかで、いつも怒っているＴＣＫと暮らしたり、働いたり、または一緒にいたりすることがいかに難しいことかと周りの人は不満を口にする。怒りの奥に隠された傷を理解しようとする者などほとんどいない。人生のある段階で辛さを抱えて生きることに耐えられなくなったＴＣＫは、「悲嘆」を「怒り」にすり変えて、辛さを麻痺させる道具として使うのである。残念なことに、怒りは結局寂しさを増幅させる。いつも怒っている人物にはだれも近寄らないので、ＴＣＫの世界はより孤立し、寂しさを増していくにしたがって「怒り」は辛さを増幅させることになる。

抑鬱

抑鬱も「未解決の悲嘆」の表れである。感情を表に出す機会がないと人はその感情を内に向ける。あまりに大きな「悲嘆」が長い間、内に押し殺されていると抑鬱状態になる。「否認」や「怒り」、「引きこもり」と同じように、「抑鬱」もまた「悲嘆」を解決する上での一つの通常の段階なので、注意を向けなければならない。ここでの問題は、「悲嘆」の根源を特定できず「喪失」への癒しができないために、抑鬱の段階で滞ってしまうことなのだ。

取引

喪失が避けられないことが明白になると、次に起こることを少しでも和らげる手段を見つけようとする。変えられない状況を受け入れようとしてはいるものの、すべてを受け入れるには至っていない。自分が去った（または去ろうとしている）土地に「いつか」戻るという計画を立てるかもしれない。あるいは過去の楽しかった思い出を懐かしむSNSアカウントを友達同士でつくるかもしれない。現在や未来に目を向けずに過去にすがるようなことにならないのであれば、これらはすべて有効なストラテジーだと言える。TCK専門のカウンセラーであるパム・デイビスは、どの段階でも「取引は健全で、だれしもが通るプロセスだ」と言う。それは喪失と上手く向き合うための最初の一歩なのだ。

社会的離脱（引きこもり）

社会的離脱もまた、怒りや抑鬱の表現であり、ＴＣＫが喪失の痛みを避けようとすることによって起こるものだ。現実から逃避するために薬物やアルコールに走ってしまうこともあるかもしれない。また悲嘆が引き起こす身体的・感情的な離脱から、医学的な対応が必要な鬱病になることもある。周囲の人やすべてのものから疎遠になり、離脱が深刻になったとしたら、ＴＣＫに理解のある専門家への支援を求めるべきだろう。悲しいことだが、絶望を感じた末に自らの命を断ったり他人を攻撃したりするＴＣＫもいるのだ。

一方で、社会的離脱が自分を傷つけないための自己防衛となっている場合もある。過去の知り合いとは連絡を断とうとするＴＣＫもいる。大学に進学した子どもからメールがほとんど来ないと訴える親もいる。電話はほとんどしないし、ＳＭＳ（メッセージ）も短く済ませる。ＴＣＫによっては、この社会的離脱は意識的または無意識の、親に対する反抗であり、親を傷つけるために取られる行動である。「よくも私を好きな場所（母国また現地国）から無理矢理引き離したな」という意思表示である。

ＴＣＫの親から私たちがよく聞く話は、「成人した子どもが『人生の危機』に直面しているようだが、『来なくてもいい。何の助けにもならないから』と言う」というものだ。親はほとんどの場合どうしてよいかわからずに困惑する。子どもは危機に直面していても、「そばにいてくれない、精神的な支えにもなってくれない」とがっかりしたくないから「助けなど必要ない」と言っていることに親は気づいていないのだ。

反抗

「悲嘆」への対処がきちんと施されていない状況で出てくる「怒り」は、極端な「反抗」にエスカレートすることがある。「反抗」が内に向かう静かな形のものもあれば、あからさまに露骨な形となって表れることもある。どちらにしても「反抗」は頑丈な保護壁の役目を果たし、その奥深くにある傷を隠す。新しい環境に身を置き、脆い防御が破られ、奥の傷が露出しそうになると、TCKは急いでこてを掴み、新たな漆喰を上塗りする。本人が防御を静かに外し、傷口に光と空気を当てない限り治癒が始まることはないのだ。

代償行為

自分の悲嘆から他人の悲嘆へと焦点をずらすことも「未解決の悲嘆」を表現する一つの方法である。空港で見ず知らずの人たちがサヨナラを言い合っているのを見ながら泣くこともTCKならやりかねない。TCKのなかには、この「代償行為」を長い間続けられるような職業をあえて選ぶ者がいる。

ATCKのジョーンは子ども時代の十二年間を寄宿学校で過ごした。記憶として残っているのは夜のゲーム大会が楽しかったこと、卒業謝恩会、一生の友達を得ることができたことなどだ。小学校一年生と二年生のときに親と離れるのが嫌で泣いたこと以外

は、特に家族と離れていて寂しかった記憶はない。

　大学を卒業してジョーンは保育士になった。その職業を選んだ理由をジョーンはこう説明した。

「親が働かなければいけないとき、子どもたちが寂しくならないようにしたい。一日中、そういう子どもたちのそばに座ってスキンシップをして、子どもたちに自分は必要とされ愛されているんだという感情を持たせてあげたい。子どもはちゃんと育てなくてはいけないもの」

　何年か働くうちにジョーンは世話をする子どもたち一人ひとりに過剰に関わりはじめ、辛い思いをさせないよう守っている自分に気がついた。子どものお気に入りのくまちゃんを親が持ってくるのを忘れれば、その親に対してひどく怒った。他の保育士が子どもを激しく叱ると、その保育士と喧嘩になった。

　ジョーンは、子どもたちに対する自分の深い感情移入が通常の心配の域を超えていることをとうとう認めざるを得なかった。それは六歳のときから親と離れて暮らさねばならなかった寄宿学校での、極端に孤独だった子ども時代に大きく影響されていたのだ。子ども時代に毎日を親と過ごせなかった影響に向き合わないまま、自分の教え子たちに同じ思いをさせないようにすることでジョーンは無意識に傷を癒そうとしていたのだ。

「代償行為」のできる職業を選択しない者も、コミュニティのなかで世話係をしていることがしばしば見受けられる。寮内で悩みの相談相手になったり、孤独な人たちと親しくなったり、またホームレスの世話をしたりする。崇高で前向きな行為であることは認めるが、それが自分たちの傷を隠すための行動であるとすれば本人にとって良い行動とは限らない。なぜなら、それは他の人たちを助けることに忙しく、自分自身を助けようとしていないからである。

遅れてやってくる悲嘆

特に寂しさを感じたり、それを表に出すことなく人生を送ってきたが、驚いたことにあるとき、突然小さな出来事が引き金となって体が思わぬ反応を示すことがある。

ＡＴＣＫのダンの息子、トミーがはじめて幼稚園に行く日のことだった。トミーの新しい生活が始まることにダンは普通だったら喜びを感じるはずだった。幼稚園は家のすぐ近くだったので、ダンはトミーと一緒にそこまで歩いて行き、幼稚園の前でバイバイした。そして向きを変えて歩き出そうとしたとき、突然涙が溢れてきて歩道が見えなくなった。家に帰ってもドアに寄りかかったまま、体の震えが止まらないほど泣き続けた。妻はびっくりして聞いた。

「どうしたの？　トミーに何かあったの？」

ダンはかろうじて頭を横に振ったが、体は寂しさに震え続けた。ダンは遅れてやって来た悲嘆を経験していたのだ。息子を幼稚園に見送ったことで、自分が小学一年生になり、旅立ったときの記憶が突如としてよみがえってきたのだ。トミーとダンの学校初日はまったく違うものだった。ダンはエンジンが一基しか付いていない小さな飛行機に他の四人の子どもと一緒に乗り込み、草の生えた滑走路を飛び立った。親が森の入り口に立ち、手を振っているのが見えた。その朝、息子トミーに背を向けた瞬間、自分が親に手を振り返したときの昔の感情が急な満ち潮のように押し寄せてきたのだった。

「遅れてやってくる悲嘆」を体験していちばん驚くのは本人である。それまでまったく意識したことのなかった「喪失」からくる「悲嘆」に、二十歳代後半から四十歳にかけてひどい打撃を受けることに多くのＡＴＣＫが仰天する。無意識下の傷の徴候が最初に見えはじめるのは自分が子どもを持つ頃である。「もし親が、私がこの赤ちゃんを愛おしく思うのと同じくらいに私のことを愛してくれていたのなら、なぜ離れて暮らすことなどできたのだろう？」また、自分は期待したほど完璧な親ではあり得ないと気づく。子どもを持たなくても、落ちつかない生活を送り、親しい人間関係を避ける現実、またその他どんなことについても、いくら環境を変えても根本は変わらないことに気づきはじめる。もし自分が「普通の生活」を送ってきていたら、こんな問題は起こらなかったのにと思う。そして、他人を責めはじめる。今まで何の問題もなくやってきているかのように見えたこのATCKが、なぜ突然、実際は起きてもいない辛い体験を持ち出すのか、家族や友人は困惑する。しかし、ほとんどのATCKは、自分の行動の原因は外的要因ではなく内的要因によるものだとやがて気づく。そしてこのときこそが、前向きな一人前の大人のやり方で「未解決の悲嘆」に向き合い、悲嘆のさまざまな段階を通って乗り越えていくときなのである。

第3章では、ATCKができることや、TCKとその家族が隠れた悲嘆に対処するための具体的な方策を提案する。

コラム

子どものアイデンティティ形成について

子どもがどのようにしてアイデンティティを形成していくのかを明らかにするため、バーブ・ナックルズは「錨《いかり》（anchor）と鏡（mirror）」のコンセプトを創案した。この「錨と鏡」の譬えは、家族・コミュニティ・場所の三つが、私たちにしっかりとした基盤や強さを与えてくれる「錨——つなぎとめる物——」（訳注・英語のanchorには「錨」の他にも「杭」「つなぎとめておく物」「錘《おもり》」などの意味がある）であると同時に、もう一方で、私たちがどのように外部から見られているのかを映し出す「鏡」にもなり得ることを表している。

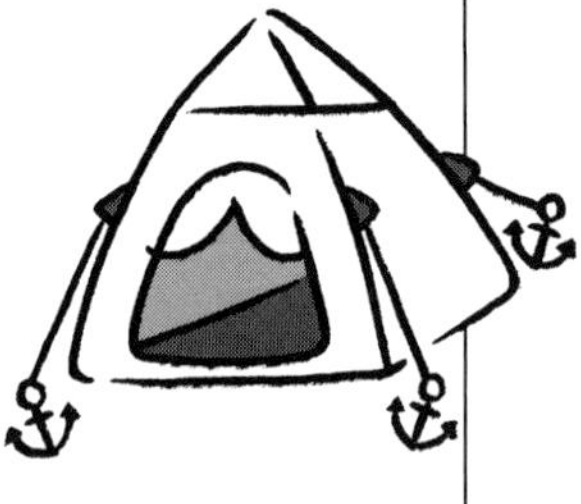

錨

子どもが、自分が何者であるのかという課題に取り組むとき、家族・コミュニティ・場所という「錨」は、テントを張るロープをしっかりと固定しておく「杭」のようなものだと考えることができる。

子どもたちがテントのなかで位置取りを学んでいる間は、ロープは短く、テントは狭い。しかし時間が経つにつれ狭いテントのなかで人生の仕組みを掴みはじめると、ロープは緩められ、テントのなかの空間は広げられる。しかしそこはまだ安全で守られた環境であり、子どもたちはより広くなった空間でさまざまな振る舞い方を学ぶ。そしてこの一連のプロセスは段階的に繰り返される。

幼稚園でのはじめての半日保育。小学校で担任の先生に学ぶはじめての一日授業。中学校に進学すると科目ごとに担当の先生が入れ代わる。やがて高校を卒業し、親元から離れ、独り立ちの人生へと移行する。

「錨」がしっかり安定していると、一つひとつのステージで最初は多少怖さを感じながらも、子どもたちは勇気を振り絞って新しいことに挑戦してみようという気になる。挑戦することで子どもたちは己を知ることになる。自分はちゃんとできるのだ、成人になってさらに眼前に立ちはだかるさまざまな困難にも立ち向かっていける能力があるのだ、と。

鏡

家族・コミュニティ・場所は「錨」の役割を担っているだけではない。映し出される自分の姿を見て、自分がどのように見られているのかを確認する「鏡」でもあるのだ。

家族・コミュニティ・場所の三つを全体的に見てみると、互いが独立してバラバラに動いているのではないことがわかる。

この三つが互いにどのように作用するかによって、子どもたちが受け取る「自分は何者なのか」というメッセージにも違いが出てくる。コミュニティにおける親の地位が高いと、子どもは自分も重要な存在なのだというメッセージを受けて、それを主観として持つ。逆にもし両親がさほど高くない地位にいたり、コミュニティのなかで重要視されていなかったりすると、子どもは周りと比べて自分の人間的価値は劣っているのではないかと思ってしまう。日常生活のなかでの自分を取り巻く人々の反応や応答、そして彼らが互いにどのように関わり合うのかを目にしながら、子どもたちは個人としての自己を定義するだけでなく、この社会的文脈のなかで自分が何者であるのかを定義していくのである。

錨と鏡

「錨」と「鏡」が安定しており、そこから伝わってくるものが一貫していて同時にポジティブなものであれば、自分自身と自らの人生についてより多くのことを発見するために前進することができる。しかし、それが一貫していなければ、相反する意味を考える無駄な労力が必要となってくるのだ。

「みにくいアヒルの子」の童話には、この仕組みがわかりやすく描かれている。家族・

コミュニティ・場所の錨は存在するのだが、そこに映し出されたのは「拒絶」であった。家族とコミュニティはアヒルの子を拒んだのだ。完全に仲間外れにされたなかで生きていけるわけがない。アヒルの子はそこを離れるが、悲しいことにその場所を離れてからも、そこで受け取ったメッセージを抱き続けた。「醜い」「無能」「価値がない」「仲間外れ」しかし、やがて本当の自分を知る。美しい白鳥たちと出会い、その後湖面に映る自分の姿を目にしたのだ。周りとのつながりが感じられない間、アヒルの子は疎外感を抱き続けたが、他の白鳥を見た後に自分の姿を目にすることによって、そこに相似と個性があることに気づいた。そこに新たなコミュニティ・場所を見つけたのだ。そのうち、ひょっとして、アヒルの子は白鳥の家族に養子として迎え入れられることになったかもしれない！

このプロセスがTCKやCCKだけに固有のことでないことはもちろんである。国籍・社会的階層・経済的地位・人種・性別など、社会に存在するさまざまなカテゴリーに属するすべての人にも言えることだ。周りとの関わりのなかでの自分とは何者なのか。それを見つけ出すプロセスのなかで、子どもたちは映し出された自己像が本当に正しいものなのかどうかを理解する術を持ち合わせていない。「みにくいアヒルの子」がそうであったように、家族・コミュニティ・場所といった「鏡」から跳ね返ってくるメッセージは、自分が何者なのかを考え、それを信じるための基盤となる。それが良いことなのか悪いことなのか、また真実に基づいているものなのかそうでないのかは別として。

　私たちは長い間、数えきれないほど多くのＴＣＫが「私はどこに属しているのかわからない」「居場所がない」「長続きする人間関係が築けない」と言っているのを聞いてきた。そこで思うことは、人間の根幹に関わるこうしたテーマが、ことＴＣＫとなるとなぜこれほどまでに何回も繰り返し浮上してくるのか、ということである。ＴＣＫに共通の「利点と難点」がどうして何度も話題に上るのか。困難ひとつなく育つＴＣＫがいる一方で、なぜあがきもがくＴＣＫがいるのか。昨今、テクノロジーや人々の移動、「グローバル文化」が大きく変化しているにもかかわらず、ＴＣＫは相も変わらず以前と同じような話題をチャットやブログに書き込んでいる。それは、なぜなのだろうか。

　これは、まさに「移動」と「文化」の絡み合いに関係している問題だ。「錨と鏡」が絶え間なく変化していくとどうなるか。そこでまず、一般的な人の幼少期における「錨と鏡」の作用を見てみよう。そしてその後で、ＴＣＫと今の普通の子どもたちとを比較対照してみることにしよう。

一般的な幼少期におけるアイデンティティ形成

「一般的な幼少期」とは、ここではひと昔前の世代の多くの子どもたちが経験してきた幼少期と定義しておこう。「錨と鏡」は安定しており、人との関係は長く続く。子どもや周りの人たちは何世代にもわたって同じ場所に住んでいて、休暇に旅行することがあっても必ず「故郷《うち》」に戻ってくる。子どもは基本的に安定した世界の中心にいる（もちろん死別・両親の離婚・自然災害・虐待など、予期せぬ外因的な出来事がこの安定を損なう場合もある。また、一般的な幼少期においても、ここに挙げる例とは異なる自己像を子どもが受け取る場合もある。しかしここでは、一般的な幼少期における典型的なアイデンティティ形成というものが存在するとの仮定で話を進めることにする）。

こうした環境のなかでの「他人との相似」、「他人との相違」の両方が自己肯定できるような（鏡に映し出された）自己像とはいったいどのようなものなのだろうか。それはどんな仕組みになっているのか。自己像が個人の基本的ニーズとどのように関係しているのかについて見ていくことにしたい。

家族

夜中のミルク、朝晩の読み聞かせ、「痛いの痛いの、飛んで行け！」、学校の発表会参観。親は子どものためにさまざまなことをする。子どもはそれを見て、安全な基盤があると感じている。家族という「鏡」を見たとき、子どもは自分が何者なのか、そして自分はどれほど大切にされているか、というメッセージを受け取る。

世界中の子どもにとって、そこが小さな村のなかであれ豪邸のなかであれ、家族がもたらす「錨と鏡」は、子どものアイデンティティの形成上最も基本となる場である。大人になっても、家族はいつまでも自分の居場所であり、肯定的な関係を保ち続けることのできる場なのだ。

コミュニティ

個人のアイデンティティ形成は家族から始まるが、コミュニティも大切な要素である。サブコミュニティと言ったほうが正しいかもしれない。学校・課外活動・信仰の場・スポーツチームなどである。

コミュニティも個人のアイデンティティ形成に大きな影響を及ぼす。そのなかで子どもは自らの「居場所感」を見つけ出し、同時に独自の個性を自覚していく。その過程において一人放っておかれることはないのだ。

場所

一般に、故郷《うち》という感覚、つまりアイデンティティと帰属意識は物理的な「場所」と結びついている。TCKと「場所」に関する斬新な研究を行っているマカオ大学のリジャディ教授とショクウィック教授は次のように述べている。

「場所アイデンティティ」は、アイデンティティのなかでも際立った要素である。住んでいる場所――特に子どもの発達段階における早い時期に帰属意識や感情的関係性が育成される場所――に自らのアイデンティティを見出していくにしたがい、この「場所アイデンティティ」は発達していく。（中略）「場所アイデンティティ」は個人的アイデンティティや社会的アイデンティティを保持しつつ、情緒を安定させるためには大切なものなのだ。

この「場所アイデンティティ」は最も安定した「錨」と言えるかもしれない。それは、大人になってからも、いずれその場所に戻るからだ。

「場所」は、家族やコミュニティがたとえどんなに変化を遂げたとしても、そこに安定したままでいる。それはまた歴史的な文脈を思い起こさせてくれ、かつてその地に住んでいた人々と結びつけてくれる。大統領や首相、あるいは有名なスポーツ選手の生誕地や生家を示す案内がその地にあるだけで、それはいわば授かり物のアイデンティティとなる。個人的なつながりでないとしても、同じ出身地であるというだけで有名人とのつながりを見出し、誇りに思えてくるのだ（「同じ場所の出身だから僕と彼らはつながっている」）。

「場所」は不思議と私たち個人の歴史を背負っている。はじめて小学校に上がったときの校舎を訪れ、懐かしげに微笑む。小学校に通っていた頃は小さかったなぁ。懐かしいお祖母《ばあ》ちゃんの家だ。もう一度遊びに行けたらどんなにかいいのに。見知らぬ町の屋台のそばを通り過ぎたときに匂ってくるカレースパイスの香り。これは肉の味付けに使われるものだ。何年も前に同じ香りが漂っていた村を散歩したことがあるけれど懐かしい。しかし、そんないい思い出ばかりとは限らない。中学卒業十周年の同窓会の案内は受け取ると同時にどこかに仕舞い込んでしまった。自分をいじめた当時のクラスメイトや屈辱的な物言いをする教師を思い出すだけだ。あのときのことや場所のことなど思い出したくもない。拒絶や悲しみの感情をあらためて思い出すのは辛いのだ。

本来、場所はアイデンティティ形成にどのように関わっているのだろうか。一般的な幼少期においては、場所という「錨・鏡」から子どもは自己像を受け取る。

「錨と鏡」の関係から来るアイデンティティ

アイデンティティ形成の上で、家族・コミュニティ・場所のそれぞれがどのように関わっているのかを見るのも重要な点である。子どもはこの家族・コミュニティ・場所の中心部分で守られているので、三つの要素それぞれの関係性は、子どものアイデンティティを形成する上でもう一つの基盤にもなる。

では次に、移動を重ねるＴＣＫのアイデンティティ形成を見ていこう。

移動の後の「錨と鏡」

引っ越しなどの移動は異文化間の移動でなくても、すべてを変えてしまう可能性がある。それは子どものアイデンティティ形成を妨げてしまいかねない。そこに文化的な側面も加わるとさらに複雑になる。移動の過程において基本的なアイデンティティ形成に何が起こるのだろうか。

引っ越しが決行された。自分の住む世界は消えてしまった。今まで自分の基盤となってきたことのどれだけが通用するだろうか。新しい基盤となるものは何だろうか。子どもにとっての学びを継続するための基盤をどのように、そしてどこで見つけたらいいだろうか。これまでと同じくやっていけるのか、それともやり方を変えなければいけないのだろうか。このような問いは、異文化圏への引っ越しでなくても、すべての移動で生じる。ただ移動が同じ文化圏であれば、「錨と鏡」は少なくとも文化的には同じだろう。家族みんなが馴染んでいる「錨と鏡」に近い。知り合いや友人を新たにつくらなければならないという点はあるが、その土地の人たちの文化的な見方を新たに理解する必要はない。

この話を進めるために、変化する「錨・鏡」を異文化間の移動という枠組みのなかで考えたい。異文化間の移動があると、正しいとされること、正しくないとされることが入れ替わってしまうことがある。生活のルールがひと晩で完全に変わってしまうのだ。今まで私たちをつなぎとめていたものは、もはや安心感を与えるものではなくなり、周囲の人の目に映り込む自分の姿はまったく違ったものになるかもしれない。私たち人間は、それぞれ個性を持ちながらも周囲との相似性を併せ持っており、その個性と相似性は文化という文脈において決まる。身を置く文化やその文化のなかで受け取るさまざまな暗黙のメッセージが、子どもの自己形成に関わってくる。どの文化のなかにおいても人はその文化に合ったやり方で人としての基本的欲求を満たそうとする。だから子どもは、新たに多くを学ばなければいけなくなる。食べ物・服装・挨拶・人間関係の築き方などだ。基盤を安定させ、そこに帰属意識を見つけるまでには時間がかかるかもしれない。

移動の後の「家族」

引っ越しにおいて家族は最も安定した存在だ。家族構成が引っ越しによって変わることは滅多にない（離婚・兄弟の大学進学・死別などがあった場合は別だが）。引っ越しの際、ただ一つまったく変わらないものが家族である、ということを考えると、TCKの多くが家族との関わりを「故郷《うち》」だとするのも当然かもしれない。それは驚くようなことではないのだろう。

異文化間の移動に限らず、引っ越しで起こる混乱のなかで、多くの子どもにとって「家族」は大きな安心をもたらしてくれる。一歩外に出たときに何もかもが違っていようと、「家族」のなかにいれば自分を見失うことはない。第2章第4節では、インターネットの時代になった今でも、変化に伴う混乱のなかにおいては、「家族」がいかに子どもに居場所を提供するのかについて触れる。第3章では、異文化間の移動による大変な状況のなかで、親はどうしたら「家族の絆」を保てるかについて触れる。

移動の後の「コミュニティ」

引っ越しをすると、ひと晩で地元のコミュニティが変わる。同じ国や同じ文化圏内での引っ越しの場合、家族全員が新しい人間関係を築こうというストレスがあるかもしれないものの、買い物に行けば同じ通貨が使えるし、町のなかで見る国旗は同じだし、場所は違っても使う言語は同じである。新しい土地の人に文化について話したり説明したりする必要がない。

しかし異文化間の移動では、個人の人間関係を築かなくてはいけない上に、そのコミュニティが前の場所と比べてどれくらい違うのかという基本的な理解をしなければならない。新たな人間関係を築くためには、新参者である自分たちの文化的なことも周りにわかってもらわなければならない。

特に異文化圏への引っ越しでは、コミュニティの「錨・鏡」が与える影響は場所によって大幅に異なることがある。このように自己像が揺れ動くと、「本当に自分は能力があり、物事を正しく選択することができる人間なのか？」「それとも自分は無能でコミュニティのなかでの存在感が薄いのか？」とわからなくなってしまう。この現象が、多くのＴＣＫのアイデンティティ形成が困難になってしまう原因の一つである。

移動の後の「場所」

いろいろな場所を実際にその目で見たりその場所に住んだ経験は、ＴＣＫの幼少期体験の大きな利点の一つだ。記憶のなかにある素晴らしい思い出はそれぞれ「場所」につながっている。前にも述べたが、これはＴＣＫの基盤となるものだ。

移動をすると、前にいた場所の有形無形のものが失われる。形を伴わない「故郷にいる」感覚は、海を越えた場所に持っていくことはできないし、再体験をすることもできない。移動を重ねるＴＣＫは、「錨・鏡」から安定した自己像を受け取ることができない。

まとめ

この「錨と鏡」とアイデンティティについての話をしたところで、いちばんの要点を考えてみたい。それは、子どもが個人のアイデンティティだけでなく文化的なアイデンティティを発達させようとしているとき、幼少期の異文化間の移動はさらなる負担やストレスを加えるという事実である。家族・場所・コミュニティという「錨と鏡」においてできる限りの安定が与えられれば、ＴＣＫは自分の独自性や類似点について周りから正確な「自己像」を受け取る機会が増える。しかし錨や鏡が変化するとき（ＴＣＫの生活において実際にそれらは変化するのだが）、次のようなことが確実に言える。

・すべての人間には基本的な類似点があるというところから話を始めれば、だれもが置き去りになることはない。だれが何と言おうと、ＴＣＫであれ、だれであれ、「自分は一生、他人《ひと》とは違うのだ」と悩むことはないのだ。

・すべての人が必要とする基本的な欲求を知ることで、本書の第3章に記載されているTCKをサポートするための助言や方法がなぜ大切なのか、TCK・ATCK・関係者にとってより明白になる。

・忘れてならないことは、私たちが挙げている方法は単なる「提案」であるということだ。つまり生活のなかで柔軟に取り入れることのできるアイデアであり、ルールではない。それぞれの家族で一人ひとりの人間が余裕を持って独自性を育むことを目的としている。

第2章「サードカルチャーキッズの特徴」(TCKプロファイル)を読めば、ここに書かれていることが「体験談」の端々に反映されているのに気づくことだろう。お楽しみに!

第2章　サードカルチャーキッズの特徴

THIRD CULTURE KIDS

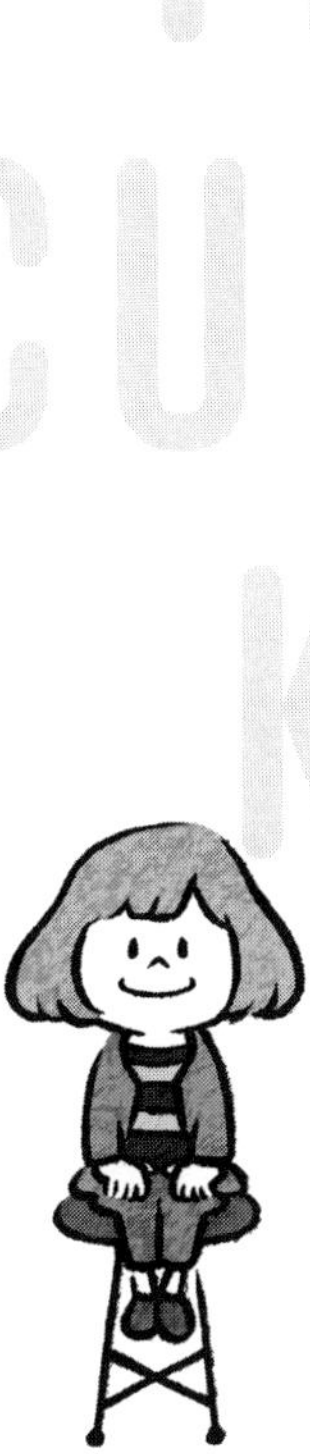

Ⅰ　利点と難点

　家族が離ればなれに暮らさなければならず、また母国へ帰ったときの適応も困難だという難題もあるが、海外で育った子どもにはそれ以上の利点がある。勉強しているという意識はなくとも、さまざまな事柄を学んでいる。「思考は多くの言語で伝達できるのだ」「肌の色の違いは重要なことではない」「タブーや恐れられている物事が別の土地に行くと何の意味も持たないことがある」「何気ない言葉が他の土地に行くと侮辱ととられる」などである。

　私はトゥルサという土地に五年間住んだ。ここから離れたことのない友人の子どもたちが社会や歴史、地理に対する感覚、人間一般に関する知識の大部分を教科書から学びとるしかないことがいつも不思議に思えてならない。私たち姉妹はそういったことを日々の生活のなかで身につけてきたからだ。

レイチェル＝ミラー・シャエッティ

ＴＣＫプロファイル

　前章では主にＴＣＫの定義とその世界について述べてきた。本章ではＴＣＫ体験の深い領域にまで立ち入って、その利点と難点を見ていきたい。まず彼らのライフスタイルの特徴を見て、それがどのように対人関係や人間形成に関わってくるのかを取り上げる。しかし、このＴＣＫプロファイル（特徴）はあくまでも一般論なので、ＴＣＫの一人ひとりにぴたりと当てはまるわけではない。ただ、これまで目にしたＴＣＫとＡＴＣＫの「なるほど」という反応から考えて、その特徴はＴＣＫの世界をよく表していることは間違いないようだ。

　ＴＣＫの利点と難点は表裏一体だと言う人がいるが、私たちはむしろ色の異なった糸を縒《よ》り合わせて織ったタペストリーだと言いたい。対照的な色を組み合わせたり足りない色を補ったりしていくうちに絵が浮かび上がってくる。一本一本の糸だけを見ても全体像はわからない。例えば、ＴＣＫの移動の多い生活は世界中の人々との貴重な交流につながるが、同時にその人々との別れや悲しみをも生み出す。深い悲しみの体験は他人への思いやりへとつながっていく。ＴＣＫの広大な世界観は学校での歴史の授業を豊かにし、毎晩のニュースへの新しい視点を与えることだろう。アレッポの難民キャンプでシリア市民が殺されたことも痛み

を伴う現実として語られる。悲劇を目の当たりにしたＴＣＫは、実際にそうした問題の解決に乗り出そうという動機を与えられる。一事が万事、そうやってつながっていくのだ。

ＴＣＫの利点や難点、特徴のいくつかはサードカルチャー体験の異文化的な側面に端を発している。また、移動の多いライフスタイルであるという点にも由来している。しかしプロファイルの大半は、この両方の要素が絡み合っているケースであろう。

ＴＣＫの利点と難点について話す前に一つ断っておきたい点がある。それは、私たちが「難点」という言葉を使うとき「欠点」という意味合いはまったくないということである。「難点」とは人々が向き合い、付き合い、成長するためのステップとなるものなのだ。それに比べて、「欠点」はだれかの足を引っ張るものでしかない。私たちが「難点」ばかりに目を向けていると指摘する向きもあるかもしれない。しかしそれには理由がある。意識的かどうかは別として、人生を送る上で自分の利点を活用している多くのＴＣＫを私たちは見てきた。また無意識にではあるが困難に立ち向かい、それを良い方向に利用しようとしている者もたくさんいる。しかし、見過ごされている困難により、何年にもわたって焦燥感を募らせ、悩まされ続けるＴＣＫとその関係者がいることも事実である。私たちは彼らが直面している困難の原因を知らせ、どのように前向きに取り組み、それに屈することなくＴＣＫ体験からくる能力を最大限に活用できるか、そうした助言をしていきたいと考えている。それでは話を進めよう。

広がる世界観と混乱する忠誠心

利点――広がる世界観

これはＴＣＫの明らかな長所である。さまざまな国と文化のなかで育つことにより、世界の地理上の違いに詳しくなる一方、いかに異なる価値観や政治的視点から人生を観察しているかを実際に目にする。世の中にはオサマ・ビン・ラディンを英雄視する者もいれば、悪人視する者もいる。西洋社会では時間と課題の達成が重要だが、東洋社会においては人間関係が重んじられる。人生の早い時期から、一つの物事に対し、異なった角度からの見方があることをＴＣＫは知る。マレーシアで子どもが参加する「会議」の最中に、五歳から十二歳までのＴＣＫたちの驚くべき話をかつて耳にしたことがある。


「去年はね、台風が来たから、四日間も床に伏せて避難してたんだよ」

「バングラデシュではね、街の人がみんな戦いを始めちゃったから、一週間敷地から外に出られなかったんだ」

「先月の旅行ではね、象さんに乗ってトラを見に行ったんだ」

「僕も乗ったことある！」

部屋の別の場所から七歳の子がそれに答える。

「僕は（トラを）六頭見たよ。君は何頭見たの？」

会話が続く。

そして新年の話になった。簡単な質問だと疑わなかった。

「新年は何月何日かな？」

「一月一日」が念頭にあったのだが、いろんな月日が出てきた。幼い子どもたちはそれぞれ自分たちの国では、いつどのように新年のお祝いをするのかを躍起になって話しはじめた。これがもしアメリカで、同じ年齢の子どもたちに同じ質問をしたとしても、このような展開にはならなかっただろう。アメリカだったら「新年」が「一月一日」だけではないなんてだれも想像できない。

こうした小さなことから始まって、ＴＣＫたちは、世界は広く多くの事象に溢れ、一生を通して発見することがたくさんあることを学んでいるのだ。

難点――混乱する忠誠心

ＴＣＫにとって広い世界観が利点であることは確かだが、同時にそれはあらゆる面で混乱をもたらすものとなる。多くのＴＣＫが共感するのが、オリンピックで各国の国旗が並んだとき、どの国を応援すべきか迷うということだ。幼いときから馴染みのある国を応援するのか、パスポートに記されている国を応援するのか。ＡＴＣＫのベネデッタ・アノリは「サッカーのワールドカップ（世界選手権）はいつも頭が痛い」と言う。ベネデッタはブラジル生まれのイタリア国籍だからだ。

スポーツでどの代表チームを応援するか決めるのは難しい。そしてその混乱する忠誠心は政治や愛国心、また価値観など複雑な問題にまで及ぶ。母国の政策が現地の国に不利益をもたらしている場合、母国の政治を支持すべきか、あるいは自国政府に反旗を翻すことになっても現地の国を支持すべきなのか。

私にとっての故郷であるロシアとアメリカという二つの国は、これまでずっと対立してきた。文化的にも政治的にもまるで別々の惑星かと思うほどに異なるので、行き来したときのカルチャーショックと逆カルチャーショックはかなりひどい。ロシアの政治体制、社会的または文化的なことについて友達が批判すれば、それに賛同していたとしてもどこかでむっとしてしまう。またアメリカ政府の政治決断に同意できなくても、自分はそのアメリカという国から素晴らしい教育と就業の機会、生涯の友人たちを与えてもらったと感じる。またロシア社会に反発しながらも、そこは自分が育った国だということもある。幼少期の思い出だってある。さらにロシア人は、簡単に笑顔を見せないが、

困っている人がいたらそれが他人でも迷わずに助けようとする温かさも持ち合わせているのだ。私の混乱した忠誠心は二つの国における深い人生経験から来ている。一つひとつの事柄を区別して考えることなどできないのだ。

『ホームシック――私の体験』という本のなかで、ジーン・フリッツは一九二〇年代に中国で育ったアメリカ人としての自身の体験を綴っている。イギリス人学校に通っていたジーンは、学校でイギリス国歌を歌うことを拒否した。それは自分の国歌ではなかったからだ。人生のうちアメリカで過ごしたことは一日とてなかったが、ジーンはアメリカ人だった。一九二〇年代の混乱の中国に生きながら、ジーンは常に祖母のペンシルベニアの農場と大きな庭のことを夢見ていた。アメリカに住んでアメリカの学校に行くというのはどんなものだろうかと考えていたのだ。のちにジーンの夢は実現する。船を何度も乗り換え、数多くの困難に遭ったものの、長く思い描いていたアメリカの学校に通うことになったのだ。しかしそこで起こったことはジーンの考えもしなかったことだった。

「静かに。出席を取ります」

クロフツ先生が言った。私の名前の番にくると、先生は出席簿から目を上げ、こちらを見た。

「ジーン・ガッタリーさんは新しくこの学校に来ました。はるばる中国から来たんですよ。ここに来る前はヤンス・ター・ズィー河（揚子江）のそばに住んでいたそうです、そうですねジーン？」

「発音はヤン・スィーです」と、私は訂正した。「二音節だけです」

すると先生は私を冷ややかに見て言った。

「アメリカではヤンス・ター・ズィーと言うのです」

私は自分がだんだん興奮し、刻一刻と怒りが込み上げてくるのを感じた。そのとき、後ろに座っていたアンドリュー・カーの足が動く音が聞こえた。おそらく机の上から身を乗り出してきたのだろう。突然、肩越しにこんな彼の言葉が聞こえてきた。

「チン、チン、チャイナマン、
塀に座って
十五セントを
一ドルにしようとがんばってるよ」

自分がどこにいるのかも忘れてしまった。勢いよく立ち上がって後ろを振り向くと、先生の目もお構いなく、学校に行ったこともない子どものように教室内でのマナーなどおかまいなしの大声で叫んでしまった。

「チャイナマンとかチンとかいう呼び方をするもんじゃないわ！」と私は叫んだ。

「中国人、っていう呼び名があるのよ、アメリカにいたって正しい呼び名を使わなきゃいけないのよ」

「まあ、そんなにいきり立つことはないでしょう、ジーン」

先生が割って入った。

「あなたがアメリカ人だっていうことくらい、みんなわかっていますよ」

「そういうことを言いたいんじゃないんです」

私が、中国人をチャイナマンと呼ぶのは非常に侮蔑的であることを説明しようとすると、先生は教壇を定規でピシッと叩いた。

「それくらいでいいでしょう」と先生は言った。

「みんな、前を向いて」


ジーンが忠誠を誓った愛する国とはどちらなのだろう。アメリカか、それとも中国か。彼女自身それを自覚していただろうか。ずっとアメリカ人だと思って送っていた人生。それなのにここにきて中国人の肩を持っている。クロフツ先生とクラスメイトにとっては、なぜジーンがむきになって地球の反対側の人たちをかばうのか理解しがたいことなのだろう。ましてや母国の人の反感を買ってまでそんなことをするのはなぜなのだろうか。

ジーン・フリッツは帰国後、自国の人々から自分の体験を理解してもらえなかった初期の

TCKだが、今日のTCKたちも似たような経験をしている。アメリカ人で外交官の子どもとして育ったペイズリー・キャロウは言っている。

私は七歳のときに沖縄からアメリカに帰国しました。小学校二年生の授業で第二次世界大戦について学んでいたとき、クラスの子どもたちは私のことを「悪の枢軸国・日本」と呼び、避けていました。ドイツから帰国した軍人の子どもが新たにやって来ると私はその子と友達になり、クラスの他の子たちのことを「なんて無知なんだろう」と笑ったものです。

ペイズリーは幸運だった。クラスメイトに酷い呼び名をつけられたものの、自分と同じような経験をした人と出会ったときに、なぜそういう目に遭ったのかを理解したからだ。そしてその新しい友達と一緒に互いの経験を肯定し合い、周りからの非難や辱めを受け止める必要がないことを悟ったのだ。

政治観や愛国心の問題よりもさらに複雑なのは、異文化体験を通して身につける異なった価値観である。前に見たように、TCKはしばしば正反対といってもいい価値観を有する文化圏に生きる。ある文化では女性の割礼などあるべきではないとする。別の文化では、それは部族の一員として公に認められる女性の人生でいちばん重要な儀式だとする。また、ある文化では人工中絶はいけないこととされ、別の文化では止むに止まれぬ特別な理由さえあれば、早期の人工中絶は許される。さらに別の文化では、胎児の性別によって慣習的に人工中絶が行われている。男の子が望まれるところでは、胎児が女の子だとわかると人工中絶するのだ。

広い世界観とそれゆえに生じる価値観や忠誠心の混乱の問題は、みなが同じように暮らす同質の社会に戻ったときに起きる。スティーブ・アイシンジャーのトルコにおけるＴＣＫの研究では「世論の統計を見ると、広い世界観は必ずしも前向きの特徴だとは見なされない」としている。ＴＣＫの持ち帰る新しい考え方や、伝統に盲従することを拒否する態度は、母国の人から快く受け入れてもらえないのだ。

日本の研究者である嘉納もも（注・訳者）が言うように、日本のＴＣＫともいえる帰国子女は、当初帰国時に蔑まれていた。現在の日本では帰国子女の地位は逆転したが、往々にして、ＴＣＫの新しい考え方や、上の世代による従来の文化的パターンに追従しない姿勢は、日本に限らず、どこの国でも歓迎されないものだ。

立体的な世界観と悲観的な現実観

利点——立体的な世界観

ＴＣＫはさまざまな文化圏で暮らすことにより、文化の違いだけでなく世界そのものを身をもって体験する。それは本を読んだり映画を見たり、ニュースを聞いたりするだけでは得られないものだ。さまざまな場所に住み、その土地の臭いを嗅ぎ、聞いたこともない音を聞き、特異な状況のなかに身を置いて生きてきたTCKは、新聞記事を読んだときやテレビを見たときの平面的で五感を伴わない情報を立体的なパノラマに再現することができるのだ。あたかも実際にそこにいるかのように臭いを嗅ぎ、味を味わい、暑さを感じて汗をかくのだ。その場にいなくても何が起きているのかを確実に理解し、そこにいる人の気持ちになって考えることができるのである。

デビッドは毎年夏、移動生活に関するセミナーを開催し、出席者に向かってこう質問していた。

「暴動と聞いて何を思い浮かべますか?」

答えが返ってくる。

「パリ」

「韓国」

「イラン」

「エクアドル」

さらに「もっと詳しく」と促す。

次々に出る答え。

「割れた窓ガラス」

「放水」

「火をつけられたバス」

「催涙ガスと暴徒」

「焼け焦げたタイヤ」

焼け焦げたタイヤ。実際に焦げたタイヤの臭いを嗅いだ者でなければ思いつかないだろう。

「画鋲」


暴動と聞けば銃を思い浮かべることはあるが、なぜ画鋲なのか。これを言ったＴＣＫは、エクアドルの暴動のとき、タイヤのパンクをねらって夥《おびただ》しい数の画鋲が道路に撒かれたのを実際に目にしたのだ。人々の行動を封じ込めるための手段だったが、なるほど、これも実際に見た者でなければ出てこない答えだろう。

世界を立体的に捉えることのできる能力は、読む能力だけでなく書く能力にも有効となる。文章を書くことを好むＴＣＫは、子ども時代にさまざまな場所でいろいろな文化的実体験をしたおかげで、作品に臨場感を持たせることができる。アメリカの小説家パール・Ｓ・バックやジョン・ハーシーは、幼少期に中国で過ごした自分の世界観を言葉にしたＡＴＣＫの先駆けである。

タイム誌に掲載されたピコ・アイヤーの「帝国の（ペンによる）逆襲（訳注・スターウォーズ「帝国の逆襲」のもじり）」の特集記事は、文学賞を受賞した新しいジャンルの作家たちを紹介するものだが、その作家たちは一人残らず異文化体験をその背景に持っている。

旧英国植民地出身の作家たちがイギリスの文学界に台頭しはじめた。今までの規範を、明るい色彩と奇抜なリズム、そして異国からの視点で書き換えた。言葉を内から革命的に変えたのだ。香辛料が英語に入ってきた。そして南国の鳥も。新しい世界フィクションの作家たちが贈る神秘的な作品の数々だ。

アイヤーはそれぞれの作家のバックグラウンドを紹介したのち、こう述べている。

文化の壁を越えたこれらの新しい作家たちは、今までの作家とは少しばかり違う。一つには、植民地主義ではなく、戦後拡大した「インターナショナル文化」が彼らを生み出したのだ、ということができる。読者層も彼らと同じように、さまざまなものをミックスした折衷派、どこにも根を持たない人々なのだ。

アイヤーはTCKという言葉こそ使ってはいないが（その言葉を知らないのかもしれない）、体験の豊かさを非常に生き生きと表現している。

難点——悲観的な現実観

世界で起こっている出来事を身をもって感じることができるということは、テレビのニュースに映る平坦な画面の向こう側に実際に血の通った人間が生きているという辛い現実も知ることにつながる。インドで飛行機が墜落したり、タイで大きな津波が発生したりしたとき、ニュースでは自国の犠牲者が何人だったかという話ばかりだ。それを見てＴＣＫはひどく嫌な気分になる。その国の人以外の命はまるで関係ないかのように思えるからだ。

中国で起きた震災の瓦礫《がれき》のなかから、自分たちの子どもを必死に見つけ出そうとする親たちが映る。ＴＣＫはまるで自分のことのように痛みを感じてしまう。多くのＴＣＫは知っている。シリアで爆弾が落ち、ボストン・マラソンやナイロビのショッピングモールでテロ事件があると人々は叫び、恐怖におののく、ということを。二〇一六年三月二十二日にブリュッセルの空港でテロ事件があったときとそれは何ら変わらない。ＴＣＫのなかには現実に戦争を目の当たりにした者もいる。住んでいた環境や学校生活、友人関係が、避難することによってすべてばらばらになるのだ。本人は母国に帰国していても、親が治安の悪い地域に赴いていたり、戦地に派遣されていたりすることもある。

サマールはリベリア在住のレバノン人として育ち、子どもの頃はアメリカ系のインターナショナルスクールに通っていた。父親のビジネスは順調だったが、リベリアで内紛

が起きたため家族でレバノンに逃れた。しかしレバノンの内政も不安定になり、一家は一時的にフランスに移住した。しばらくして一家はまたレバノンに戻り、緊迫した情勢のなかで過ごした。じきに、サマールはレバノン人のカリードと結婚し、夫の医学実習のためにアメリカに移った。アメリカでサマールは出産し、現地の若いアメリカ人ママたちと一緒に公園でベビーカーを押すうちに彼女たちと仲良くなった。サマールと他のママたちは、一見同じような生活スタイルを送っていた。

しかし再びレバノンの情勢が悪化した。他のママたちが話題にすることは、これまで通りキッチンのカーテンの色や子どもたちをいつ一緒に遊ばせるかの約束についてだが、サマールは急にそれらの話題に興味が持てなくなってしまった。代わりに、CNNやMSNBCなどのニュース番組に釘づけになり、画面に映る現地の様子を見ては、両親の居場所から紛争地がどれくらいの距離なのかを確認するようになった。雷が鳴るたび、リベリアやレバノンの戦時の音を思い出し身を潜めたくなった。新しくできたアメリカ人の友達を恨めしく思うようになった。サマールの（レバノンにいる）家族のことだけでなく、世の中には政府が起こした戦争によって苦しめられている人々がいる、ということに関心がなさそうだからだ。

サマールの経験したことは、異文化間を移動しながら育ち、生活をしている私たちにとって最も孤独を感じる状況だろう。自分にとってこの上なくリアルに感じられる悲嘆が、周りの人たちにとってはまったく理解不能だからだ。以前、私たちがどのような生活をしていたのかを知らないし、私たちが「故郷」と呼んで、強い絆を感じている国とは何の関係もないのだから仕方がない。

だがこのような状況では「未解決の悲嘆」(第1章第5節)とも呼べるものはどんどん悪化してしまう。私たちにとって非常に現実味を帯びている喪失が、外からはまったく見えないからだ。

豊富な異文化体験と自国文化に対する無知

利点――豊富な異文化体験

TCKやATCKは自分のパスポート国の文化だけでなく、他国の文化も「自分の文化」という感覚を持っている。インターネットのホーム画面に自分が住んできた場所のニュースが通知されるように設定していたりする。普通の人だったらそれほど楽しめないような現地のさまざまな文化を、生活を通して享受する術を身につけている。東南アジアのフルーツ、ドリアンの匂いに慣れない人は吐き気を催すが、マレーシアで育ったTCKは喜んでその香りを思いきり吸い込む。それは故郷の香りなのだ。インドで育ったTCKは熱いカレーをチャパティという平パンですくって食べる。またソファに座らず床に胡座《あぐら》をかいて座るのを好むTCKもいる。このような一風変わったライフスタイルを大事にするＴＣＫは実に多い。

異文化の表層を身につけることを学ぶ以上にもっと重要なことは、より深層部の貴重なレッスン、ンを体験することだろう。一時滞在者であれば不満に思うような現地の人の言動や習慣でも、長く現地に住むと、それらの奥にあるものを理解し、真価を認めるようになる。例えば、多くの旅行者は買い物に行きたいと思ったときに、店が昼どきに二時間も閉まっているのを知って、苛立つ。しかし、その習慣が、強い日差しの暑い時間帯に行動して体調を崩さないようにするためであることをＴＣＫは知っている。そして、それが子どもたちが学校から帰ってきてお昼を食べる家族の団欒《だんらん》の時間だということも。昼に二時間も休憩するような土地で暮らすことで、ＴＣＫは利便性よりも人間関係を重視することを覚えるのだ。こうした知識は、将来どこへ行くことになろうとも必ず役に立つだろう。

難点——自国文化に対する無知

異文化を通してさまざまな習慣やスキルを身につけ、他の国のことをよく知っているＴＣＫも、自分の国のことはあまり知らないという皮肉な事態が起こる。

タマラは十歳のとき、はじめてイギリスで学校に通いはじめた。それまではアフリカに住み、アメリカ系の学校に通っていた。十一月の初めにタマラは母に「みんなが話し

ているガイ・フォークスってだれ?」と聞いた。

タマラの母エリザベスは生粋のイギリス人だったので、娘がその人物を知らないことに狼狽したが、急いで取り繕った。その当時、タマラは国際情勢についていろいろなことを知っていたのだが、イギリス史上有名なその人物を知らなかったのだ。十七世紀に国王暗殺を企て、上院議場に爆薬をしかけた「火薬陰謀事件」の首謀者、ガイ・フォークスにちなんでイギリスでは毎年十一月五日に行事が催される。子どもたちはガイ・フォークス人形を引き回し、最後にそれを火中に放り込んで燃やすのだ。エリザベスは、娘のタマラが、世界中のいろいろなことを見聞きしてきたけれど、自分の国のこんなにも有名なお祭りについては学びそびれていたことに気づかなかったのだ。

自国や地元の歴史、さらには自分の縁戚関係について、TCKが知らないことはよくある。親戚の家に遊びに行くのに、その道中でその人たちとの関係について親がTCKに説明する機会がどれだけあるだろうか。TCKには、親類の話が話題にのぼり、記憶に刷り込まれる機会が少ないのだ。

昨今のTCKは、前の世代のTCKよりもインターネットとSNSの恩恵をより受けているため、今をときめく俳優、政治家、ミュージシャン、その他有名人に関する情報や流行についていきやすい。

一九五八年、ジョーダンは十三歳でアメリカに戻り、エルビス・プレスリーの名を耳にした。「エルビス・プレスリーってだれ？」と聞いたときの友人の顔といったら。

異文化間を移動するとき、笑いのセンスも曲者だ。冗談の基本は不意打ちや流行のもじりだったり、その文化や言語に特有の二重の意味を盛り込んだ言葉遊びだったりする。ＴＣＫに限らず、みんなが笑っているのにそのおかしさが理解できないときには、だれもが仲間外れにされたと痛切に感じるものだ。その逆も然り。インターナショナルスクールで大笑いした小話を新しい友達に話すが、だれも笑わない。ＳＮＳから教わらないことや、伝わってこないこともあるからだ。

アデルはこう書いている。

現在の夫と付き合いはじめた頃の話です。何かがあって、夫が有名なテレビドラマのテーマを口ずさみはじめたのです。たぶん反応がなかったからでしょう、夫が「もしかして知らないの？」と私に聞きます。私は「ここで笑わなきゃいけないんだろうけど、

「私、何がおかしいのかわからないの」と答えました。

ＴＣＫのほとんどは、現地とは異なる母国での日常のルールを知らないがために、このような気まずい場面を一度は経験していることだろう。メニューの値段に消費税を加えることを考えもせずに、レストランで支払いができなかったＴＣＫもいた。また、遊びに来た親戚たちの前で失態を演じてしまったＴＣＫもいる。目上の人たちが全員、腰を下ろすのを確認もせずに、部屋に入ってすぐに自分だけ席に着いてしまったのだ。さらに、その文化の暗黙のルールを知らないばかりに危険な目に遭うことさえある。

ソフィーの育ったアフリカのマリの村では、通りすがりにみんなが男女の区別なく挨拶をする。しないとそれは失礼にあたる。ロンドンでは違うらしい。大学に入ったばかりの頃、警察によるレイプ防止セミナーが開かれた。警察官が「他人と目を合わせてはいけません。暴行した後、犯人は女性が目で誘ったと言うことがあります」と言う。なんとそれまでソフィーは行き交う見知らぬ男性一人ひとりに微笑みかけていたのだ！

これまで述べてきた利点と難点はＴＣＫプロファイル（特徴）のほんの一部である。次節では、多くのＴＣＫに共通する彼らの性格の長所と悩みについて見ていこう。

2 人格的な特徴

育った環境がもたらすTCKの利点はもっと強調されてもよい。国際的な視点が不可欠となった現代においては、異文化コミュニケーションや言語の能力、また仲裁能力や外交的手腕、さらには多様性への対応能力が求められている。グローバル・ノマド（訳注・「世界各国を渡り歩く人」の意）はそうした点で有能であり、十八歳になる頃には多くの大人よりもはるかに優れている。

異文化理解能力や言語能力は「文化のカメレオン」として生きてきた末の産物である。

グローバル・ノマドは若くしてさまざまな場面に遭遇し、若い参与観察者（訳注・「参与観察」とは、社会学や人類学における社会調査手法の一つで、研究者自身が研究対象の地域社会のなかで生活し、観察し、記述すること）のごとく、すばやく言語・非言語の情報をキャッチして、その場に対応する。周りの社会を見て、その場に受け入れてもらえる程度に自分の色を変える。そうしながらも自分が周囲とは違った生き物であること、「他所者《よそもの》」としてのアイデンティティの痕跡は残しているのだ。

ノーマ＝M・マッケイグ
グローバル・ノマド・インターナショナル創設者

TCK問題を取り上げ、それを世界に広める上で先駆的役割を果たしたノーマ＝M・マッケイグ自身、親が企業駐在員であったATCKである。マッケイグは、二〇〇八年に亡くなるまでは国際企業が社員とその家族を海外に送り出す準備をする仕事に携わっていた。ここからは、マッケイグの言うTCKに見られる特徴と能力（優れた利点とそれに伴う困難）の数々を見ていくが、まず第1章第4節でも触れた「カメレオン型」から入っていこう。

文化のカメレオン――適応能力と真の「文化バランス」の欠如

利点――適応能力

周りを取り囲む文化が頻繁に変わるTCKは、文化に対する適応能力を備えることで変化に耐えようとする。頻繁に引っ越しをすると否応なく環境が変わるので、それはある意味、生き残るための手段なのだ。TCK自身、「カメレオン」という表現をよく使う。しばらく周りを観察したのち、いとも簡単に言語、行動、外見、さらに文化的習慣を変え、その場により上手く溶け込むために必要な特性を身につける。やがて彼らの言動は以前からその集団にいる者と見分けがつかなくなり、周りとの違いから生じる冷笑や拒絶から自らを防護する（また恥ずかしさをも隠す）ことになる。それで守りは固まったとTCKは思うのだ。

「フィナンシャル・タイムズ」は二〇〇九年のオバマ大統領の就任演説の後こう書いている。バラク・オバマはその「カメレオン能力を上手く利用した。さまざまな人々に、オバマは自分たちの代弁者だと感じさせたのだ」

文化適応能力は生き残りの手段として始まるが、その後の実質的なメリットは非常に大きい。例えばビジネスの場において、会議が時間通りに始まるか、それとも約束の二時間後に始まるのかはお国柄によって違うのだが、ATCKは平常心をもっていずれにも適応することができる。過去の度重なる移動や引っ越しの経験から、TCKはたいていの障害に、否それだけでなく不測の事態に直面しても臨機応変、柔軟に対応することができるのである。

ノナとその友達、ATCKのジョイは途方に暮れながらアルシャからナイロビ行きのバスを待っていた。ついにタンザニアとケニアの国境までだったら連れて行ってくれるというタクシーを見つけた。その先の旅を続けるための車も見つけてくれると運転手は言う。ところが、いざ国境に着くや運転手は走り去ってしまった。間もなく日が暮れる。旅は危険なものになる。

ノナは驚いた。ジョイが歩いて国境線をケニア側へと越えている。別のタクシーを拾うのだと言う。

すぐにタンザニア側にジョイは戻ってきた。ノナを促しバッグを摑み、待っているタクシーの方へ戻っていく。二人は最終的にナイロビに辿り着いた。ノナは後になってからジョイに「もし私一人だったら、きっと国境を越えないで最初のタクシーが戻ってくるのを待ち続けていたと思う」と言った。

ジョイはこう答えた。「そりゃあ私だって、『三か月後には笑い話になるかもしれないけど、今のこの状況って最低』って思うこともあるわ。それでもね、絶対に解決策はあるっていつも信じてる。いろいろ試したら、どれかは上手くいくのよ。小さい頃からそんな状況にさんざん出くわしてきたから、ただ何もしないでじっと待ってるなんて私にはできない」

難点――真の「文化バランス」の欠如

「文化のカメレオン」になるのに伴い特有の弊害も出てくる。周りに合わせて色を変えることは同年代の友人に紛れ込むための一時的な方法ではある。しかしカメレオンになったTCKは、どこに行っても文化的平衡感覚を一生身につけられない場合がある。群集に紛れ込んではいるが、自分がどのように他人の目に映っているのかを気にし、常に周りの観察を忘れない。第1章第4節で述べた「壁の花」型のように、常に一歩身を引き自分の行動がその場に合っているかを確認する。周りの人は次第に状況に合わせてコロコロ自分を変えるＴＣＫに気づき、ＴＣＫの言うこと為すことを信用していいものか疑いはじめることもあるだろう。彼らにはＴＣＫが何に対しても確固たる考えを持っていない人間に見えるのだ。

ＴＣＫのなかには言動を周りに合わせて変化させ、さまざまな文化要素が混交している環境に身を置くあまり、どの価値観に基づいて行動すればいいのかわからなくなってしまう者もいる。ＴＣＫにとって絶対的な価値観を見極めることは非常に困難である。どんな文化のなかにいても、持つに足る絶対的な価値観など果たしてあるのだろうか。ＴＣＫは多くの人物像を自分のなかに取り込むあまり、本来の自分を見失ってしまうのだ。どこの文化環境で「自分らしく」なろうとしても、結局はカメレオンのように周りに合わせて自分の色を変えるだけになってしまう。

ニュージーランドとタイに長年住んだ後、ジニーは大学進学のためにミネソタに戻った。他の学生を馬鹿にした。どいつもこいつも同じようなタイプ。彼らのようには絶対なりたくないと思った。そんなとき、ジェシカという女の子に出会った。彼女は当時、主流派にあえて対抗して独自のスタイルを貫くグループに属していた。ジニーはジェシカのすることを真似しはじめた。二人して奇抜な服装をした。それは流行に左右されないという明らかな意思表示だった。

当時を振り返り、何年も経ってから気がついた。ジニーは自分がジェシカを模倣する

カメレオンであったことに気づいたのだ。あの当時、本当に自分の好きなものや求めているものが何かわからなくなっていた。彼らのようになりたくはないとジニーは他のクラスメイトを完全に否定していた。頭から決め込んでしまっていたが、その主流派の服装や行動のなかにも、実は自分の好みに合ったものがあるかもしれない、ということを考えてもみなかった。ジニーはジェシカの模倣に終始したが、それが自分に合っているかどうかなど考えもしなかったのだ。ジェシカはジャズを聴かないが、自分は聴いてもいいのか。本当に着たい服は何なのか。ジェシカから譲り受けたものと照らし合わせてみて、自分の本当の才能や好みをしっかりと把握できるようになったのは、ずいぶん後のことであった。

隠れ移民型——「周囲に溶け込む」と「違いを意識する」

どこに住んでいようと、すべてのＴＣＫは生きるためにそこの文化に適応するのだが、歴史的に見ると、初期のＴＣＫの多くは外見的に現地の人々とは違うため、そこに住んでいても一目で「外国人」だということがわかった。現在でも中国に住むセネガル大使の子どもは、現地の人間と間違われることはない。前述の通り、明らかに外国人だとわかる場合は、たとえ現地の規範や慣例に従わずとも自他ともに許し、許される場合が多い。外見が違うので自分たちと同じであるべきことをだれも期待しない。しかし、現地文化において外国人型であるこのTCKたちが母国に帰ると、そのときはじめて第1章第4節で述べた隠れ移民型になるのである。

見落とされがちなのは、世界がますます国際化している現在、TCKの多くが現地文化のなかにおいても隠れ移民型に属するようになってきたということである。アジア系アメリカ人の子どもは中国に行っても現地の子どもと見かけはそう違わないかもしれない。また、ワシントンDCに住むウガンダの外交官の子どもはクラスのアフリカ系アメリカ人の子どもと見かけ上、変わらない。

この隠れ移民型がなぜ重要な問題となってくるのか。まず一つ目の理由は、隠れ移民型のTCKたちは、そうしようと思えば文化的側面だけでなく外見上もまさにカメレオンになれる、ということである。周りは彼らが外国人だとは思いもしないが、それに乗じてTCKも自分の身分を明かさない。

二つ目の理由は、そうしたTCKが周囲の環境に完全には溶け込みたくないと考えたときに、肌の色や顔のつくり以外に自らを周囲と区別する何らかの方法を探し出さねばならないということである。これが一部のTCKを突飛な行動へと導く。現地文化において隠れ移民型である三人のTCKの例を見てみよう。

利点——周囲に溶け込む

まずポールの例である。国際ビジネスパーソンの息子、ポールはアラスカに生まれ、その後カリフォルニア州とイリノイ州で九歳まで過ごした。そして石油会社に勤める父の転勤でオーストラリアに引っ越した。ポールは自分の過去をこう語る。

オーストラリアに行ってからの最初の一年はひどいもんだったよ。アメリカ人は好かれていなかったんだ。アメリカがシドニー近郊に核施設をつくったからさ。みんなが抗議デモをしていて「卑劣なアメリカ人」ってスローガンを四六時中叫んでいる。同級生たちは僕がアメリカ人っていうだけで罪があるかのように見る。今になって考えてみると、僕に親切にしてくれた数少ない連中はクラスのはみだし者ばっかりだった。

一年目の終わり頃には、オーストラリア訛りも話せるようになったし、服だって現地で流行のものを着るようになった。そこで転校した。だれも僕がアメリカ人だなんて知らないところで、一からやり直せるように。僕はカメレオンだったのさ。

隠れ移民型のポールは外国人型のＴＣＫにはできない選択をした。ポールが本当のことを言わない限り、だれも彼がオーストラリア人ではないということを知る必要がなかった。ポールの選択はまずかった、と理屈を言う人もいるだろう。しかし子どもだったポールにとって、そこまで溶け込んだからこそ、オーストラリアにいる間はずっと同級生に受け入れられ、しかも学校の行

事や社会生活にフルに参加することが容易にできたのである。しかしその一方で、こうした適応方法を選んだTCKのなかには、周囲に自分の本当の身分が明らかになってしまうのではないかという恐怖心を常に持っていたと言う者もいる。ときに、心のなかで感じることと外に対して表現することが異なると、二重生活を送っているように感じられるのだ。自分は偽善者なのではないかと自問することもあるかもしれない。

難点——違いを意識する

ポールが自分の身元を隠す選択をしたのとは対照的に、ニコラとクリスタは正反対の選択をした。外見が同じであるだけに、「私はあなたたちとは違うのよ」と声を大にして言わないと、本当のアイデンティティを失ってしまうような気がしたのだという。彼女たちは次のようにして周囲との違いをはっきりさせようとした。

イギリス人のTCKニコラはマレーシアで生まれた。父はイギリス空軍のパイロットだった。ニコラが四歳のとき、父は退役した。家族でスコットランドに移り住んだ。ニコラの父はそこでスコットランドを拠点とする大きな石油会社のパイロットになった。ニコラは自分がイギリス人であることを最初は隠そうとした。スコットランドの強い訛りを真似た。中学校に上がる頃には彼女のなかの何かが、同級生たちとは合わないと訴えていた。同級生たちはみな小さな町を離れたこともないのだ。外見は同じだったが、ニコラがちょっとでも周囲からはみ出た言動をすると容赦なしに同級生たちはからかった。彼らに合わせれば合わせるほど、ニコラは自分が本当の自分ではなくなるような気がした。

とうとうニコラはあからさま、かつ挑戦的に、自分がイギリス人だということを誇示することにした。イギリス英語を話して、自分の故郷はイギリスだと言った。同級生たちに向かって、イギリスに戻って早く大学に入りたいと言った。そして大学に入る年になったとき、憧れのイギリスに帰り、サザンプトンで電車から降り立つと、文字通りその地にキスをしたのである。

クリスタはアメリカ人で、父の仕事の関係で六歳から十六歳までイギリスで過ごした。イギリスの学校に六か月通ったのち、現地のアメリカンスクールに転校した。クリスタとアメリカンスクールの同級生たちは激しい反イギリス主義になったという。イギリス文化に囲まれていたにもかかわらず、頑なにイギリス英語を話すことを拒んだのだ。イギリスにはアメリカのようなショッピングモールがないことをけなし、夏にアメリカに帰省したときにはギャップやリミティッドといったアメリカブランドの服を買い込んだ。「イギリス人はみんな何かを待つとき、なんで大人しく行列するのかしら。とりすましていて間抜け」と思った。クリスタはすべてが「普通」のアメリカに帰りたくてしようがなかった。

ニコラとクリスタの直面した困難は、自分の本当のアイデンティティとは何かを主張するあまり、それ以外を敵視する、いわば「反アイデンティティ」を確立してしまったことである。服装や話し方、行動などすべての面においてだ。不幸なことに彼女たちは多くのメリットからも自分を切り離してしまった。現地コミュニティの人たちとの交友や文化交流によって多くのことを吸収することもできたであろうに。「私はあなたたちとは違うのよ」と声を大にして言えば言うほど周りの人は遠ざかり、次第に深い孤独感に陥っていく。それがわかるようになるのには時間がかかるのだ。

偏見――「囚われない」と「囚われる」

利点――偏見に囚われない

多様なバックグラウンドを持つ人たちと友人になり、彼らの文化環境のなかで生活するということもTCKの利点の一つである。TCKは文化や民族が驚くほど多岐にわたるグループの一員として生きている。TCKの多くはその多様性を享受し、「人はどんなバックグラウンドを持とうが、どんな状況においても全面的かつ同等に関わっていくべき」だと考える。TCKに無意識に備わっている「どんなバックグラウンドを持とうと、人は人なのだ」という考えは、ときに一般の人を驚かせるが、逆にＴＣＫ自身、自分の公平さが必ずしも「普通」ではないことを知ったときに驚くことがある。

アメリカのある郊外の町に住む白人のＡＴＣＫが、蛇口の水漏れを修理する人を呼んだ。現れたのはアフリカ系アメリカ人であった。作業を終えた修理人が帰り際に「あなたは、黒人がたくさん周りに住んでいるところで暮らしていたでしょう」と言った。そのＡＴＣＫはアフリカで育ったので、そうだと答えた。しかしなぜそんなことを聞くのかと問うと、修理人は「私がそばにいても自然に振る舞っているからさ。大半の白人はそうじゃない」と答えた。彼女は驚いた。そう言われるまで彼の人種のことなどまるで意識になかったからだ。彼女にしてみれば、ただ、蛇口の修理とその代金の支払いについて彼とやりとりをしていただけなのだ。

過去の経験を上手に生かすことのできるＴＣＫは、人の行動の裏には必ずそれ相応の理由があることを知っている。たとえそれがどんなに不可解な行動だとしてもだ。そして一般の人よりも忍耐強く、そうした状況を観察し、分析する。

幼少期にマリで育ったアンヌマリーは、国連職員として再びその地で暮らしていた。地元の政府系病院で働くマリ人はまったく先のことを考えなくて困る、と駐在の職員たちは不平を言っていた。薬剤や酸素ボンベ、あらゆる必要備品が底をつくまでだれも補充を申請しない。国連派遣の職員たちはいつも苛立っていた。

ある日、朝のお茶の時間に始まるいつもの不平不満を耳にするとアンヌマリーはそこに割って入った。「ご不満はわかります」彼女は言った。「でもご存じですか? あまりにも貧しいとその日のことを考えることで精いっぱいで、先のことまで頭が回らないのですよ。今日の食べ物を買うお金さえないというのに、明日のために買い置きしておくなんて考えていられませんよね」

ＴＣＫは自分のバックグラウンドがもたらす恩恵の多さを指摘する。その豊富で幅広く多様な恩恵のなかでも、心から信頼できる友人を持てたことが一番大きいと、みな異口同音に話す。

難点――偏見に囚われる

残念なことに、すべてのＴＣＫが偏見に囚われない人間になるわけではない。なかには却って自分の偏見に固執する者もいる。歴史的に見ても、ＴＣＫの親は概して、現地社会で特別なエリート集団であると見なされている機関に所属しており（外交官や軍の幹部将校など）、その地位のために特別扱いを受けることが多い。彼らの生活水準は現地の標準よりもはるかに高く、使用人や運転手を雇い、いつでも、どこへでも海外旅行に行くことができるなど、その他にもさまざまな特権を持っている。

『太陽の帝国』という映画のなかでＴＣＫの特権階級のライフスタイルがよく描かれている。映画の冒頭で、イギリス人の少年が運転手付きリムジンの後部座席に座って学校から帰ってくるシーンがある。少年は陽気に窓から道路脇にたむろしている飢えた中国人の子どもたちを眺めている。家に入った途端、少年は中国人の召使いたちに命令しはじめる。まるで奴隷を扱うかのようだ。

ある日すべてが変わる。少年がいつものように命令口調で家政婦に話しかけると、家政婦はいきなり駆け寄り、少年の頬を平手で打つ。革命が起こったのだ。幾年にもわたって子どもに顎《あご》で使われていた憎悪が爆発した。第二次世界大戦が勃発し、少年は何年間も強制収容所に入れられることになるのだが、そうなってはじめて世の中すべてが自分の思い通りになるとは限らないことに気づく。

この映画は少々大袈裟な例かもしれない。しかし、駐在コミュニティの大人が現地文化に生きる人々を絶えず侮蔑する言動を取ると、ＴＣＫはそれを見て同じように人を見下すようになり、ＴＣＫの財産のなかでも最も貴重なものを一つ無駄にしてしまうことになるのだ。

意思決定──「『今』を大切にする」と「選択の幻想」

利点──「今」を大切にする

常に移動を経験するライフスタイルのため、多くのＴＣＫは「今」を一所懸命生きねばならないと焦る。決断をすれば即、実行に移す。キリマンジャロに登る計画を先延ばしにしたら、もう次の転勤になってしまうかもしれない。今すぐやらなければ。まさに「今を生きろ」である。街角のレストランの今日のランチメニューは寿司セットらしい。今すぐ食べに行かなければ、とそんな行動を見てＴＣＫは衝動的だと批判する人がいる。だがそのおかげで、他の人があれこれと迷っている間、ＴＣＫは人生をフルに生きることができるのだ。

難点──選択の幻想

皮肉なことに、あらゆる機会を無駄にしないＴＣＫがいる一方、計画を立てても、それを楽しめないＴＣＫもいる。劇に参加したかった、学級委員に立候補するつもりだった、サッカーチームの次期キャプテンになる予定だった、といった期待を過去に何度も裏切られ、計画が反故にされてしまうのである。そうした期待は親の「今日、転勤の話が出たんだ。二週間後にはポーツマスに引っ越しだ」の一言で一瞬にして消え去ってしまうのだ。学校や町内で何かをしたいと思ったとき、自分のしたいことは当然自分で決められると信じていたのに、その決定権は実は自分にはないことを思い知らされる。来年になれば学校にはもういない。次のサッカーシーズンにはもういない。その場を去れば夢は消える。ポーツマスでもどこでも、次の親の赴任地で「ここでやりたいことの計画を立てたってどうなるのさ。すぐに次の移動だろ」とＴＣＫは思う。

計画の中断はメンタルヘルスの専門家が「選択の幻想」と呼ぶ現象にもつながりかねない。仮に「来年の生徒会長に立候補する」という選択肢があったとする。しかし、そのときの周囲の状況や他者の不意の介入（例えば「さあ荷造りだ、明日には引っ越しだ」）がその選択を打ち消してしまう。現実には当人に決定権はない。目標の達成や人間関係づくり、もしくはプロジェクトの完成が突然中断されてしまう。それは不測の出来事からのことも、また人事部の決定からのこともある。軍人の子どもとして育ったＴＣＫの場合、人生には権力に属して上からの指示に従うか、罰せられる覚悟で反逆するか、の二択しかないと考えるようになるかもしれない。

なかにはそれをジンクスだと言うＴＣＫがいる。自分のやりたい何かをしようと心に決めて、そのために必要なステップを踏みはじめても、必ず途中で中断されてしまう、と。「選択の幻想」を神意——神の領域——に転嫁する者もいる。「私がやりたいことは神に看破され、きっと取り上げられてしまう」と言うのだ。落胆したくないがためにそれを神や迷信のせいにして、自分の本当にしたいことが何なのか知ることを拒否するようになる。

さらに、条件のよりよい新しいチャンスが来ることを待つあまり、重要な意思決定ができないTCKやATCKがいる。ミドルビルというところで教師の職があり、収入も悪くないが、スラバヤでの職の話が来週にでも来るかもしれない、と。すべての選択肢を見ないうちから何かを決めてしまうことができないのだ。人生には多くのチャンスがあること、またそれらのチャンスは突然現れるもので、すぐに飛びつかないと逃してしまうということを彼らは経験上知っている。

また、一つの選択をすることで他の選択肢がなくなってしまうことを恐れもする。その結果、このようなTCKやATCKは何も選択できなくなってしまう。落胆したくないという理由で、または土壇場での予定変更を避けるために、最後まで決断を先送りにすると、決定を待つ家族は非常にやきもきする。TCKのそうした行動は学校や職場、またキャリアの上でも悪影響を及ぼす。何事も先送りにすることが自分の習いになってしまっているため、何もやり遂げられない、必要な手続きや書類の記入を期日までに済ませられない、といったことが起こる。

この「選択の幻想」がもたらす悪影響のなかに、TCKやATCKが「被害者意識」を持ってしまうようになることがある。置かれた状況につい不平不満を言うものの、その環境から脱する道を選んだり状況を変えたりしようとはしない。周囲が何か提案しても、何らかの理由をつけては行動を起こそうとしない。これはさらなる落胆を避けるためにTCKが取る手段ともいえる。「期待をしなければ、がっかりすることもない」からだ、何かをすることを選択すれば自己責任が生じると思うからかもしれない。「試さなければ、失敗することもない」のだ。落胆や失敗を経験するくらいなら最初から何もしないほうがいい。理由はどうであれ、現状を変えるための選択さえもできない状況は、ATCKの悲しい現実である。

組織との関係――好意と不信感

利点――好意を持つ

確かな組織に守られた環境のなかで育つことが、生活にどっしりとした幸福感をもたらしてくれたと言うTCKもいる。コミュニティのなかでの大人との関係は概ね良好で、良い影響を与えてくれる。基地や大使館、企業、そして宣教関係のコミュニティは居心地のよい繭のなかにいるかのようだ。外界の人々の苦難からは少なくともしばらくの間、隔離される。自家発電装置があったり、専門店があったり、一時帰国の費用は所属組織持ちだったりとさまざまな特権がある。TCKは大人になってからも、自分の子ども時代を良い思い出として捉え、庇護してくれた組織にも愛着を覚える。

難点――不信感を持つ

他方、まったく異なる感じ方をするTCKやATCKもいる。「選択の幻想」の箇所で述べたような理由から、自分の人生を左右する力を持つ人々に対して不信感を抱くようになり、自分が抱えている問題はもとはといえば親のせい、また人の都合や家族の都合などはほとんど顧みずに無慈悲に異動辞令を発してきた親の所属する組織のせいだと思うようになる。こういうことを言った者がいる。

両親は最終的に離婚に至った。母はもう引っ越しはいやだと言った。会社は二年ごとに父に転勤を言い渡してきた。そのたびに場所を変え、国を変えた。引っ越しが学期の途中だったこともある。母は自身も辛かったようだが、子どもたちが苦しんでいるのもわかっていた。新しい集団のなかで自分の居場所を見つけたと思ったらもう次の異動だった。せめて子どもたちが高校に通っている間は動きたくないので、それを会社の上司に話してくれと、母は父に頼んだ。会社側はできないと言った。本社組織が統合されるため、僕たちの住んでいた町の支社は閉鎖されるということだった。父は他の会社へ転職する気はなかった。母はその場を動きたくなかった。だから離婚した。僕は、父と会社の決定を絶対許さない。

しまいには、他者の決断によって人生が狂わされたTCKのなかには、今後、自分の上司の決断によってまた大きく人生が左右されるくらいなら飢え死にしたほうがましだとまで言う者もいるのだ。

「実際に傲慢であること」と「他人から傲慢だと思われていること」

ＴＣＫの豊かなバックグラウンドは、ときに思いもよらぬ問題につながることがある。あるとき、セミナーの後で一人の女性がデビッド・ポロックのところに来て言った。

「今夜のセミナーのなかで触れられなかった点があります。私はそれで人生を台無しにしてしまうところでした。それは『傲慢さ』です」

人がＴＣＫやＡＴＣＫについて話すときに、彼らは高飛車だという言葉がよく聞かれる。ある状況をさまざまな角度から見たり考えたりすることのできる意識の高さは、同時に一般の人（特に自国文化の人たち）が一つの視点からしか物事を捉えられないときにＴＣＫを苛立たせ、高飛車にしてしまう。理由は次のようなものである。

・異文化のライフスタイルが当たり前の生活をしてきたＴＣＫは、それが自分の考え方にどのような影響を及ぼしてきたかを自分自身では理解していないことがある。他人との違いは人生経験の違いに起因しているのであって、頭の構造の違いではないということを忘れてしまう。自分たちは国際人で他の人よりも頭がいいものと勘違いしてしまうのだ。
・他人に対する苛立ちや見下した態度によって自らのアイデンティティ、つまり自分たちＴＣＫは一般人とは違うことを再認識するＴＣＫがいる。ＴＣＫが集まると一般人の無知さ加減を攻撃する話題になりがちだが、このように他人の「知識の無さ」を「知能の低さ」と見なすことは、皮肉にもＴＣＫがそうされて最も嫌がることなのである。ＴＣＫやＡＴＣＫが傲慢に見える理由としては「他人との違い」を自分のアイデンティティと決め込んでしまうことがある。

ＡＴＣＫであるトッドは怒っていた。両親のしたことは間違っている。自分の所属する組織は馬鹿げたポリシーを持っている。アメリカの同年代の者は見たこともない馬鹿者どもだ。トッドはありとあらゆる人、物を非難した。親友であるマークは、ついにトッドの延々と続く非難の言葉に嫌気がさし、彼の言葉に含まれた高慢さを指摘した。

「ねえ、トッド」とマークは言った。「違うのは経験だろ、人間性じゃない。よく考えてみれば、お前だって世界の他の人間と大して変わらないってわかるんじゃないか？　お前だって『普通』の人間なんだからさ」

するとトッドは椅子から跳び上がって叫んだ。

「『普通』なんてまっぴらごめんだね。考えただけでも反吐《へど》が出そうだ」

この「俺はお前とは違うんだ」的なアイデンティティは、自分の無意識のなかにある不安感や劣等感を覆い隠すために生じる場合が多い。「自分は他人とは違う」というアイデンティティに

は驕《おご》りが伴う。人を見下すＴＣＫは、そうすることで自分を他人から切り離し、自分の価値が高まったように思うのだ。「私を仲間外れにするならどうぞ。どうせあなたには私のことなんて理解できないんだから」ＴＣＫは疎外感や人間関係のトラブルすべてを自分が他人とは違うことのせいにする。自分の取っている行動がそれを助長しているのではないかとあらためて考えることはあまりない。

鼻持ちならないと思われてしまう別の状況として、ＴＣＫは単に自分たちの体験を話そうとしているだけの場合もある。ベンジャミン・ストリートは、複数の言語を話すことで周囲から傲慢だと思われてしまった。

私の父はドイツ人で、母はスイス人です。私はイギリスで生まれて、そこで二年間過ごしました。その後に家族でアルバニアに引っ越し、約十年間暮らしました。その間、私は英米系のインターナショナルスクールに通い、授業のカリキュラムも使用言語も英語でした。私は十六歳になるまでにアメリカ英語、アルバニア語、スイス系ドイツ語、ドイツ語、フランス語、スペイン語が話せるようになりました。数年前に家族でドイツに「帰国」したので、現地のギムナジウム（中学校）に通っています。

今の学校では、全生徒が英語を必修科目の一つとして履修しなければいけません。当然のことながら、バイリンガルの私にとっては難しい授業ではありません。しかしある日、クラスメイトが私のことを傲慢で目立ちたがりだと言っているのを耳にしました。英語が話せるから自分のことをできる人間だと思っている、というのです。とても悲しかったです。

ベンジャミンの問題は、なぜこのような状況が起こったのかを彼がちゃんと理解しないと、素晴らしい能力でさえも隠さなければいけないものになってしまうということだ。TCKのなかには自分の本当の姿を見せてはいけないと感じ、周りの目を気にするあまりにその長所を失ってしまう者もいる。

TCKは実際に傲慢なのか、あるいは他人からそう思われているだけなのか。両方が混在している場合もある。TCKが何かを語るとき、実体験が話に信憑性を持たせ、妙に説得力のある情熱的な口調になることがある。これが驕りかどうか、判断するのは難しい。私たちは必ずしも自分で自分の意図に気づいていないこともあるからだ。例えば、ベネズエラに住んでいるTCKがサッカーの話題で盛り上がっているところに入ろうとする場合。かつて自分のチームメイトが決めた素晴らしいゴールについて話すのに、それがスペインのマドリードでの話だったとわざわざ言う必要はない。にもかかわらずそれをしてしまうのは、話の流れ上、そのTCKにとってごく自然なことだからかもしれない。だが、外国に住んでいたということを友人たちに自慢したかったからだ、という可能性もゼロではないのだ。

　ここに挙げた事例の数々は私たちが実際に目にしたＴＣＫの人格的な特徴である。他にもノーマ・マッケイグの指摘する実生活上のスキルとして生かせる人格的特徴がある。それらを次節で見ていこう。

3 実践的な能力

ある日、僕は目上の宣教師に不満をぶつけた。飢饉の救援活動のためにカナダとアメリカから三十人もの若い人たちを教会の支部が召集したのに、現地に十五人以上もいる宣教師子弟には声がかからなかったのだ。僕たちは現地の言葉と文化に精通しているというのに。するとその宣教師は、文句を言うのをやめて（救援活動に参加する人たちのリストに）登録するように言った。僕はそれに従った。

アンドリュー・アトキンス

アンドリューのこの話から言えることは、ＴＣＫとして育つと文化の多様性を強く意識するようになり、経験を通して実務的な能力も身につけられるということだ。それらの能力のなかには、ごく自然に身についたがために自分自身のみならず周りの人もその貴重さに気づかなかったり、有効に活用されていなかったりするものがある。また同時に、そうした能力には落とし穴もあり、能力を発揮することによって逆に弊害が生じてしまうこともある。その例を次に述べるそれぞれの場面で見ていこう。

異文化適応能力

ＴＣＫはさまざまな文化的習慣に触れる機会に恵まれているだけでなく、その習慣の裏側にあるしきたりも理解し、異文化環境に適応する能力を身につけていく。箸やフォークを状況に応じて使い分けたり、挨拶はお辞儀か握手かをとっさに判断する。そうした目に見えるレベルでの適応力もあるが、その文化のより深い部分に敏感に反応する力も持ち、それを生かした分野で成功できることのほうが注目に値する。ＡＴＣＫが国際関係や異文化関連の仕事に就いた場合、この能力は存分に発揮され、異なるグループ間の懸け橋の役割を果たすことができる。また、会社や組織が現地コミュニティの状況にふさわしい発言をしていくことを手助けし、仕事上のトラブルに発展しそうな状況を上手く回避することができるだろう。

ＡＴＣＫのナンシー＝アクリー・ルースは、人気の異文化理解のトレーナーだった（残念ながら二〇一六年に他界してしまった）。ＴＣＫのビジネス現場における貢献についてのセミナーが開催されたとき、彼女は国際的なビジネス展開を計画していた企業の事例を話した。その企業のアメリカ在住のＣＥＯが中東の新たなビジネスパートナーとの電話会議を設定したのだが、先方は約束の時間になっても会議に参加してこなかったので、CEOは苛立っていた。やっと相手側が話し合いの場についたが、他愛のない「おしゃべり」、互いの家族や天気などの会話が続いたのでCEOはさらに苛立ちを覚えた。我慢も限界に達し、ビジネスの話をするのに残りが僅か三十分ほどしかないことを告げた。

CEOが仕事の話を進めようとすると、先方の声が妙に静かになった。隣に座っていたジュニアパートナーのトムはメモを回した。「お気づきではなかったかもしれませんが、すでに仕事の話は始まっていたのですよ。中東ではまず人間関係を築いてから契約に進むのです」

すんでのところでCEOは先方との契約を失わずに済んだのである。ATCKのトムはCEOに、現地に飛んで直接相手に会って話すこと、その際は自分を文化通訳として伴うこと、を強くアドバイスした。それを実行に移したことで、顧客との仕事は軌道に乗ったのだった。

世界のさまざまな文化と地域を見てきたATCKは、自分が教職やアドバイザーなどの分野に向いていると思うことがしばしばある。自分自身、学校で文化的に異なる学習方法や教授法を体験してきたため、生徒一人ひとりの抱える問題を親身になって考えることができるのだ。言語の問題、読み書きの相違、また考え方の違いなどである。TCKは異文化教育の分野において潜在能力を有している。クラスのなかに外国や違う文化圏から来た生徒が一人でもいれば、ＴＣＫはその能力を発揮することになる。（他の人にはできなくても）ＡＴＣＫだからこそ読み書きや考え方、また学習スタイルに違いがあって当然だということが許容できるのである。

またＡＴＣＫが教職に向いているもう一つの理由として、地理や社会の教科書に出てくる事柄に対して自らの体験談を交えて授業を進められるということがある。オランダが苦難を重ね、どのようにして海抜より低い土地が海に沈まないよう努力してきたかを、実際にその堤防を歩いた話をすれば教科書の内容がたちまち精彩を放ってくる。フィリピンで第二次世界大戦中にアメリカ人と現地人の捕虜が閉じ込められていた収容所を実際に見た話もできるだろう。ＴＣＫの住んだ国がどこであれ、実際の体験談を交じえることによって生徒たちの世界に対する見方は変わっていくのだ。ＴＣＫは立体的な世界観を持っているがゆえに教材などを多角的な視点から見ることもできる。ある土地の先住民が政治的な自由を勝ち取るため「フリーダム・ファイター（自由の戦士）」を名乗る一方で、その姿を「アジテーター（煽動者）」と侮蔑的に表現する人がいることも知っている。

自分とは違う民族や文化圏の子どもたちと一緒に学校に通ったことのある者は、友情や人間の尊厳は肌の色や文化の違いとはまったく関係がないことも身をもって知っている。移動や転校を繰り返した子どもは、新しい学校でだれにも話しかけてもらえないことがどれほど辛いことかを知っている。またその反対に、話しかけてもらうことがどんなにありがたいことかも知っている。

TCKやATCKは、自らの経験をもって、他所《よそ》の国や文化圏から自分たちのコミュニティに新しくやって来た人の世話役を上手くこなすことができる。国内から移動してきた人に対してもそうである。こうしたプロセス上起こり得る危険を熟知しているので、トラブルを避けつつ当事者がいち早く（ショックを最小限に抑えて）落ちつくまで適切に手を差し延べることができるのだ。

またTCKは、しばしば互いに偏見を持つ者同士の間に入って上手く仲裁することもできる。

フランシスコはパナマ人のTCKで、黒人である。六歳のときに軍人だった継父の仕事の都合でアメリカに行った。フランシスコが住んでいたのは、基地の周りを取り囲む、白人文化が主流の地域だった。そこで彼は、言葉や実際の暴力による人種差別がどのようなものか、自分がその標的となることで身をもって体験することになる。その後、また引っ越しがあり、さまざまな人種の生徒が通う高校に進んだ。そこでは彼はカメレオンになってアフリカ系アメリカ人コミュニティに完璧に溶け込んでいるかのように見えた。やがて友人はみな、フランシスコは自分たちとは違う国の出身だということを忘れた（なかには知らない者もいた）。

ある日、黒人仲間の間で「外国人はこの国に来るべきではない」という議論が熱くなった。フランシスコは口を開いた。「君たちが言っているあいつらっていうのは僕のこ

とでもあるんだ。僕はこの国の人間じゃない。でも外国人だって僕や君たちと同じように体のなかに血が流れているんだぜ。そしてそのような偏見が存在するから、自分たちのような黒人がこれまで差別されてきたんだ」と言った。「人種や文化、肌の色、そして国籍で人を判断してはいけない。人が持つ偏見や統計に現れた数字は現実とは何の関係もないんだよ。君たちの友人であり、外国人である僕がいい証拠だ」とフランシスコは続けて言った。

状況への観察力

ＴＣＫは世渡りの術を、ときには苦い体験を通して本能的に身につける。異文化のなかで生き延びるには、周囲の状況をよく観察し、目に映る事象の奥にあるものを理解しなければならないのだ。

あるＴＣＫは、帰国してから学校に登校した初日に「空気が読めないダサいヤツ」という呼び名をつけられた。「故郷」の学校での初日、教科書を新品のブリーフケースに入れて行ったのだ。父が持っているものとそっくりなブリーフケースはとても便利で、教科書類を運ぶのにはもってこいだった。しかし学校ではみなリュックを使っていた。しかもそれを片方の肩にぶら下げるのだ。それをしていないと変人扱いされるのだった。彼は周りから浮きたくなかったので、二日目にはみんなと同じような中古のクタクタになった黒いリュックをぶら下げて登校した。

TCKはこうした体験を通して、新しい環境のなかで周囲に受け入れられるかどうかは、暗黙の了解に従っているかどうかで決まることを身をもって知ることになる。何気ない動作が場所によっては侮辱と取られることも学ぶ。中指を立てたり人を指差したりすることにさして何の意味もない文化もあれば、侮蔑的な所作と取られる文化もある。食事のマナーや挨拶の仕方に始まり、教科書をどのようにして学校へ持っていくかといった社会のルールに従わないと、思いもよらない無言のメッセージを相手に伝えてしまっていることがある。周りをよく観察し、行動に移す前に、その地での慣習を判断する能力は、TCKがより効果的に適応するのに役立つだろう。とはいえ、だれかにいつも確認できるわけではないので、試行錯誤するしかない場合もあるのだ。

インドで育ったドイツ人ATCKのマリエラは、ガーナのNGO系の病院で働くことになった。赴任してすぐに海外から派遣された人たちの苦情を耳にした。患者がみな、診察室から出るとすぐに処方箋を捨ててしまうというのだ。マリエラもその行動を不可解に思い、調べはじめた。

やがてその理由がわかった。ドイツから派遣されてきた新しい医師は、処方箋を書くときにデスクに向かって斜めに座る。医師がデスクでものを書いているとき、患者は左側に座っている。書き終えた処方箋を患者に渡すとき、医師は空いた左手を使っていたのだ。

この所作はドイツでは何の意味もないだろう。しかしマリエラはインドで育った経験から、左手は不浄の手だということを知っていた。左手は汚いものを扱う手なのだ。その手を使って人に何かを渡すということは侮辱であると同時に、渡された物には何の価値もないことを意味した。マリエラは、もしかしてガーナでも同じなのではないかと思い、ものを渡すときに注意することは何かとガーナ人に尋ねた。友人の答えは彼女の予想通りだった。ガーナでの左手の使い方は、子ども時代に見たインドでのものと同じだったのだ。マリエラはなぜ患者がみな処方箋を捨ててしまうのかあらためて納得した。マリエラは医師にデスクの向きを変えるようにアドバイスした。そうすれば患者は医師の右側に座ることになり、医師は処方箋を渡すときに左手を使わないで済む。医師がアドバイスに従うと、処方箋を捨てる患者はいなくなった。

社会的能力

多くのTCKとATCKは毎日の生活のなかで常に変化に対応することを学んできたため、強固な自信と自立心を持つようになる。移動や変化が必ずしも好きなわけではないが（それを本当に嫌っているTCKもいる）、新しい状況にはなんとか対処できると思っている。多くの者は頻繁に、さまざまな文化世界のなかに入ったり、そのなかで移動したりしている。そのことにより、一つひとつの現地文化の細部まではわからなくても、それらの細部を超えて目の前の人々の「人間性」を見ることができるのだ。

TCKは多くの場合、どんな劇的な変化に直面しても、それなりに落ちついて対処できると思っている。過去の経験から、時間が経てば新しい友人は必ずできるし、その土地の文化慣習もいずれは身につくということを知っているからだ。「どんな環境にも順応できる」ということの考えは、助けが欲しくても頼りになる人がそばにおらず、普通の人だったら躊躇してしまうような状況においても、TCKに思い切った行動を取らせる。

ベルギー人のATCKであるヘルガはオーストラリアとニュージーランドの五週間の一人旅に出ようとしていた。友人たちは驚いた。

「向こうにだれか知っている人がいるの？」とみな聞いてきた。

「まだいないけど」とヘルガは答える。

「じゃあ、なんでそんなふうに突然行けるの？　不安じゃない？　どうしたらいいかわかるの？　食べ物だって合わないかもしれないじゃない？」

ヘルガは、そんなことを考えたこともない自分に気づいた。向こうに行ってしまえば何とかなるだろうと思っていた。高校や大学の頃はまだ若かったにもかかわらず、休みのたびに両親に会いに行くために地球を半周していた。慣習や言語の違いはぜんぜん怖くなかった。空港で預けた荷物が出てこなかったら？　それも何とかなるだろう。そして実際に彼女は旅行を存分に楽しんだ。


しかし、そのような自信にも落とし穴がある。人生のどんな場面にも物怖じしない度胸を持つＴＣＫでも、過ちを犯すことを恐れるあまり、まったく動けなくなってしまうこともあるのだ。オーストラリアで育ったアメリカ人ＴＣＫのポールは、思春期に再度引っ越しをすることになった。その移動について彼はこう語っている。

十四歳のときにまた環境が変わった。父の転勤でオーストラリアからインドネシアに移ったんだ。その年齢で急に環境が変わると、周りの社会に馴染むのはかなり難しい。自分以外の人はみな暗黙のルールを理解している。部屋の片隅に立って、いつもびくびくしながら黙って周りの言うことを聞いているだけ。状況を判断するためにそうするんだけど、仲間に入ることはできない。その場にいるけど積極的に意見を述べるわけでもなく、大多数の意見に弱々しく同調するだけ。常に自分のやっていることが場違いとならないように。そんなことをチェックすることだけに注意がいってしまうんだ。

まるでカメレオンがゆっくりとした動作で周りを観察し、周囲に合わせて自分の体を何色に変えるかを探るように、TCKは新しい環境ではどのようなルールがあるのかを観察するために、社交の場でやけに「のろま」に見えることがある。愚かな人間と思われるのが怖くて消極的になる。勉強に過剰に集中したり、新しい文化をけなしたり、異常なまでに引っ込み思案になる。前の場所では積極的だった子どもが新しい場所ではグループ活動を避けたりする。他の子がいとも簡単にやってのけるようなことが自分にはできなかったりするからである。熱帯地域で育った子どもが故郷のスウェーデンに戻ったとしよう。スケートもそりも、スキーもできない。できないことをみんなに知られるくらいだったら最初から仲間に加わらなければいいと思ってしまうのだ。サッカーに夢中だったTCKがパスポート国に戻ったとき、プレーの仕方が違い過ぎて我慢できないという理由で頑なにサッカーをしたがらないのを私たちは見てきた。

新しい環境で不安に陥ると、普段は得意とする分野でもつい躊躇してしまう。海外の小さなインターナショナルスクールでコーラス部に入って活躍していた子どもがいる。しかし三千人の生徒がいる大規模な学校で同じようにコーラス部に入るのは不安である。どの程度のレベルが期待されるのか。自分より上手な人ばかりかもしれない。そういったことが頭をよぎり、一歩下がって観察態勢に入る。実際に参加することは可能かもしれないのに。

新しいルールを見つけてどこに身を置こうかと思案しているＴＣＫを見て、周りの人たちはなぜぼやぼやしているのかと不思議に思う。しかしＴＣＫが急にその渦中に飛び込もうものなら、その場にそぐわない言動を取ってしまい、たちまち異端者のレッテルを貼られてしまうのだ。それはそれでまた別の問題を引き起こす。前節で登場したジニーやポールが告白したように、ＴＣＫはどこにも馴染めないという感覚を持っているので、新しい場所ではすでに浮いてしまっている者と一緒になりがちである。そうした仲間たちは学校から問題児扱いされている場合が多い。時間が経って、成績優秀者と友達になりたいと思ってももう遅い。そのＴＣＫには悪童グループの一員というレッテルがすでに貼られてしまっているのである。

言語能力

一言語にとどまらない複数の言語を話せる能力は、異文化のなかで育ったＴＣＫの持つ最大の利点であろう。幼少時に身につけた二か国語以上の言語を日常的に使っていると、多言語を操ることは自然で易しいこととなる。十代や大人になってから第二言語として言語を学ぶのとは大違いだ。

バイリンガルやマルチリンガル話者には、さまざまなグループの人々とコミュニケーションが取れるだけでなく、他にも利点がある。英語教授であるジャニン・ヘニー博士は、早い時期に多言語を身につけた子どもは総合的思考力が高くなり、同年齢の平均よりも良い成績を修めると述べている。一言語の文法を学ぶことは他言語の文法を学ぶ際にも役に立つ。

TCKが成長するとこの言語能力はさらに役立つ。二か国語以上に通じている者でなければ就けない職業がある。アメリカ人ATCKで大きな国際企業で日英の翻訳をしている人物がいる。彼女は子ども時代に日本で小さな町の公立小学校に通って日本語を身につけたのだ。別のアメリカ人ATCKはナイジェリアでの子ども時代に身につけたハウサ語で国際放送のキャスターを務めている。

職業が言語に直接関わるものでなくても、外国語の習得が、ある国での就職条件となるかもしれない。ある求人広告に対して応募者が殺到したとする。仕事に就いてから一年間、語学学校に通って現地語を学ばねばならない人に比べて、すでに対象国の言葉を話せる人のほうが履歴書を優先的に見てもらえることになる。募集がかかっている言語がATCKの話せる言語でないとしても、多言語を学んで使いこなせるという実績は良い方向に働くだろう。

多くの利点がある一方で、多言語の環境においては注意すべき点がいくつかある。外国語を話せても、必ずしもその言語で思考できるレベルの知識があるということではない。この大きな違いが深刻な問題を引き起こす場合もある。アジアであるセミナーが開催されたときのことだが、参加者の多くは国際結婚をしており、家庭での多言語環境についての話題が取り上げられた。あるインターナショナルスクールの教師が次のような話をした。

数年前に、同じ家庭の三兄弟が転校してきました。正直、私たちは最初、この子たちには発達問題があるのではないかと思いました。英語はそれなりに話せていましたが、何かがおかしかったのです。しばらくすると、子どもたちの両親が異なる文化背景を持っているために互いに相手の母語が話せず、家庭では英語が共通言語になっているということがわかりました。残念ながら親は二人とも英語があまり流暢ではなく、子どもたちは家庭内においてどの言語においても概念的な考え方ができるほどには馴染んでいなかったのです。しかしひとたび学校生活のなかで、英語で具体的事実から抽象的概念に至るまで学べる環境におかれるやいなや、子どもたちは学校で、みるみるうちに上手くいくようになりました。

この話をしてくれた教師が言いたかったのは、両親が複数の言語を使うことで子どもを混乱させたということではない。むしろ両親のいずれの言語も教えずに、どちらもあまり得意ではない

言語（英語）のみを使っていたのが問題だったということだ。結果として子どもたちは、その言語（英語）で深く考えるための語彙や概念を、家庭では身につけることはなかった。複言語による子育ての専門家ウテ＝リマッハー・リーボルドは次のようなことも言っている。

学校では、その学校で使っている言語に基づいてしばしば子どもを評価するものだが、残念なことに、それは子どもの総合的な言語能力について間違った認識を与えてしまう。例えば、トリリンガルの子ども（使用する言語をそれぞれ、母親が言語1、父親は言語2、学校が言語3とする）が学校言語で四十語程度を知っていてそれらを使えるとしよう。その場合、言語1と言語2でも評価を行わないと、その子どもが言語1と言語2で知っている語彙は考慮されないことになる。同じ学齢の子どもが八十語を知っているとすると、トリリンガルの子どもは明らかにモノリンガル（使用言語が一つ）の子どもに「遅れている」と見なされる。しかし、ほとんどの場合、トリリンガルの子どものほうがモノリンガルの子どもより多くの語彙を知っているのだ。残念なことに、世界中のほとんどのモノリンガルの学校で使われているような従来の評価方法では、この点は考慮されていない。

この間違った解釈は親に大きなプレッシャーを与え、さらに教師や専門家は親に、母国語を子どもに教えないように助言させることにもつながりかねない。これは大きな間違いであり、のちに子どもを学業面と心理面の双方で大いに苦しませることになる。子どもは、両親の母語は学ぶに値しないと思い込み、両親の文化には「価値がない」ので自分のルーツやアイデンティティも隠さなければならないと感じるのだ。

一般的に学齢期や思春期以降でも外国語を習得することはもちろん可能だが、すでに母語での思考パターンが確立しているために（少なくとも最初のうちは）その影響が強く出たり、なかなか思考パターンの深いところまでは変えられなかったりする。だから、母語をそのまま外国語に訳すと別の意味合いを持ってしまう可能性も考えずに、文字通りに訳してしまうのだ。同様にＴＣＫも幼少期に身につけた外国語の微妙な意味合いをそのまま使ってしまい、母国語では違うニュアンスになってしまうことがわからない。

何年もの間、ジョアンナはアメリカの友人から「罪悪感の塊」のような人間だと言われていた。ガラスコップをだれかが落として割れた。友達がノートを失くした。だれかが過って唇を噛んでしまった。何が起こっても「ソーリー（ごめんなさい）」を連発する。それに対していつも、速攻でみんなからこう言われた。

「なんで『ソーリー』なの？　あなたが悪いわけじゃないのに」

それに対する彼女の答えはいつも同じである。

「悪いことしたって思ってるんじゃないの。ただ、『ソーリー』って思っちゃうのよ」

何年もの間、ジョアンナも友達もこの点でお互いに不満を募らせたものだ。ジョアンナの「ソーリー」という口癖は直らないし、友人もそれを聞き流すことができずに苛々した。どうしてそうなのかお互いに理解できなかった。

四十代になってジョアンナはケニアに一年間滞在することになった。そこでパメラというアメリカ人の友人と森にキャンプに行った。パメラが言う。

「アメリカに帰りたいなあ。あっちではみんな『ソーリー』を連発しないもんね」

ジョアンナはパメラの言うことがよく理解できなかった。

「ここでは気が狂いそう。何か起こると、人が寄ってきてみんなで『ポレ、ポレサナ（ソーリー、ヴェリー・ソーリー）』って言うんだもの。でもたいていは謝るような出来事じゃないのよ」

そのときはじめてジョアンナはそれまでの「ソーリー」にまつわるトラブルの原因を理解した。友人パメラにとっての「ソーリー」は過失を認めることであった。アフリカでは、「ソーリー」は過失を認めるというよりは、起こった出来事に対しての同情を表すものであった。ジョアンナがこれまでに習得した三つのアフリカの言語（一つは幼少期、あとの二つは大人になってから）では、いずれも「ソーリー」は過失を認める意味であり、同時に同情でもあった。アメリカ英語では過失を認める意味しかないとは考えもしなかった。ジョアンナとアメリカの友人たちがわかり合えなかったのはそのためだったのだ。同じ言語をしゃべっていても使っていた言葉の持つ意味合いが違ったのだ。

ＴＣＫにとって多言語を操ることは利点だが、他にも落とし穴がある。いずれかの言語において限界を感じたり、スペルを勝手に創ってしまったり、母国語を上手く使いこなせなくなってしまったりすることもある。どれほど頭脳明晰であっても、多言語環境にいると医学用語（自動車修理関係、コンピューター関係、科学関係なども）のような専門用語に触れる機会がないのだ。結果として、どの言語においても微妙な言葉の意味合いや使い方を学ぶ余裕のないまま終わってしまうのかもしれない。ジョアンナの例を見てもわかるように、一般によく使われる言葉は慣用的である場合や文字通りの意味を表さない場合があり、それによって事態が混乱してしまうことがある。

興味深いことに、多言語を使う人たちだけが壁にぶち当たるわけではない。同じ言語内の問題は些細なだけにより深刻な場合もある。例えば、英語を母国語とするＴＣＫにとってアメリカ綴りとイギリス綴りの使い分けが難しいという問題がある。「色」は color か colour か。「行い」は behavior か behaviour か。「小児科医」は pediatrician か paediatrician か。さらに、名詞形の criticism（批判）はどの国でもスペルは同じなのに動詞になると criticise と criticize があってややこしい。取るに足らないことのように思えるが、これが大きな問題となることもある。例えば、イギリスやイギリスの旧植民地で教育を受けた子どもが、アメリカ（あるいはアメリカ系のインターナショナルスクール）に編入した場合、教師たちがこのスペルの違いについて認識していないと大きな問題になる。

このスペルの問題にさまざまな国から生徒を受け入れているインターナショナルスクールでは頭を痛めている。多くの学校では宿題をチェックする際にイギリス版とアメリカ版両方の辞書で確認するように指導しているという。必要なのはユーモアのセンス、寛容な教師、あるいは有能なスペルチェックのソフトウェア。それさえあればたいていの場合は対応できるはずだ。

幼少時より多言語環境に育つなかでより深刻な問題は、母国語が堪能にならないことだ。この問題は、母国語が英語でない国から来たTCKが海外でインターナショナルスクールに通い、英語で教育を受けた場合に起こりやすい。さらにそれが家庭の言語や母国語に数か月も触れることのない寄宿学校のような環境だと、里帰りのときに困ってしまう。母国語だというのにまるで外国語だ。家族や親戚の間で普通に使われる言葉が通じないと、感情や深い考えが表現できなくなり、近しい人間関係が築けなくなってしまうのだ。

クワベナはガーナ人であるが、両親の言葉を流暢に話せなかった。父はガー族であり、母はアヌム族であった。クワベナは父の仕事の関係で英語圏のリベリアに生まれた。やがて一家揃ってフランス語が公用語のマリへと引っ越した。父方の祖父母のいるガーナの村へは数回しか行ったことがなかった。祖父母は現地の言葉しか話さなかった。クワベナが十代になった頃、彼はやるせなくなった。クワベナは、子どもだったらみんなが好きな祖父母からの先祖代々の話を聞くこともできないのだ。クワベナは祖父

母の話す言葉をよく理解できない。しかも祖父母は、クワベナの知っている英語、フランス語、マリ語のどれも知らないのだ。

しかし、私たちの知っているTCKはみな二か国語以上の言語が話せることを自分の長所だと感じており、それが実践的な能力だということも知っている。さらにインターナショナルスクールの同窓会でATCKたちが、再会時や別れ際に子どもの頃に使った言語で挨拶するのを耳にすると、それだけで楽しい。共有したものはたくさんあったが、今となっては目に見えなくなってしまった。ただ、それでも共通の言語はその瞬間に彼らが仲間であることの目印になるのだ。

4　根無し草と落ちつかない感覚

私はリオデジャネイロで生まれたブラジル人です。両親がボローニャで生まれ育ったので私はイタリア人でもありますが、実際にイタリアに住んだことはありません。スイスとベルギーで育ったので、フランス語は英語と同じくらい流暢で、イタリア語とスペイン語も話せます。第一言語はポルトガル語でした。私は人と違って、「出身はどこですか?」という質問に対して一言では答えられません。そんなことできないんです。ジュネーブ、ブリュッセル、ロンドン、パリ、ボローニャ、ベニス、ニューヨーク。これらの場所は、私にとって同じくらいに居心地がよく、どの場所にもつながりを感じるし、すべての場所が恋しくなります。(そんなだから)私は機会さえあれば他の国に引っ越すことはまったく、躊躇しないんですよね。

ATCK　ベネデッタ・アノリ

ベネデッタの話はTCKにとっての度重なる移動が輝かしい恩恵をもたらすという一例である。彼女は世界のさまざまな国での生活を体験し、新しいことにチャレンジするのは慣れており、また自信もある。しかしＴＣＫに共通するこの特徴は、利点にも難点にもなり得る。その根幹にあるのが「根無し草」と「落ちつかない感覚」だ。この二つは、多くのＴＣＫにとって最も厄介で根が深く、また心の底からの「自分の居場所はどこなのか」という疑問に関係している。この問いに答えるためには、一般的には地に足がついていて安定した感覚が必要だ。根無し草と落ちつかない感覚は「ＴＣＫプロファイル」のなかでも特筆すべき特徴なのだ。

根無し草の感覚

ＴＣＫが恐れる質問はいくつかあるが、そのなかでも特に「Where are you from?（どこから来たの？）（訳注・出身はどこ？　という意味もある）」と「Where is your home?（故郷はどこ？）」の二つがある。

「どこから来たの？」

こんな簡単な問いになぜ悩むのか。再びエリカの例を見てみよう。

他の多くのＴＣＫと同様、エリカもまた人から「どこから来たの？」という質問をされるたびに頭のなかのコンピューターが計算を始める。「この人の言う『どこから』は

私の国籍のことを知りたいの？　それとも生まれたところ？　それとも現在どこに住んでいるのか？　それとも今日はどこから来たのか？　それとも両親のいる場所？　それとも育った場所？　なんて難しい質問をしたのかわかっているのかしら、この人。ただの社交辞令かも。『場つなぎの会話でもしましょう』ってことかしら。それとも本当に興味があるから？」

こうした質問に対して、次第にエリカは質問者の顔色を見たり、そのときの自分の気分によって答えを変えたりすることにした。知り合ったばかりの人がそんな質問をしたら、長く複雑な答えを期待しているわけではない。またエリカがその気分ではないときは当たり障りのない答えを返した。大学時代にはウィスコンシンと答えていたが、現在はデイトンと答える。それは「どこに住んでいるのか」という質問と解釈した場合の答えだ。

少し長い会話をしたい気分のときや、相手の真意を探るときには、次の答えを用意している。ニューヨーク州。でもこれも安全圏の答えだ。一時帰国の際はそこに帰っていた先祖代々の土地だ。

質問者がおざなりの「そう」以上の反応をしたときや、「じゃあ、何歳のときにニュ

ーヨーク州から引っ越したの？」などという一歩踏み込んだ質問をしたときには、さらに段階を進めて答える。「私は実はニューヨーク州には住んだことがないの。でも両親がそこの出身なの」これは一種の挑戦状である。その人物がさらに踏み入って「じゃあ、君自身はどこの出身なの？」と質問してきたら、本当の会話が始まり、エリカの長い身の上話が出てくる。しかしその人物の反応が鈍かったり、適当に聞き流していたりしているのを見たら、やはりそんな話に興味があるわけではないのだと判断し、直ちに別の話題に切り替えるか、話を打ち切る。

でもエリカが無性に自分の身の上話をしたいときや、みんなの注目を集めたい気分のときに「どこから来たの？」と聞かれたら、違う答えをする。「私の人生のいつのことを指しているのかしら？」すると質問者は、エリカがどこに住んだことがあるのかと聞かなければならなくなる。そしてエリカの身の上話を微に入り細にわたって聞かされることになるのだ。

このように感じているのはエリカだけではない。確かにインターネットが普及し、ＴＣＫプロファイルは今さら取り沙汰するほどのことでもなく、時代とともにすべてが変わったのだと主張する人もいるだろう。しかしそうでないことは、インターネット上のＴＣＫのやりとりやホームページに載せている内容を見れば、一目瞭然である。むしろ、「私はどこから来たの？」という疑問は、ＴＣＫにとってこれまで以上に難しいものになっている。なぜなら、前世代のＴＣＫは二つの場所から自分の場所を選んでいたのだが、移動がより頻繁になり、簡単になったことで多くのＴＣＫはさまざまな場所から選ばねばならないからだ。冒頭のベネデッタの話は、この「ニューノーマル（新たな基準）」をよく示している。「出身」が地理的な場所を示すとしたら、彼女は自分が生まれ育った数々の場所から一つを選ぶことなど到底できはしないのだから。

「故郷はどこ？」

この質問は前出の「どこから来たの？」と同じ意味に取れるかもしれないが、実はそうではない。ＴＣＫは多くの場合、長く住んだ現地文化のなかに「故郷」を強く感じるからである。エリカは両親がシンガポールに駐在している間、「故郷はどこ？」という質問には「どこから来たの？」よりも簡単に答えられた。ただ単に「シンガポール」と答えればよかった。感情的にも、両親が住んでいるという点でも、それは故郷だった。

また、一時帰国のたびに同じ町や同じ家で過ごした場合には、そこが故郷だと感じるＴＣＫもいる。一九八七年一月、エクアドルのキトでのセミナーでアメリカ大使がＴＣＫに関して話しているとき、次のようなことを言った。「私の個人的見解ですが、海外駐在の前には母国でマイホームを購入しておくべきだと思います。そうすれば一時帰国のたびにその家に戻ることになります。私の子どもたちはヴァージニアを故郷だと思っています。実際には人生の半分以上は米国の外で暮らしているのに、です」これは非常にいい方法である。それが可能ならば一考の価値がある。

しかし、さまざまな理由から母国で家を持つことが可能でない場合もある。そのようなとき、ＴＣＫは別の方法で「故郷」をつくる。両親が二年ごとに移動を繰り返すＴＣＫにとっては、必ずしも地理的な場所が故郷を意味するわけではない。故郷の定義が「人との絆」に取って代わる場合もある。

デビッド・ポロックがベンに質問した。ベンは外交官コミュニティに暮らすＴＣＫだった。「君の故郷はどこ?」ベンは「エジプト」と答えた。デビッドは少し驚いた。ベンの口からエジプトの話は聞いたことがなかったのだ。デビッドはどのくらいそこに住んでいたのかと聞いた。「えーっと」ベンは言った。「実はまだエジプトには行ったことがないんです。でも両親が今そこにいるもので。両親は僕が大学に進学したすぐ後にモザンビークからエジプトに移動したんです。クリスマス休暇にはそこに行く予定です」

人との絆で定義される「故郷」

「故郷」は人との絆によって定義されることが多い。この現実を浮き彫りにしたのがアリス・ウーの行った研究で、テクノロジーがＴＣＫ（別名グローバル・ノマド）体験に及ぼす影響をテーマにしたものであった。アリスは異文化コミュニケーションの講師でコーネル大学でも教えていたが、私たちが知る限りでは、ＴＣＫについてのインタビュー動画を撮りはじめた最初の人物だ。第1章第2節でも紹介した通り、彼女が「グローバル・ノマド――未来への文化の懸け橋」というタイトルの動画を作成したのは一九九四年だった。動画に登場する当時のＴＣＫ学生たちは、電話または手書きの手紙で友人や家族と連絡を取り合っていた。連絡する相手は国外にいるため、国際電話は高額であった。

二〇〇一年、アリスは再び動画を作成し、「新たなミレニアムへの文化の懸け橋」と名づけた。この頃にはＥメールが普及し、インタビューされたＴＣＫ学生たちは、家族や友人と連絡が取りやすくなっていた。

アリスは続いて二〇一四年にもインタビュー動画を作成し、今度は「テクノロジー時代の文化の懸け橋」というタイトルをつけた。この頃には世界は劇的に変わっていた。テクノロジーは学生生活に欠かせないものとなり、家族や友人とは当然つながりやすくなった。

興味深いことにこの三つの異なる時代のインタビュー動画から見えてきたのは、一九九四年と二〇〇一年の調査では、どの場所も「故郷」だと感じられないと多くのＴＣＫ学生が答えたのに対し、二〇一四年の調査では「故郷」、つまり居心地のよい場所が複数あると答えた学生たちがいた、ということだった。これはテクノロジーによってはるか遠くにいる家族とも関係を維持できていたからであろう。最後のまとめは注目に値する。

「最後に、一九九四年の調査では、ＴＣＫ学生たちが『故郷』を見つけるために家族がいかに重要であるかを述べていたが、二十年経った後もそれは変わっていなかった。『自分が世界のどこにいようとも、家族と一緒にいる時と場所が私にとっての故郷です』」

時代がいかに変わろうとも、変わらないことがある。しかし、少なくとも一部のＴＣＫにとって「故郷はどこ？」という疑問に答える上で、テクノロジーは大変役立っているようだ。ＴＣＫやＡＴＣＫがさまざまな方法や場所で「故郷」の意味を独創的に探っていることには勇気づけられる。その一方で、依然として「故郷はどこ？」という質問に答えるのが一番難しいことだと言うＴＣＫもいる。「故郷」という言葉には、自分が属する懐かしい場所という感情的な意味合いが含まれる。その質問に対する答えを持たないＴＣＫも多い。何らかの理由で、家庭内でも外でも居場所をまったく見つけられないＴＣＫたちがいる。あまりにも多くの引っ越しを経験し、違った場所に住み、さまざまな学校に通ってきた。それぞれがあまりにも短くて感情的に思い入れる暇もなかった。両親が離婚してそれぞれ別の国に住んでいる場合もある。デニスのケースを見てみよう。

「君の故郷はどこ？」と聞かれたら、わからない、故郷はない、と答える。一歳のときに両親が離婚し、僕は母親に引き取られてTCKとして育った。母はもともと台湾出身だが今はロンドンに住んでいる。「故郷」といえば母がいる場所になるのだろうが、ロンドンは僕と一緒に暮らさなくなってから彼女が引っ越して行ったところだから、僕にとっては故郷じゃない。

父親は約三十年ほど前からスイスに住んでいて、そこを「故郷」と呼んでもいいのかもしれないが、僕自身はそこに一年も住んでいないから、やっぱりそれはできない。結論を言うと、自分が今いる場所が僕の故郷だ。

自分史の中に残る「故郷」

寄宿学校で過ごした時間が長かったため、両親に親近感を感じない子どももいる。「故郷は？」と聞かれて思い浮かぶのは寄宿学校で、両親のいる場所ではないと言う者もいる。ポール・シーマンがこう書いている。

私にとって「故郷」とは、学校の寮や夏休みに滞在した家、両親の勤務していた場所、もっと広く言えば、私の国籍がある国とも言える。それらの場所すべてに属しているような気もするが、どこにいても心から落ちつくことはない。寄宿学校が一番安定した場所かもしれないが、そこでは兄弟姉妹とばらばらになり、「親」の役割を担う人がたくさんの生徒に対してただの一人しかいなかった。寒い季節がやってくるとクリスマス休暇を心待ちにした。家族みんなが顔を合わせるのがとても楽しみだった。だけど三か月も友人から離れていると寂しくなり、学校に戻りたくなった。長距離電車に乗ること、それは別れと再会の両方を意味した。

他にも、家族の思い出と「居場所」の感覚を結びつけ、子どもが特定の場所に愛着を持つこともある。ＴＣＫの親には、どのような場所が故郷だと感じるかと子どもに尋ねることを勧める。それは親戚の家かもしれないし、家族でよく行った旅行先かもしれない。中国でのＴＣＫセミナーで、ある母親が笑い出した。「子どもたちが絶対に手放さないで、と訴えたものは何だったと思いますか？　革張りシートのボルボのステーションワゴンです。オーストラリアに一時帰国すると、いつもその車に乗って人を訪ねたり旅行したりしていました。子どもたちは、この車が『故郷』のようだと言うんです」

何を故郷とするかはさておき、多くのＴＣＫにとって故郷が消え去ってしまう日が来る。エリカと同じように「故郷」に帰り着くことはできないのだ。本書旧版では、「エリカに『故郷はどこ？』と聞いたら『いろんなところにあって、どこにもない』と答えると言う。それ以外に答えようがないのだ」と述べた。今のエリカに同じ質問をしてみたらどうだろうか。私たちは実際に聞いてみた。すると、かつてはどう答えていいのかわからなかったからそう言ったが、今となっては同じ答えであっても、仕方なくそう答えるのではなく、それ以外の答えは必要ではない、と思えるようになったと言う。エリカにしてみれば、自分は「地球市民」なのだそうだ。それは一つの文化や物理的な場所を超えるもので、それがエリカにとっての故郷という感覚なのだ。エリカはヨーロッパに渡りイギリス人男性と結婚し、オランダで子どもを産み、その子はロシアで小学校に通い、中学校は現在一家が暮らしているフランスで通った。エリカは、他の人には理解されないかもしれないが、自分にしっくりくる「故郷」と平穏を見出した。どんなTCKであっても人生が進むにつれて、従来の定義を超えて「故郷」をもう少し広く捉える覚悟さえあれば、帰属意識と居場所を見つけられるのだろう。

落ちつかない感覚——移動本能

TCKは「移動本能」を身につけてしまう場合が多い。そしてその本能によって人生を支配されてしまうこともある。そういう人たちは根無し草の感覚から、常に落ちつきのなさも感じている。本節の冒頭のベネデッタの言葉を覚えているだろうか。今まで自分が住んだ場所を列挙してから、彼女は「(そんなだから) 私は機会さえあれば他の国に引っ越すことは、まったく躊躇しないんですよね」と付け加えた。このような落ちつきのなさは、ＴＣＫやＡＴＣＫがよく行う自問自答の結果であるともいえる。すなわち「今、私はここに住んでいる。でもそれは一時的なこと。学校を卒業したら、仕事に就いたら、家を買ったら、いつかは落ちつく日が来る」と自分に言い聞かせているのだ。

ところが、彼らが一つの場所に落ちつくことはない。現状に満足することはなく、いつも何かが足りないと感じるのだ。非現実的な過去への愛着や、次の移動先こそが最後の落ちつき先だと思い続けた結果がもたらすもの、それはＴＣＫを常に移動へと駆り立てる内的な落ちつきのなさなのである。

イニカはようやく子ども時代を過ごしたグアテマラへ戻った。それは待ちに待った出来事だった。そこで得た職のおかげで、そこには居たいだけ居られる。望むなら定年まででも。ところが現地入りして二週間経ったとき、イニカはパニック感情に襲われた。人生ではじめて、設定された期限というものがなかったのだ。このコミュニティで起こる良いことと悪いことすべてに関わっていかねばならない。やっと念願がかなったというのになぜ早々にこんなことを考えるのか。そしてわかった。どこに住んでいたときでも、不都合なことが起きたときには（近隣関係、町での都市地区区画のもめごと、教会内での紛争）、それを避けて通ってきたのだ。いつも、そこを去る日が来ることがわかって

いた。それは学校の卒業や一時休暇の終わりなどだった。そして今や突然セーフティネットが取り外されてしまった。人生ではじめてイニカは周りの世界と真正面から向き合わねばならず、さもなければそこを立ち去る計画を立てねばならなかったのだ。

仕事の都合で移動するのならともかく、ただ単に落ちつかないという理由だけで移動してしまうと、結果的に学業、キャリア、また家族にも甚大な悪影響を及ぼすことになる。

正当な理由で大学を変更したいこともももちろんある。ＴＣＫのなかには、遠く離れた場所に暮らしているため、事前に大学見学に行くこともできないまま、進学を余儀なくされる者もいる。入学後に希望する授業や専攻がないことに気づいたり、大学が自分と合わないと感じたりすることもある。あるいは希望進路や興味が変わったとき、思い通りの分野の勉強ができないこともある。このような状況になると転学せざるを得ない。しかし、ＴＣＫのなかにはただ単に一つの場所に落ちつけないという内的要因から、次々と大学を変えてしまう者がいるのだ。ルームメイトがいまひとつ気に入らない、教授はつまらない人間ばかり、気候が寒すぎる（暑すぎる）、という理由だけで彼らは常に動き続ける。そのたびによりよい大学生活を期待する。しかし環境を頻繁に変えると学べることも限られてきて、社会的関係も上手く築けなくなるのだ。

一度学校を変わったことをきっかけに（退学した場合も）、ＴＣＫはしばらくすると再び移動の衝動に駆られる。ＡＴＣＫのなかには一つの仕事を長く続けられないがために、キャリアを積めないでいる者もいる。責任ある次の地位に昇格しそうになった途端、いつもの衝動に襲われるのだ。退職願いを出し、再び次の場所へ。そこが運命の場所だと願いながら。

シルビアは人生を早足で駆け抜けてきた。大学卒業後の十年間に二つの修士号を取得し、職を七回変え、四か国に住んだ。ある日ふと考えた。幅広い知識と経験を持ち合わせているのに、その先が見えなかった。そろそろ落ちついたほうがいいのだろうか。でも自分はそれを望んでいるのだろうか。わからなかった。

定期的な移動による影響

ＡＴＣＫのなかには親兄弟からも、さらに自分の子どもからも遠く離れて暮らすことが自分の義務であるかのように感じている者がいる。彼らの近くに住むこともできるのに、それをしないのだ。家族から離れて暮らした期間が長かったために、家族と近いところに住む感覚を知らないばかりか、それを望みもしない。

バーニーの例を挙げよう。彼は家族との関係も含めて、人間関係で諍《いさか》いが起これば、その場を離れることで対処すればよいと思って過ごしてきた。

いろんな場所に住みながら生きていくのは好きだったよ。何か問題が起こっても、相手がどこかに行くのを待つか、もしくは自分がどこかに行くことで解決したからね。今までに起こった問題は全部そうやって消えたんだ。

日常の移動生活が影響したもう一つの例、カミラを見てみよう。

外交官であるATCKのカミラは、子ども時代の十六年間に世界各国十二の学校に通った。大人になった今でも、二年ごとに頭のなかで声が聞こえる。「もうそろそろここでの任務は終わり。移動する時期が来たわよ」その声に応えては仕事を変え、引っ越しもし、町を移り、さらには夫も二度変えた。

しかしながら、度重なる移動への衝動はカミラの子どもたちに影響した。場所を移動するたびに子どもたちの顔に不安がよぎるのはわかっていた。しかしどこかに落ちつくなんてカミラにはできなかった。いつも何かしら明白な理由があった。近所が気に入らない。上司に理解がない。大家がとんでもない。頭のなかに毎回使い古しのテープの声

> が流れている自覚はカミラにはなかった。それはこう言っていた。「永遠に住む場所なんて存在しないの。だからあまり情を移さないように」「何か気に入らないことがあったらどこか別の場所に行きなさい」頭のなかの古いテープを新しいものと入れ替えて、もっと彼女のためになるメッセージにすることもできただろうに、彼女はそれをしなかった。

一つの場所に定住する

移動ばかりの生活に対して、これとは正反対の反応を示すＴＣＫもいる。あまりに多くの引っ越しを経験し、あまりに多くの場所に住んだ末に、いつか自分の居場所を見つけると心に誓う。見つけたら、白いフェンスで頑丈に囲ってそこから動かない、と決心する。ＡＴＣＫと結婚したラキーシャ（彼女はＴＣＫではない）はこう語った。

> 私がアントウェインに会ったとき、彼自身を好きになったのは言うまでもないけれど、彼の持っているパスポートにすごく惹かれました。彼が暮らしてきた場所や見てきたものに思いを巡らせました。世界を駆け巡る生活、エキゾチックな国での生活を夢見

たのです。でも実際は違いました。結婚祝いに私の父から古い農場の家屋をプレゼントしてもらったときです。アントウェインはとても喜びました。そのときはじめて彼は私に、落ちつける自分の家を持つことをずっと心待ちにしていたのだと打ち明けました。そして彼はそこから動きません。私はいまだに旅行雑誌を眺めて海外を夢見ています。

たとえそれが自ら選んだライフスタイルだとしても、大人になってからの暮らしに移動や変化がないことを苦痛だというATCKがいる。「他のTCK仲間は移動を続けているのに、自分は単一文化的な生活を選んでしまったので、もう傍観者になってしまったような感覚になる。旅や言語、異文化に関する話は、もう私のストーリーには出てこない」とあるATCKは言った。そうなってしまっても、まだ広い世界とつながりたい、移動生活の恩恵を生かしたいと、もどかしくも切望してしまうのだ。

次節では、根無し草の感覚と絶え間ない移動生活を含むTCKの経験が、いかに彼らの人間関係の形成に影響を及ぼすのかを見ていこう。

5　人間関係形成のパターン

いくつもの別れを経験したせいか、だれかと知り合うとより深い関係に発展するのが早くなりました。家族や友人と過ごしたときも、多くは精神的、感情的に立ち入った話をしました。いまだに上辺だけの（と私には思える）ことには時間を割く気になりません。

ＡＴＣＫへのアンケートの回答より

ＴＣＫ体験の相矛盾する特徴によって影響を受けるもののなかに人間関係がある。ＴＣＫの友人のなかには、出身がさまざまで、かつ多様なバックグラウンドを持つ者は多い。それと同時に、繰り返される別れのサイクルによって「喪失」は増していく。昨今のインターネットの普及により、過去に私たちが述べてきたＴＣＫ体験や別れのサイクルに伴う困難は、今のＴＣＫにはもはや当てはまらないという意見もある。インターネットがＴＣＫ体験に大きな影響を及ぼしていることは間違いないが、今でも私たちが受けるＴＣＫたちからの悩みの相談は引きも切らない。ネガティブな人間関係の類型から抜け出したいのに抜けられない、というような悩みである。テクノロジーの発達によって変化し続ける今日の世界で、ＴＣＫと彼らの人間関係の形成において変わったこと、変わっていないこととは何か。この機会に考えてみたい。

今も昔もＴＣＫは、土地に対してよりも人間関係にその基盤を置くことによって自らの移動生活に対処しようとする。そのためＴＣＫは少しやり過ぎと思われるほどに人間関係を育もうとする。相手が、家族や友人、寄宿学校で暮らした友達、サードカルチャーコミュニティで知り合った大切な人であってもその傾向がある。

しかし同時に、移動ばかりの生活からくる人間関係の対立や苦悩もある。これまでは、移動生活に伴う別れの繰り返しは特定の人間関係に負担を与えるだけでなく、ＴＣＫが別れの悲しみから身を守るための行動を取る要因となってきた。それは生涯、他者との関係のあり方に影響する（これらのパターンについてはこの節の後半で述べる）。

こうした他者との関係性はインターネットによって変わったのであろうか。そんな疑問を抱く人は多い。そこで、過去と現在の両面から、ＴＣＫに共通する人間関係形成のパターンの概要を確認することから始めたい。

多くの人との交友

自分が移動したり、また周りの人が移動したりすることによって、ＴＣＫはさまざまな国や民族的背景を持つ人との幅広い人間関係を築いていく。新しい友人ができる一方で、それまでの友人はＳＮＳ上の連絡先のなかに消えてしまうのだ。

「世界中に友達がいるから、どこに行っても泊まるところはあるよ」と、あるセミナーの後でトムが自慢げに言った。大袈裟な、と思うかもしれないが、多くのＡＴＣＫにとってこれは事実である。子ども時代からの友人がいろんなところに散らばっている。ＴＣＫにはありとあらゆることに役立つ国際ネットワークがあるのだ。友人たちは、旅行に行けばお手頃な値段のホテルを探すのを手伝ってくれたり、さらに後年ビジネスで頼ることになったりもする。

アドレス帳の連絡先にある九百人にも上る人すべてと手紙のやりとりを続けることは、現実的にほとんど無理だということを、私たちは本書の旧版で述べた。今の時代、年に一度の近況報告を手紙にして出す人の数は明らかに多くはない。手紙に代わる連絡手段としてＳＮＳを使う人のほうが多いのだ。また、つながる相手や状況によっても人はＳＮＳを使い分けているだろう。しかし、たとえＳＮＳを使ったとしても、数ある人間関係のうち、どれだけを本当の意味で続けられるのだろうか。

こうした問いへの答えは絶えず変化し続けているので、確実にこうだということは言えない。ただ前の時代に比べて、より多くの友達との交流を続けることができるようになったのは間違いない。『テクノロジー時代の文化の懸け橋』（アリス・ウーの動画、第2章第4節）では、多くのＴＣＫをはじめとする学生たちが、移動の多いライフスタイルの利点と難点、またテクノロジーの与える影響についての自らの体験や考えを共有している。ある学生が言った。

「考えると面白いね。たった十年前とか十五年前まではこういう連絡手段はなかったんだよね。私たちは、テクノロジーによって人間関係のあり方が決まるってことに向き合わなきゃいけない最初の世代だね」

世界がいかに急速に変化しているのかがこの発言からもわかる。オンラインツールのない時代があったとは、今のＴＣＫは想像もできないだろう。フェイスブックのＴＣＫページで頻繁に交流しているＴＣＫとＡＴＣＫたちに質問してみた。年配のＴＣＫと若い世代のＴＣＫの類似点と相違点は何か。ＡＴＣＫのメリッサ・ガトリンの返信はこうだ。

「私たちのような初期のＴＣＫと八十年代、九十年代以降のＴＣＫを比べて、ずいぶん違うと感じる点が一つあります。それは九十年代以降のＴＣＫはほとんどみんな、インターネットを使って友達と連絡を取り続けているということ。若いＴＣＫたちと話したときに、『十一歳以前に知り合った人とは一切連絡を取っていない』と言ったら、とても驚いていましたよ。だって若い人たちは二〇〇四年からスカイプの無料ビデオ通話を使っていて、それ以前だってＥメールやＳＮＳを使って人と連絡が取れる状態だったんですから」

ＴＣＫのパネルディスカッション（コーネル大学のアリス・ウーが司会を務めた）でもそれを裏づけるコメントがあった。今の時代のＴＣＫにとって、互いに連絡を取り続けることは難しいことではない。これはいまだかつてなかったことだ。

「スカイプでもなんでもオンラインツールを使っていれば、一緒にいる気持ちになる。これなしの世界なんて、考えられない。それこそ無人島に取り残されたみたいな気持ちだろうね」

「どこにいる人にでもメッセージを送ったり、スナップチャット（訳注・写真などを投稿するＳＮＳ）を送ったりできる。遠く離れた所にいるだれかが、自分が今やっていることを見ることができる。だから空白の時間がないかのように、お互いすぐに打ち解けることができるんだよね」

地球のどこにいようと、またどのようなバックグラウンドを持っていようと、昔のＴＣＫに比べ今の時代のTCKのほうが友達との連絡が容易であることは間違いない。コーネル大学のTCKたちは、大学生活への移行もそれほど大変ではなかったそうだ。離ればなれになってしまった家族や友達と密に連絡を取れたおかげだという。

しかし学生たちにはテクノロジーへの一抹の不安もあった。多数の人といつでも連絡が取れる状態というのは、ときに過剰なプレッシャーになるというのだ。フェイスブックなどのSNSは単に情報を提供するだけのツールであって、積極的にコミュニケーションを取る上で本当に有効なのかはわからない、という意見もあった。

彼らの懸念はもっともであろう。テクノロジーによって、TCK――もちろん一般の人もだ――が過去の友達とつながりやすくなっていることは事実だ。ところが、これはまた別のストレスを生み出す。過去の人間関係を維持しなければならないと思うと確かにプレッシャーになる。どこにいようと瞬時のコミュニケーションができるこの状況では、TCKは膨大な時間を費やすことになる。ツイート、SMS、メッセージの山だ。メッセージの向こう側では友達が即答を待っている。既読がつくので早く返事をしないと、友達は無視されたと感じたり怒ったりするかもしれない。このようにコミュニケーションを取るのにプレッシャーを強く感じつつも、大人数の人と連絡を取るほどの時間がない。

もう一つ問題となりそうなことがある。過去の人間関係を維持しようとすると、現在または将来の新しい人間関係と向き合いにくくなるのだ。これは大学に在籍する多くの留学生にとって大きな課題だとティナ・クイックは言う。彼女は『努力と成功――留学生がアメリカで成功する方法』の著者であり、同書のなかである学生のルームメイトの例を挙げている。中国での生活経験があるそのルームメイトは、夜遅くまで家族や友達とリアルタイムでチャットをしていたため、授業中はよく居眠りをしていた。その結果、落第して大学から除籍になってしまったのだ。ティナは、こう説明している。

世界各地の友達や家族との連絡手段として、今日の通信技術は私たちに大きな恩恵をもたらしてくれるものだが、その一方で、それは恐ろしく時間を消費させるものでもある。フェイスブック、スナップチャット、ツイッター、インスタグラムなど多くのSNSが毎日のように次々と新たに登場している状況で、学生たちは現実世界の人との関わり以上にネット上の人とより多くの時間を過ごすことが可能となった。彼らはまた、勉強よりもゲームをしたり映画を観たりするのにパソコンを利用している時間のほうが長いかもしれない。これからの時代は、現にその場に人が居合わせていたとしても、液晶スクリーンが人々の生活の中心となっていくのかもしれない。しかもこれは、何もTCKだけに見られる現象ではない。

これはTCKの親にとっても懸念すべきことである。新たな土地に移動したとき、自分の子ど

もたちが学校やコミュニティの人たちと交わろうとしない。学校が終わって帰宅後すぐに部屋にこもり、遠く離れた前からの友達とネットを通して交流し続け、新たに友達をつくろうともしない。これには理由がある。それは、彼らがあたかも過去の友達を裏切っているかのように感じてしまうからなのだ。新しい場所で友達をつくり、自分の置かれている現実を受け入れ、ネット上で過去の友人たちと時間を過ごさなくなること、それはある種の裏切り行為なのだ。あるTCKは引っ越し先で「過去の友達とだけ交流する」方式を取った。しかし、次の移動のときはそれをやめた。最初の二週間はインターネットを使わず、自ら新たな友達をつくらざるを得ない状況をつくった。そしてその後、徐々にSNSを再開した。今日のTCKにとっての課題は、今いる場所で新たな人間関係を築きつつ、同時に古くからの友人関係も維持していくというある種のバランス感覚を身につけることなのだ。

深くて貴重な関係

過去の人間関係を保持しながら現在の人間関係に移行する「両方・同時（現在・過去）」式のやり方を仮にTCKが見つけ出したとしよう。しかし、ここでもある種の困難が生じる。これはTCKが「隠れ移民型」である場合に特によく起こることである。「隠れ移民型」とはTCKがパスポート国に帰国したときや、居住国の子どもたちと外見が似ているケースのことだ。これは社会に出て仕事を始めたときなど、ずっと後になって起こることもある。自分が理解できない他者との間の見えない壁にぶつかるのだ。どうやら周りの人は、自分が知らない社会のルールに従って行動しているらしい、と感じる。

「文化は氷山のようである」という例え話に戻ろう（第1章第４節）。水中に沈んでいる部分——深層文化——には、いわば不文律が含まれている。初対面の人とどう関わるか、そこからどのように関係性を深めていくか。TCKたちにしても以前住んでいた文化圏ではそこでの暗黙のルールは本能的に学んでいたに違いない。ここで問題になるのは、（新しい場所では）別の暗黙のルールがあるにもかかわらず、彼らは前に住んでいた文化圏のルールに従ってしまうことだ。するとウィーバー博士の言う、目に見えない文化の衝突が起きてしまうのだ。

多くのTCKの口から漏れ出る不満に共通しているのは、自国文化の人たちは「浅い」あるいは「自分のことをまともに相手にしてくれない」と感じることだ。同年代の彼らとの会話は退屈で、TCKはみな昔の海外の友人を懐かしく思う。TCKはなぜ、みな口を揃えて文句を言うのだろうか。

人間同士の関係づくりをどのように始めるかという文化上のルールは、それぞれの国や文化によってさまざまであることは事実だが、どんな文化にもルールは存在する。人がより深い関係に進むまでに要する時間は文化によってまちまちである。ある文化では挨拶もそこそこに、知り合ったらすぐに、まるで長く会わずにいた親戚であるかのように接する。家に招待し、泊まってもらい、食べ物も自由に好きなものを食べてもらい、頻繁に行き来する。また別の文化では、どこからか隣に人が引っ越ししてきても挨拶に行くことさえしない。周囲の人に対してTCKが「浅い」または「まともに相手にしてもらえていない」と感じることと、そのTCKがどのようなタイプのコミュニティに身を置いているのか、その関係性を調べてみるのも面白いかもしれない。しかしいずれにせよ、そうした不満は十代のTCKやATCKから何度も繰り返し聞かされるのだ。

人間関係の深いレベルに飛び込む

TCKたちはなぜ同じような不満を口にするのだろうか。理由はさまざまだが、彼らは時間を置かず一気に内容の深い話に入り込む傾向がある。つまり、一般の人ならまだ礼儀正しく会話をする程度の付き合いをしている段階なのに、TCKは自ら進んで自分の意見を述べたり相手の意見を聞くなどして、一段深い話題に踏み込む。現大統領の評価はどうか。政府の移民政策はどうか。ある地域で起きている危機に国連は介入すべきか、といった風に。それほど長い時間を一緒に過ごしているわけではないのに、他の人から見れば多少踏み込み過ぎた質問をすることが多々あるのかもしれない。新たに知り合った相手がそうした国際問題に興味を示さなかったり（または知識がなかったり）、意見を述べようとしなかったりすると、TCKの目には、その人が奥行のない「浅い」人間に見えるのだ。自分たちがどう見られているのかにはお構いなく。逆に相手はTCKのことを「生意気」「失礼」「お節介」「高慢ちき」な人間だと思うかもしれない。

一般の人に比べてTCKとATCKはなぜ「深い」とされるレベルにまで、時間を置かずにいち早く飛び込んでいってしまうのだろうか。いくつか考えられる理由を挙げてみよう。

一．文化慣習の違いによってレベルの深浅の意味合いが異なる

ＴＣＫの利用するメーリングリスト・サービスで、この人間関係のレベルの問題がホットな話題となったことがある。オランダ人ＡＴＣＫのアルド＝Ａ・ルイスの興味深い回答をここに挙げる。彼はガボンで育ち、現在はニューヨークに住んでいる。

教養あるヨーロッパ人の間では、初対面同士でも政治問題や意見の衝突しかねない問題も話題にするのはごく普通のことです。事実、議論に発展する話題を敢えて選んでいるといっても過言ではありません。「教養がある」ということは芸術や哲学、政治について意見を持っているということです。自分の意見を論理的に説明できなければなりません。

しかしアメリカ人はそうではないようです。いつも共通の話題を探しているように見えます。例えば、初対面の人から、よく「どこから来たの？」と聞かれますが、それは彼らが共通の話題を見つけ出そうとしているからなのです。「私、そこに行ったことあるわ」とか、「じゃあ、これとこれは知ってる？」というように続きます。

ポップカルチャーもよく話題にのぼりますね。みんなが見るような映画とかテレビド

ラマについての話など（アメリカではポップカルチャーはみんなが参加できる話題。よく知っていると彼らの輪に容易に溶け込むことができる）。よって、ヨーロッパの人がアメリカに行ったときに持つ第一印象は、アメリカ人はみんな表面的だということです。自分の国の政治にさえ意見がないのですから。ましてアメリカ以外の国のことなどまるで興味がないのだろうと思います。

アルドの話からわかることは、前に述べた通り、人と人との交流の仕方やそのスタイルはそれぞれの文化慣習に拠るものであり、文化が異なればそれはずいぶんと違ったものになるということだ。もちろん、TCKは普段から深い話をする傾向にあるので、ある状況下での「こう言うべき・こうすべき」がわかっていないと、知らず知らずのうちに失礼なことをしでかしてしまうことになるだろう。スコットランド出身のATCKであるセスはこのことを身をもって学んだ。

イスラエル人のビジネスパーソンを歓迎するための駐在員主催のある夕食会の席で、私がイスラエルの政治状況について話題を向けたところ、同じテーブルにいたアメリカ人のキャリーはびっくりして食べ物を吹き出しそうになりました。そして素早く別の話題に変えたのです。ひと通りその話をしてから、再び私がイスラエルの政治に話を戻そうとすると、キャリーはまた話題を変えようとします。

後になって彼女は、初対面の人にそのような話題を向けるのはとても失礼なことだと言いました。私は唖然としました。世界の関心を集めている国からやって来て、さまざまな情報を知っている人が目の前にいるのに、キャリーは余計なことは聞くなと言う。私は、なぜかと聞き返しました。すると彼女は、間違いなくトラブルになるので宗教や政治の話は絶対してはいけないと、自分が育った家庭では教わってきた、と言うのです。しかし私は不思議に思いました。他に何か話題にすることとってあるんですか？

コミュニケーションと個人との関係においてさまざまに異なったレベルがあることを知り、なぜ政治的な話をしてはいけないのか、その理由がやっと理解できました。でもＴＣＫである私は、どこかで起こっていることについては現地にいる人から聞くのが一番だとずっと思ってきました。私たちは新聞やインターネットでニュースを目にしますが、そこには現地の人々が実際に体験したことがどの程度反映されているのでしょうか。実際に現地の人から聞いたほうが断然いいに決まっているでしょう？　それがダメだなんて本当に驚きました！

二．ＴＣＫは「質問」をすることによって、素早く人間関係のより深いレベルに飛び込む。過去のさまざまなやりとりを通してその関係づくりの方法を身につけている

ＴＣＫの多くは、その気さえあれば、いち早く人間関係を前に進めることができる。それは初対面の相手と会話する機会を多く経験してきているからだ。しかし、それ以上の何かがあるのかもしれない。ＴＣＫやＡＴＣＫはなぜ初対面の人に対して、社交辞令や天気の話以上の、相手を探るかのような質問をするのだろうか。

基本的に一つの場所で育ってきた人にとっては、近所の人との毎日のやりとりのなかでの簡単な返答からでも、相手の「ストーリー」のほぼ全体像が理解できる。それは新しく知り合った人の場合でも同じである。「どちらの出身ですか？」「（例）ベレアです」するとベレアという地名を知っている人なら（近くに住んでいた、聞いたことがある、などの理由から）「ベレア出身だったら、その人は○○」という共通の認識をみんなが持っており、地名を聞いただけで、その人の大体の社会階層や経済的・社会的地位の見当がつく。それ以上聞かなくてもいいのだ。しかし、ベレアについて何も知らないＴＣＫにとって、それは単に町の名前でしかなく、それを聞いたところで質問の前と後とで知り得る情報の量はさほど変わらない。

ＴＣＫやＡＴＣＫには「周りの人は自分に関心がないと感じてしまう」という課題があると前に述べたが、それは、つながりを求めるがゆえに質問攻めで人間関係を築いていこうとするからではないのか。たくさんの質問をする理由は、もちろん相手に興味があるということもあるのだろうが、それよりも「ベレア」という土地の名前の意味することを理解しようとするからであろ

う。ＴＣＫやＡＴＣＫは、地元の人たちの持つ共通認識を最初から持ち合わせていないため、しばしば、聞かずもがなの質問をしてしまうのだ。そうしないと取っ掛かりが得られないからだ。ＴＣＫやＡＴＣＫ同士なら、はじめて会ったときに互いに質問し合うのが常だが、地元の人はそういうことはしない。そのためＴＣＫやＡＴＣＫは相手が自分に無関心なのだと感じてしまうのだろう。

前からずっとそこに住んでいる地元の人たち同士では、人間関係を築くときに互いに質問し合うことはないのだ。このことはとかく忘れがちなことである。矢継ぎ早の質問はまるで人を詮索しているかのように思われてしまうだろう。単一文化の環境のなかにいると、質問も答えもわかりきっている。ＴＣＫやＡＴＣＫは情報を得るために質問をするのだが、そこではそうした質問は必要ないのだ。返答に対してさらなる問いかけをしたとしよう。それはそこの人間ではないということだ。質問をすることで会話を発展させるという習慣のない人に対してさらなる質問で畳みかける必要はない。そんなことをすれば無礼者に見られるだろうし、ＴＣＫやＡＴＣＫのような人間とは金輪際関わり合いたくないと思われることさえあるだろう。

三．ある状況下で「普通」とされる話題が、他の状況においては必ずしも「適切」または「普通」と見なされるとは限らない

ＴＣＫはさまざまな経験を経て培ってきた知識の蓄積によって豊富な話題にも対応できる。どのような話題に対しても何かしらの意見を言うことができる。親の職業上、ＴＣＫは議論するこ

とが当たり前の家庭に育つ。政治危機や貧困に喘ぐ子どもたち、また宗教の問題や一国の経済的災禍への処方箋などは常に彼らの日常の話題に上ってきた。こうした問題に対して自らの意見を述べることはＴＣＫにとってごく普通のことであり、実際、彼らに意見を求め、その体験談に耳を傾けては、周りの人はなるほどと感心する。それは新聞やテレビで目にする海を越えた遠い世界の複雑な出来事を理解するのに役立つからだ。

四．人間関係の構築に差し迫った感情を抱く

人との交流のより深いレベルにＴＣＫがいち早く飛び込んでしまうのは、個々に特別な人間関係を築く上において、時間がほとんどないからでもある。彼らには「今、事を起こさなければ二度とチャンスは来ない」という思いがあるのだ。しかも多種多様な人たちとの日常的な出会いがＴＣＫに多くのことを教えてくれる。世間話に費やす時間などないのだ。ある意味、ＴＣＫはだれとでも即成の友人になれるのだ。心の深いレベルで通じ合うことで双方の関係は将来にわたっても継続する。しかし一方で、これはときにＴＣＫ問題のさまざまな要因にもなり得る。人間関係をどのように構築すべきか、会話をどのように楽しむべきかということについて、普通の人々の持つ認識をＴＣＫはことごとく不器用に踏みにじっているように見られてしまうのだ。

新たな関係を築く

『ミリタリーブラッツ』のなかで著者メアリー＝エドワード・ウェルチは、友達をつくる時間が圧倒的に短い軍隊生活によって身につく「強制された外向性」について書いている。新しいグループに仲間入りをするために彼女が使ったテクニックの一つは「告白ごっこ」であるという。家庭内の秘密を早い段階で話すことによって、相手に友達になりたいというメッセージを送る。ときにはそれが相手からの告白をも誘発する。また、軍隊関係の子弟が一般の子どもよりオープンになる傾向があるのは、たとえ告白することが悪い結果につながったとしても、その頃にはもうそこにはいないことが多いからだと、ウェルチは言う。

ＴＣＫでない子どもたちは浅い関係に長い期間留まることが多いので、深い関係に飛び込んでしまうＴＣＫを誤解してしまう。デビット・ポロックがリーダーを務めたセミナーで、あることが起こった。

セミナーが始まって数日後、ＴＣＫではない女子たちがデビッドのところに涙ながらに対処を求めてやってきた。ＴＣＫの男子たちのやっていることが理解できないというのだ。ある男子と女子が仲良くなり、二人は（ＴＣＫでない女子にとっては）内容の濃

い深い会話までした。彼女は彼が自分に気があるのだと思った。しかし翌日には他の女子と仲良くしている。三日も経つと、女子たちはすっかり戸惑い、お互いに怒りをぶつけ合い、さらに男子全員に腹を立てていた。

デビッドは男子のところへ話しに行った。合宿に一週間滞在する間に女子たちは友情以上のものを感じたらしいと知るとみな驚いた。TCKの男子たちは恋愛感情などまったく持っていないと言う。彼らは女子たちと仲良くなりたかっただけで、だから人生について、世界について、信仰について、他にもさまざまな話をしたのだと言う。TCK体験のない普通のアメリカ人について知るいい機会だと思ったのだそうだ。しかし交わした会話の深刻度、そこから受け取れた親密な関係は、女子たちにとってはずいぶんと違う意味に取れたのだ。

TCKはみな人間関係を非常に大切にする。特にTCK同士ではなおさらだ。国際色豊かなサードカルチャーでは、友情のスタイルや濃度が母国でのそれとはずいぶん違う。駐在家族のほとんどは親戚から離れて暮らしているので、必要なときには互いに擬似家族のような関係をつくる。クーデターが起こったとしよう。このインターナショナルコミュニティの友人たちは恐怖のなかで連帯し、戸惑い、身支度を整え、そして国を去る準備をする。このような状況下での深い連帯は後々まで長く続くに違いない。

思い出が共有できる仲間を見つける

母国の親戚や友人でも、またサードカルチャーの世界の友人でも、そうした人たちとの人間関係によって、ＴＣＫはだれかとつながっているという安心感を持つ。「あのときのこと、憶えてる？」と聞いたのに応えて、相手が「憶えてるよ」と言ってくれるとき、こうした人間関係がたった一つの安心の場所をＴＣＫに与えてくれるのだ。

ＴＣＫの結婚式は一見の価値がある。寄宿学校で同級生だったロビンとケビンが結婚した。ＮＹで行われた結婚式はまるでアフリカにいるようだった。パーティー会場には張ぼてのヤシの木がずらっと並んで、熱帯のビーチが絵で再現されていた。ケビンと花婿付き添いの男性たちはみなシエラレオーネのヒラヒラした、たなびくようなローブを着ている。花嫁を伴って現れた父親も部族の長が着る民族衣装を身につけている。友人たちはみな遠方からも近在からも来ており、それぞれがカラフルな洋服でパーティー会場を埋めていた。結婚式はミニ同窓会になった。パーティーの間、休む間もなくみんなでおしゃべりをしているＴＣＫたちはまるで長い間会っていなかった家族のようだった。みな過去の連帯をいかに大切にしているのかが一目でわかった。

人間関係における別れのサイクルがもたらす影響

多くのＴＣＫが深い人間関係にすぐに大胆に飛び込んでいってしまう一方で、新しい人間関係に慎重なＴＣＫもいる。一九八六年に行った三百人に上るＡＴＣＫへの調査では、四十パーセントのＡＴＣＫが、のちに来る別れを考えると恐くなって、あまり親密な人間関係を築けないと答えた。多くの親しい友人が去って行ったことで、度重なる辛い別れを経験したＴＣＫのなかには二度と気持ちを許す関係をつくろうとしない者もいるのだ。

それは多くが大人しく内向的なタイプのＴＣＫに起こるのだが、彼らは学校でもコミュニティのなかでも深入りのできる機会があっても決してそれをしない。しかし、おしゃべりで社交的でだれとでも仲良くなれるタイプのＴＣＫでも、真に親密な関係に進もうとしない場合もある。彼らは無意識のうちに壁をつくり、他人が近づき過ぎないように身構えているのだ。

フィオナはジャックと婚約したとき、他のだれかと一緒に人生を過ごすことになるなどという実感はなかなか湧いてこなかった。結婚の直前にジャックが交通事故で死んでしまうのではないかと、不可避の喪失感に対して心の準備をした。もちろんジャックは死ななかったが、それでも懲りずに新婚旅行で何かあるのではないかと焦燥感に苛《さいな》まれた。結婚生活が始まると、ジャックの帰りが少しでも遅いと不安になった。一年目の結婚記念日に、停電のため公共交通機関が麻痺し、ジャックは帰宅時刻を二時間過ぎても帰ってこなかった。ジャックが家に帰り着くと、フィオナは「絶対にこうなると思っていた」とずっと泣いていた様子で、お葬式のことを考えはじめ、結婚してからどのくらい経っていればお祝いを返さなくても済むんだろう、などと考えていたと言う。

ジャックは今も無事でいる。結婚後何年経っても、フィオナは小さなことに目くじらを立ててしまう自分が理解できなかった。例えば、ごみ捨てをどちらがするかでケンカになる。特に親密になっているときに限って、だ。そしてあるとき気がついた。心の奥で、だれかと近しい関係になれば、いつか失ってしまうのではないかと不安だったのだ。あれこれと心配することは自分を守る壁を築くための手段だった。フィオナは大切に思っていた人とのいくつもの別れを子ども時代から経験してきた。最初は、六歳で親元を離れて寄宿学校に入ったときだった。ジャックが去らないということを心から信じられるまでにとても長い時間がかかったのだった。

「移行期」に触れる節（第３章第１節）でも述べるように、尊く貴重な人間関係が断たれることによって生じる苦痛から、人はさまざまな方法で自らを守ろうとする。ＴＣＫも例外ではない。以下では、彼らに共通して見られる三つの防御反応について述べてみたい。

一．感情移入の拒否

まず、迫り来る悲しみから少しでも自分の身を守るため、人にも物にも感情移入することを拒否する。だが最後には、自分が避けようとしたものよりもさらに辛い孤独感を味わうことになる。また、誇りに思っていた自立心は、いつしか深い孤立に取って代わる。親近感がもたらす喜びを味わうためには、失う傷みを受け止めなければならなかったのだと後になってわかるまで、その孤独からは逃れられない。

二．唐突な手放し

人間関係を失うときの辛さを避けようとして人が取る二つ目の行動は、「唐突な手放し」である。友人が去ろうとしているとき、またＴＣＫ本人に移動の話が出たとき、急に人間関係をぞんざいにしてしまうことだ。電話をしなくなる、行き来をしなくなる、一緒に遊ばなくなる、一緒にランチをしなくなる。何か相手を怒らせるようなことをしでかしてしまったのかと互いに考える。「唐突な手放し」は一時的な別れのときにも出てくる。多くのＡＴＣＫは出張に出る前夜に夫妻喧嘩をしてしまうという。これは無意識に相手から気持ちを離そうと思って取ってしまう行動だ。

またＡＴＣＫのなかには、過去に「怒り」を使って辛さから自分を守ってきたために（もしくは去る側にそれを使われたことがあったために）、ちょっとでも他人の「怒り」を目の当たりにすると、それが別れの前兆だと思い込んでしまい、その徴候を見た途端に感情を切り離そうとする者がいる。

ガースは結婚後、新妻とはじめてケンカをした。「彼女は絶対に出て行ってしまうと思った」と、後になってから話した。そのときは彼女に対して冷ややかになったともいう。「出て行くんだったら出て行けばいいさ。どうでもいい。そもそもなんでこんなやつと結婚なんかしたんだろう」と彼は思った。しかし妻には出て行く様子はない。冷静になって自分の行動を振り返ってみた。子ども時代、寄宿学校に戻る前にいつも両親と喧嘩別れした。お互いに別れが辛いものにならないように無意識にやっていたのかもしれない。ガースは気づいた。諍《いさか》いの後には必ず別れがあるという過去のパターンから、ガースにとっては、どんな口論でも、その後には人間関係が失われることを意味していたのだ。

三．平静をよそおう

人生で何度も引っ越しを繰り返し、いくつもの別れを経験してきた過去から、辛さを受け入れることを拒否する。これがＴＣＫに見られる三つ目の反応である。友人や親戚の元を去ることに対して、本当は感情を乱されていたとしても、傷つき傷つけられることは考えたくない。そのようなTCKは涙でぐしょ濡れの別れは嫌だと言う。ベッキーとメアリーアンはこうしたタイプのTCKである。

ベッキーとメアリーアンはグローバル・ノマドの国際会議で出会った。二人ともTCKとしての自分の過去に向き合い、それがいかに自分に影響したかを考えたのははじめてだった。お互いに、自分の深い心のなかにある秘密を理解してくれる相手に出会うことができた喜びでいっぱいだった。一緒に笑った。一緒に泣いた。話しに話した。いつしか会議は終わり、いつもの避けられない別れのときが来た。

ベッキーとメアリーアンはエレベーターを待っていた。メアリーアンは空港に向かう。もう二度と会えないかもしれない。二人は海を隔てたところに住んでいる。顔を見合わせた。だれも寄せつけなかった心の奥深くまでお互いに入り込んだ。さてどうするか。しばらく気まずく見つめ合った後、二人とも訳知り顔に、苦笑いを浮かべた。

「何て言ったらいいのか」ベッキーが言った。

「いつものでいいんじゃない」

ちょっと一息おいてからメアリーアンは右腕を上げて、手のひらをベッキーの方に向けた。そして車のワイパーみたいに手をひと振りした。左から右へ手を動かしながら言った。

「じゃ〜ね〜」

「そうだね、メアリーアン。じゃあ、またね〜」ベッキーはメアリーアンをそっくり真似して、おざなりに手を振った。

そして二人で笑った。親密な時間を過ごした後で、この別れはずいぶんあっさりしたものだと思う人もいるかもしれない。しかし、この別れの瞬間に、二人はお互いを認め合い、別れの辛さを中和するために自分たちが身につけた術を理解したのである。それは別れの辛さに向き合わないことだった。しかし別の見方をすれば、この別れ方は、彼女たちが共有し、言葉で説明する必要のないすべてのことを表しているのだ。


辛いことから自分を守るために感情を押し殺すことに慣れた人すべてが、ベッキーとメアリーアンとが別れ際に感じたのと同じような自覚を持っているわけではない。残念なことに、別れの辛さを避けるために始めた感情を押し殺すという行為を生活のすべての場で行っている人たちもいる。自信に満ちて自立しているといわれるＴＣＫの長所が、実は「無関心」の別の形であることもある。『過去の内なる子ども』という本のなかで、精神科医のヒュー・ミシルダインが、本書の第１章第５節で紹介したボウルビィの親子間の愛着についての研究に関して、次のように記述している。どんな事情があるにせよ、長い期間にわたって親子関係が失われると、子どもは悲しみに打ちひしがれ、絶望し、最終的に喪失感を癒すために一切の感情を自分から切り離すようになる。多くのＴＣＫは幼少時から親との深い別離を経験している。それに加えて、友人や親戚と頻繁に別れを繰り返すため、他人を大切に思い、必要とすることを自らに禁じてしまうのだ。悲しみを感じないようにと感情を抑えると、その副作用で何も感じなくなり、喜びを十分に表すこともできなくなってしまうのだ。

これは恋愛関係や結婚生活においては破滅的である。ＡＴＣＫからの愛情表現がほとんどないため、配偶者は拒絶された気分になる。どんなにロマンチックな場面を設定しても、常にＴＣＫは冷めている。

そのようなＡＴＣＫを親に持つ子どもたちもかわいそうだ。ＡＴＣＫが親になったとき、子どもを持つこと、子どもの成長を温かく見守ること、一緒に遊ぶこと、本を読み聞かせすること、そうした喜びを素直に表現することができない場合がある。ＡＴＣＫを親に持った子どもは親からの愛情を存分に享け、認められるということがないため、ＡＴＣＫ本人も人生のなかで最も豊かな人間関係の一つを体験できずに終わってしまうのだ。

しかし、いったんＡＴＣＫ自身がそのことに気づいて、過去に起きた人間関係のサイクルに対して健全に向き合えば、それを生かすことができることを私たちは見てきた。ＡＴＣＫには人に語るべきことがたくさんある。その豊かな経験やそれまでに出会った多様な人々、また何年経とうと、どんなに離れていようと育むことのできる深い友情などだ。一人ひとりが健全に移行の過程を乗り越えることができるようになれば、その関係が長く続こうが、そうでなかろうが、人との触れ合いに喜びを感じるようになる。人はだれでもいずれ別れを経験するものである。ＴＣＫ

は移行期を乗り越えた経験を生かして、今度は同じような状況にある人々を手助けする側に回ることができるだろう。

6 発達問題

はじめて紹介された相手に「どうぞよろしく」と言うとか、友人に卒業祝いを贈るとか、取るに足らない社会の暗黙の了解を私は知りませんでした。そのため、わざと失礼なことをしているのではないのだ、と必死でその場を取り繕うことが多くありました。しかしおかしなことに、転校を繰り返すうちにＮＹの学校で飛び級するほど「進んでいる」と見なされ、六年生と七年生を飛び級しました。度重なる移動により、学校側は私が何年生に相当するのかわからず、何回かの学力テストの結果から二学年上のクラスに入れたのです。何年か経って、本来知っているべき母国の社会ルールを知らないのは、ルールを身につけるべき学年を飛ばしたからだと思うようになりました。三十代後半になってはじめて、原因は学校での二年の飛び級だったのではなく、私の生い立ちにあるのだと気づいたのです。

ドニ『カルチャー――グローバル多文化マガジン』編集者

かつてほとんどのコミュニティは文化的に均質で、変化の少ない安定した環境であった。そのなかでアイデンティティを形成していくことは子どもたちにとってスムーズで自然な発達過程だったと言える。ドニの物語は多くの人にとって、そのような時代は終わったのだと示してくれているのではないだろうか。ドニの話には、移動を重ねた子どもが直面しがちな、もう一つの発達問題が潜んでいる。それは不均等な成熟だ。

グローバルな視点や大人とのやりとりという点において、ＴＣＫはこれまでも実年齢よりも年上に見られることがしばしばあった。ＴＣＫはよくこう言われる。「あら、まだ十四歳（この場合、年齢は何歳でもよい）だなんて。ずいぶん大人っぽいのね」そして同じくらいの頻度でその台詞を言った当人が、ＴＣＫの幼さや常識のなさを訝《いぶか》るのである。この矛盾にＴＣＫ本人たちも気づいていて、自分はどういう人間なのかを考えはじめる。才長けた何でもできる早熟な人間なのか。それとも不器用で心配性の未熟な人間なのか。ＴＣＫが、自分がどういう人間なのかを模索するなかで遭遇する問題の一つである。不均等な成熟はなぜ多くのＴＣＫに共通した問題なのだろうか。

不均等な成熟

ＴＣＫが真に成熟するまでに、なぜこうした不均等な道のりを辿るのだろうか。まずは幼児期から成熟期までだれもが直面する基本的な発達課題を見てみよう。

●発達課題

人種、肌の色、信条、育ちを問わず、子どもは産まれたときからさまざまな発達課題に直面する。そのなかには次のような重要な感情面・心理面でのプロセスが含まれる。

一．個人としてのアイデンティティを確立する

これは自分と親とを区別して自己を確立しようとする幼少期から始まる。「私はだれなのか」「自分らしさとは」「家族や集団のなかでどのような位置にいるのか」という問いに対する答えを発見するプロセスでもある。

二．揺るがない人間関係をつくり、確立する

小さな子どもは家族との結びつきだけで十分だが、十代に入ると外部の同年代の友人との人間関係がきわめて大切になる。

三．意思決定能力を養う

適切な意思決定能力とは世の中が予測可能であり、私たちが多少なりとも物事をコントロールできることを前提としている。思春期の子どもは家族の助言を受けながら自分で物事を決定することを学び、その後少しずつ自分一人で物事を決定するようになることが理想的である。

四．自立する

家族や周囲の文化のルールを十分に理解し、賢い決断ができるようになると、成人期に必要な自立に向けて移行していく。

五．成人期へ移行する

最初の四段階を通過すると、思春期から成人期へと移行する準備は整う。親や家族は「他者」であるという感覚を持ち、自信を持って自らの決断と行動に責任を持つことができる。

先述の通り、従来、人は一つの場所や文化を共有する集団のなかで暮らすうちに、発達課題を経験してきた。そこでは世界は変わらずに安定していた。ルールを試すための堅固な場所があり、下される決断はある程度予測可能であった。こうした心理面や感情面での発達は、子どもが歩いたり話したりするようになるのと同様に自然なことだ。だれも深く考えることはない。しかしＴＣＫが育つ世界はそのようなものではない。その結果、発達課題は中断され、急《せ》かされる。こうした影響から「早熟」と「長期化する思春期」の両方が見られるのだ。では、その理由を見ていこう。

●早熟

他人から早熟だと見られるだけではない。母国に帰って短大や大学に入学すると、同年齢の学生よりも年上の学生と一緒にいることを好むＴＣＫは多い。これにはいくつかの理由が挙げられる。

・幅広い知識

ＴＣＫは多くの場合、実年齢以上の知識を持っている。地理や世界の時事ニュース、他国の政治についての知識があり、自国文化のなかでは若い人があまり議論しないような問題にＴＣＫは関心を持つ。ＴＣＫのなかには希少な特殊技能を若くして身につけている者も多い。例えば、アマゾンのジャングルに通訳の仕事で赴いた際に、コンピューターを充電するには太陽電池パネルを設置すればよい、と考えついて実行できるのはＴＣＫならではの特技だろう。

・大人との関係

大人と一緒にいることに何の違和感も覚えないＴＣＫは多い。過去に大人と一緒にさまざまな体験をしてきたからだ。母国に比べサードカルチャーコミュニティでは多様な世代が交じり合っている。それはなぜか。少なくとも従来の海外駐在コミュニティはたいてい規模が小さく、相互の交流が盛んだからである。子どもたちの大半は同じ学校に通い、親たちは同じ（社交）イベントに顔を出し、町にただ一つしかない教会にほとんどの者が通い、母国からの輸入食材を置いてある数少ない店で常に同じ顔と鉢合わせになる。子どもは学校を通してみなお互いを知っているので、大人同士だけの付き合いよりも家族ぐるみの付き合いが多くなる。なかには子どもと接する時間よりも大人と接する時間のほうが長いＴＣＫもいて、その子どもたちは「ミニ大人」のような印象を与える。

・コミュニケーション能力

バイリンガル、もしくは多言語を操る子どもはそれだけで大人びて見える。「これほど堪能な語学力を、この若さにしてどうやって身につけることができたのだろうか」と人々は驚くのだ。多言語を操る子どもは言葉を使い分け、さまざまなグループに属する人たちとの交流にも気後れすることはない。実際、両親のために通訳を務めるＴＣＫも多い。通常ならそれは大人の仕事である。こうしてＴＣＫは多様な文化の人々と接し、そこに加わり、そうした文化に属する子どもや大人のいる環境に居心地のよさを感じるようになる。その結果、独特の成熟した雰囲気を醸し出すようになる。

・幼時からの自立

母国の同年代の子どもに比べ、ＴＣＫは多くの点で幼時から自立を意識している。十代前半には、まさに世界のどこででも上手くやっていくこと、さまざまな場所でその場にふさわしい方法で対応し、自らの役目を果たすことを知っている。寄宿学校へは一人で通い、また子ども時代に三輪車や自転車、または自分の足で気ままに近所を〝探検〟したことでそうなるのだろう。信頼性の高い安全な公共交通機関がある国で育つとさらに自立を助ける。日本在住のＴＣＫの多くは小学校低学年のうちから片道二時間かけて一人で通学する。オーストラリアに住んでいたあるＴＣＫは、十一歳にして毎日一人でフェリーとバスを乗り継いで学校に通った。母国アメリカの同年代の子どもが家の曲がり角でスクールバスを待つ生活をしているのとは対照的である。

以上がTCKがよく「実際の年齢よりもずっと上に見える」と言われる理由である。一方、思春期の長期化についてはどうだろうか。次の三つの要因に分けて見てみよう。

●思春期の発達課題
●帰国後の「らしさ」
●組織からの分離

思春期の長期化

TCKは実年齢よりも大人びて見える点が数多くある一方で、遅れているように見える点もたくさんあることは皮肉だ。七百人以上のATCKへの調査で、ルース＝ヒル・ウシーム博士とアン＝ベーカー・コットレルは、TCKの思春期が二十二歳から二十四歳の間、もしくはそれよりも後になってから遅れてやってくることが珍しくないとの観察結果を示した。「思春期の長期化」という言葉を聞いたこともないATCKは、自分と同年代の他者との違いを認めながらも、それがなぜ起こるのかわからないでいるのだ。

「思春期の長期化」とはそもそも何か。本書の初版ではこの心理的な発達について「思春期の遅滞」という表現を用いたが、これは医学用語で身体的な発達の遅れを指す言葉であることがわかった。そこでここでは、初期にウシーム博士とアン＝ベーカー・コットレル博士がＡＴＣＫの調査で用いた「思春期の長期化」という用語を使うことにする。では、思春期の長期化はなぜ多くのＴＣＫに起こるのか。

●思春期の発達課題

発達段階において、文化をまたいでの度重なる移動を経験することは、思春期の少年少女たちに大きな影響を及ぼす。成熟するために達成しなければならない課題があるのに、それらに取り組む上での流れが途切れてしまうのである。その理由はいくつかあるのだが、第一の理由を考えると、思春期という成長過程において、異文化体験からくる過渡期と移動生活の繰り返しが大きく影響している。先述の通り、通常はアイデンティティの確立、人間関係の構築、決断力と自立心の育成という発達の課題を達成するために、子ども時代に身につけた社会のルールや価値観、考え方などの正当性を問うようになる。思春期の子どもを持つ親なら、子どもからの直接的な反抗を経験するだろう。「どうして夜中の十二時までに帰らなければならないのか」「この髪型のどこが悪い」といった具合である。

ルールを実際に試す時期が過ぎると、次は従うべきルールを取り込んでいく時期に入る。どのような文化的慣習や価値観を今後も守っていくのかの取捨選択はしばしば無意識に行われる。そうやってあらためて取り込んだルールに従って、人は自立した大人としていかに生きるかを決めていくのである。外部や親から与えられたルールに従って生きる子ども時代からの卒業である。

しかし文化のルールが常に変わる場合、この発達のプロセスにどんな影響が出るのだろうか。重ねて言うが、「文化のバランス感覚」や「移動」の問題、またそれらを経験する年齢が非常に重要になってくるのだ。育った文化の慣習や価値観に反抗したり、またそれらを取り込まねばならないまさにその時期に、すべての世界、住み慣れた社会との関係が、飛行機に乗ったら一夜にして引っくり返ってしまう。新旧双方のコミュニティでは、同年代の者がその他の文化ルールを取り込み、新たな自信を持って実家から出ようとしている時期に入っている一方で、TCKはまだ新しいルールを模索しているのだ。その場にふさわしい言動に気を遣うことで精いっぱいで、自分たちの特技も能力も発揮できるような状態ではないのだ。さまざまな文化ルールを同時に学んでいかねばならない子どもは、周りの主流文化が自分のものだという認識を持ち、一つの安定した文化のなかで育つ子どもとは違う発育体験をするのである。

・ルール遵守の延長

TCKのなかには、新しい社会のルールに慣れるのに要する期間が長引くために発達が遅れる子どもがいる。状況によっては、母国の同年代の者と比べ、思春期に社会ルールに反発するほどの自由がTCKにはない。

例えば、身の安全のためにルールに従うことを余儀なくされる場合がある。ショッピングモールや街角で友人とぶらつく機会がないのは主に安全上の理由からなのだが、多くのTCKは自分たちが軍の駐屯地や宣教地区に縛りつけられているように感じる。しかし、誘拐や強盗に遭わないようにするためには母国にはないルールに従わねばならないのだ。また、何をしたらよくて、何をしたらいけないのかなど厳しいルールをグループの構成員（家族に至るまで）に課す機関もある。大使館関係の子弟が麻薬をやったり宣教師の娘が妊娠したら、家族ともども即刻母国に送還させられる。親は職を失い、ＴＣＫ本人も故郷だと思う土地を去らねばならない。このような事情から、ＴＣＫはコミュニティのルールに従う期間が通常よりも長くなる。そのため、ＴＣＫは大人になってどこへ行くか、また何をするかといった自分の将来を決める段階になって、ようやく思春期に通過すべきであった両親への反抗と社会のルール破りを始めることになる。

・決断機会の喪失

先述のような状況で、ＴＣＫは母国にいる同年代の者ほど自由に行先や行動を決められないため、親や社会のルールに反抗しながら試し行動をするのが通常よりも遅い時期になる。さらに「選択の幻想」（第２章第２節）のところでも述べたように、人生とは予期できぬものという現実がＴＣＫに物事の決断を躊躇させる。物事の決断に必要な根幹部分が常に変化していては適切な決断は下せない。繰り返すようだが、サードカルチャーコミュニティにおけるＴＣＫの生活スタイルは親の属する団体によって左右される。米海軍から六か月の派兵命令が出たら、ＴＣＫの意思とは関係なくそれは実行される。親は期限が来れば行かねばならない。このような理由から（他の理由もあるが）、ＴＣＫのなかには自分の将来の方向性に対して責任を持つことを学ばないまま育つ者がいる。そして「成り行きに委ねる」傾向を身につける。

・家族との別離

思春期に親から離れて育ったＴＣＫには、通常の子どもに比べて、親の価値観や選択への反抗の機会がない。また、幼少期から親から離れて暮らすと、失われた時間を埋め合わせるかのように親の庇護を求め、甘え続ける者もいる。まだ大人になりたくないのだ。なかには親から離れて暮らす時間が長かったために親を理想化しすぎる者もいる。そういった場合、親に反抗すれば理想像が台無しになってしまう、と思うようになるのだ。このように、親と自分のアイデンティティを区別するという通常は思春期に経験する過程を二十代後半から、ときには三十代に経験するＴＣＫを私たちは数多く見てきた。

●帰国後の「らしさ」

思春期に異なる文化を渡り歩くＴＣＫの場合、互換性のない教育制度や、矛盾する社会的規範などの要因によって、発達が遅れることもある。アメリカの教育を実践するインターナショナルスクールの高校を卒業したデンマーク人ＴＣＫが母国に帰った。大学に進むためにはさらにもう二年間を高校生活に費やさねばならないことを知る。突如、自分より年下の者と机を並べることになり、彼らと同じように扱われる。それまでは年齢よりも大人びて見られてきた者にとってこれは大きなトラウマとなるだろう。

前述の社会的能力の幼さも思春期の長期化に影響する。人間関係（特に同年代の友達や異性との関係）の確立と保持という通常の発育ステップを踏んでいないためである。インドネシアで育ったオランダ人のＡＴＣＫ、ジュディット・ギョーンは現在、ノルウェーで医療カウンセラーをしている。ヨーロッパ人のＴＣＫがインターナショナルスクールを出て母国に帰ったときに直面する困惑について彼女はこう書いている。

だれかと「付き合う」というのは非常にアメリカ的です。スカンジナビアの若者の異性間の付き合いは形式張っていません。性役割にはもっと柔軟性があります。男の子だって編み物を習うし、女の子だって木工を学びます。それに、若者にとって付き合っている人がいるかどうかは、アイデンティティにはあまり関係がありません。スカンジナビアの感覚から言うと、アメリカ流は行き過ぎで、ちょっと滑稽です。アメリカのシステムに慣れた後では、男女が性別を意識せずに一緒にいる、というヨーロッパ的なスタイルに戸惑います。

他にも遅れてやってくる社会的能力がある。自国の文化圏に帰ったときや新しい文化圏に行ったとき、ＴＣＫは同年代の暗黙のルールを知らないのだ。「音楽を聴くときの音量は？　電話の通話時間の長さは？　取りとめのない話と打ち明け話はどうやって使い分ける？　異性の前ではどのように振る舞うのか？」周りのルールが変わると、ＴＣＫはみんなに馴染もうとする代わりに一人で引きこもってしまうことがある。

また、前に述べた「早熟」な面と表面化しにくい「思春期の長期化」が重なり、思いもよらない問題が出てくることもある。若いＴＣＫは人間的に成熟した年配の人に惹かれ、結婚相手に年齢差のある人を選ぶことがある。しかし残念なことに、「早熟」のＴＣＫは一時、年の離れた配偶者が自分に合っていると思うのだが、深層部に隠れていた成長の遅れが後年になってその結婚を台無しにしてしまうことがある。ＴＣＫは見かけほど中身が成熟していない場合が多く、見かけに反して結婚に伴う責任やパートナーとの人間関係を担っていくだけの準備ができていないことがある。それはアイデンティティ、適切な意思決定能力、安定した人間関係を構築する能力などの発達に関する問題に向き合えていないからである。また、ＴＣＫの結婚に限ったことではないが、若いほうのパートナーがより深い真の成熟に向かう時期になると、年上のほうは必ずしも同じペースで成長するわけではないので、若いほうは次第にがっかりし、夢は砕け、結婚に満足できなくなる。

●組織からの分離

親の所属する組織という、ある意味サブカルチャーのなかで育ったＴＣＫは、アイデンティティの確立過程でさらに別の要因に直面する。すでに述べてきたことと関連するが、十分に組織化されたコミュニティのなかで育つことがＴＣＫの成長過程にいかなる影響を及ぼすかという問題である。

まず、揺るぎのない盤石な組織のなかで育つことには多くの強力な利点がある。海外駐在組織は家族やコミュニティとしての役割を持つ。航空運賃、住宅、駐在員向けの特別店舗などは組織が提供する。しかし一方で、行動に関しては組織独特の指針や規則を課すのだ。組織とは帰属意識という心理的要求が満たされる場である。そこに属する者と属さない者とははっきりと区別されるからだ。ＴＣＫのなかには他のどんなグループよりもそのコミュニティへの帰属意識を強く感じ、秩序の行き届いたまさにその組織のなかで生きることに安心感を覚える者がいる。

反対に、組織のなかで育つことにより息が詰まってしまうＴＣＫもいる。組織の厳しい規制を負担に感じ、それから逃れたいと思う。人生を左右する数々の出来事に自分の意思はこれまで尊重されてこなかった。いつ、どこに親が転勤になるのか、どこの学校に通うのか。特定の環境における行動規範、さらにはどうやって自分の内なる感情を表すか。彼らは組織を「容赦のない宿敵」と思い、個人の意思に関係なくルール遵守を強制する組織に激しい怒りを感じる。組織が自分の人生を台無しにしたとまで言う者もいる。

秩序の保たれた組織のなかで育つＴＣＫはそのメンバーとして取るべき行動をよく知っている。規則に従わないと、それはＴＣＫ本人のみならず家族の不名誉となる。多くの場合、組織の力は家庭の決定権よりも上位にあるのだ。いつどこで子どもを学校に入れるかなど、普通は親が決めるようなことでもそうだ。

組織の存在は、人によっては良い方向に作用したり、逆に負担になったりすることもあるが、それはなぜか。組織の運営方法には違いがあることを踏まえた上で敢えて単純化すると、ＴＣＫと組織の関係は、個人の才能や性格といった資質の観点から以下の四つのカテゴリーに分類することができる。

一．組織に馴染んではいないが従う努力をする

組織やそのルールと相性の良くない子どももいる。周りがそれをクズだと言ってもラップ音楽に密かに憧れる。世俗的な装飾にとらわれるのは信仰が足りないとされる環境で育ち、実際に住んでいるのは質素で茶色い日干しレンガの家だが、色とりどりで派手なインテリアに憧れている。新しい人に会うことには気後れするが、絶えず催される社交パーティーでは笑顔をつくり、体裁を繕うことができる。本当の気持ちや本当に望むことをみだりに口に出したりはしない。幼いときからそのようにしつけられてきた。本当の自分や才能について考えることを抑制し、そうしたことに思いを馳せること自体がいけないことだと自らに言い聞かせ、組織の求める人間像に近づく努力を重ねる。

このカテゴリーに入る者の問題点は、アイデンティティは外部組織からの押し付けであり、自分の深いところからくるものではないと考えていることである。規則にがんじがらめの人生に気がつかないでいると年を追うごとに自分を規定する組織から自身を切り離せなくなり、柔軟性に欠ける人間になる。組織の一部分でも自分自身から取り去ってしまうと、自分というものがわからなくなる。自分という人間が組織によって成り立っているため、それなしではアイデンティティが成り立たないからだ。だが、密かに自分が組織の求める通りの人間になれないことを恥ずかしく思っていることも多い。

二．組織に馴染んでいる

組織そのものやそのルールに性格的にも興味の点でも馴染んでいる者にとって、組織は居心地がよい。権力に逆らわないのんびり屋の軍人子弟、車の高級内装に何の価値も感じない実利主義の宣教師子弟、社交的で人に会うことの大好きな外交官子弟などがそうである。組織内のライフスタイルに上手く馴染み、自分が何を考え何をしたいか、自分とは何か、などの面でも矛盾を感じない。組織のなかで自分を表現するのに困らない。組織との相性が良い。

三．組織に馴染んではいないが、それに気がついていない（もしくは気に留めない）

このカテゴリーに属する者はラップ音楽でも周りを気にせずに聞く。反抗的な態度を取っているわけではなく、単に好きなものを隠さないだけだ。他人にどのように思われようと気にしない。周りから叱られるよ、と言われても、「別にいいよ。人の気に障るようならヘッドフォンを使うから」と答える。あるいは部屋に閉じこもってひたすら読書をする。社会生活を拒絶しているわけではなく、読書が好きなだけなのだ。そのような子どもは人とは違うことをしたがる。他人との違いを強調したいからではなく、その選択がいいと思うからだ。他人と同じであろうという努力を特にしないが、興味が一致すれば人と交流する。彼らが自立しているのは内的な安心感があるからだろう。幼少期から家族内で「人間関係」「帰属意識」など基本的な心理的要求が満たされているのだ。また単に性格ということもある。いずれにせよ、自我が内部から確立されており、周りの環境に左右されることなく物事を見て行動する。

四．組織に馴染んでいない上、それを自覚し、さらにそのことを周りに見せつけることに専念する

四番目のこのカテゴリーに属する者は、この一つ前のカテゴリーに属していると自分では思いたいかもしれないが、実際は違う。早い時期から自分がどこか、組織に馴染んでいないことに気がついているのである。寄宿学校での初日、夜に大泣きして「しっかりしなさい」と叱咤されたが、それでも泣くのをやめることができなかった経験。どうして物事はそうなるのか、他に方法はないのか、答えを知りたいだけなのに、「なぜ？」と質問すれば「黙って言うことを聞きなさい」という返事が返ってくるだけ。「なぜ、なぜ？」がいつまでも心のなかにくすぶり続けている。組織に合わないと感じさせる出来事が次から次へと起こり、最後には（無意識に、または意識的に）組織に真っ向から反抗するようになる。自分はその組織にだけは絶対に迎合しない、という思いである。皮肉なことにこの外見上の反逆には裏がある。自らが否定しようと躍起になっている組織によって自分のアイデンティティが成り立っているのだ。「自分は○○ではない」ことを証明することに必死になる人間は、得てして自分が何者なのかを発見することができないのである。

断っておくが、強固な組織に属することは悪いことではない。組織とはある共通目標の達成に向けてコミュニティを機能的集団にするためにも効率的で必要な手段なのだ。組織と上手く折り合い、その一員となる。組織によって帰属意識という主要な要求が満たされるのだ。確かにそうかもしれない。だが組織はそれ自体、私たちが何者なのかまでを規定するものではない。

そのことを理解すれば、ＴＣＫとＡＴＣＫは自分の属する組織についてより深く考え、そしてどこが自分に合っていて、どこが合わないのかを検証できる。組織全体を取り込む必要もないし、また否定する必要もないのだ。

反抗期の遅滞

思春期の長期化は、自分はなぜ他人と違うのかを問い続けるＴＣＫにとってすでに十分辛いものだが、もっと辛いのは反抗期の遅滞である。これは本人にも家族にも辛いものだ。ルールに逆らう行為が思った以上に遅く現れ、また誇張された形で出てくる。家族やコミュニティが大切にしている一つひとつの慣習へのあからさまな反抗、これが思春期をはるかに過ぎてもまだ続く。もちろん海外生活の経験のない家族にもこうした現象は見られるが、ここではＴＣＫの反抗期の遅滞特有の要因と、反抗期がなぜ十代を過ぎても続くのかを見てみたい。

・思春期の長期化による結果

大人になる成長過程で、これまでの教えに逆らい、大人のすべての期待を裏切ろうと試みる子どもがいる。理由は何であれ、その行為によって「反アイデンティティ」をよそおうのである。この反抗のプロセスは思春期特有の文化規範への挑戦で、いわば通常の行為である。すでに述べたさまざまな理由から、通常のプロセスに遅れが生じると、それに伴って現れる反抗期も遅れてやって来るケースがある。

・**ルール遵守からの解放**

子ども時代を通して厳しいルールに従わざるを得なかった若者は、ルールから解放された途端、それまでできなかった反抗を試みる。親の目が光っている高校時代に少しずつルールに逆らうのとは違い、大学に入って破目を外すと自制が利かなくなるのだ。

このような反抗であっても少々やり方が間違っているように見えて、実は「自立」への道のりにはポジティブに働く。このような状況下でも親や周りの者たちはその行動を理解することに努め、忍耐強くなることが必要だ。行き過ぎた場合には（それが可能であるときは）「自立」という最終ゴールを考えて、それは逆効果だと諭してやることが肝要である。

・**孤独**

反抗はときに助けを求めるサインでもある。両親に何かを訴えようとしたＴＣＫに、私たちはたくさん会ってきた。「落ちつける場所が欲しい」「休暇の時期が来ると絶望的な孤独に襲われた。休みに入って他の生徒はみな親元へ帰るというのに、両親は海外に赴任しているため自分は学校の寮に残らなければならない。故郷の親戚は他人も同然だ」「学校が合わなくて苦痛でもうやめたい。でも両親は真剣に取り合ってくれない。Ｅメールで『がんばって』『状況は良くなるはず』もしくは『神を信じなさい』といった決まり文句が返ってくるばかり。そうでなければ両親は、自分たちがなぜ海外駐在で働かねばならないのかというくどくどした説明をまた繰り返す」

最終的に子どもは行動によって、言葉ではわかってもらえなかった「僕・私のそばにいて、『故郷』に帰ってきて」というメッセージを叫ぶ。麻薬に手を出して逮捕されたり、妊娠したり、自殺を試みたりすれば、必然的に両親はたとえ短期間であっても会いに来ることはわかっている。重症になる前に子どもからの（言葉に出る・出ない）サインを見逃した親は、この切実な反抗の場に及んでも子どもの深い孤独と願望をまだ理解できていない場合が多い。なぜ反抗しているのか、その原因を理解しようともせずに子どもの行動をただ批判するだけ。そのため親子間の溝はそれまで以上に深いものになってしまう。

するとＴＣＫはさらに行動をエスカレートさせる。麻薬、アルコール、過労働、一風変わった社会運動に訴える。落ちつく場所と安心感を求めるあまりに生じる辛さを麻痺させるためだ。孤独と願望に注意が向けられない限りＴＣＫは自分を要塞で囲み、自滅的な行動を続け、周囲が恐れていたような最悪の事態を故意に実現させることになる。

・怒り

癒されない傷と怒りの症状はこの時期に噴出し、反抗を激しくする。怒りの矛先は親や育った組織、また母国や神の場合もある。怒りの爆発の奥に何があるのかを理解しようとする人はあまりいない。経験への理解のない言葉や拒絶はＴＣＫの痛みを増幅させ、より大きな怒りと反抗への引き金となる。

もう一つの状況が怒りの原因となることがある。両親から離れた生活を長年過ごしたＴＣＫは両親を理想化すると前に述べた。そのようなＴＣＫも成人していくにつれ、自分も両親も含め人間とは完璧ではないということがわかりはじめる。理想の両親像が崩れたことに怒りを感じるだけでなく、なぜ完璧な自分を生んでくれなかったのか、両親を責めはじめる。「普通の生活をしていたら、もっと良い両親を持っていたら、こんな風に悩む自分はいなかった」ＴＣＫであろうとなかろうと、自分が完璧でないことで両親に怒りを抱くことは通常の成長の一過程である。しかし両親が海外駐在で遠くにいるＴＣＫの場合、問題に向き合うことは難しい。

要は怒りの理由が何であれ、それは概して両親に向けられ、それはさらに懲罰的な傾向を持つようになるということだ。ＴＣＫは自分を傷つけた相手を今度は自分が傷つけたいと思うのだ。反抗期の遅滞の大きな問題は、それが二十代後半に現れると、十代に反抗期を経験する場合と違って、より破滅的になり得るということである。

ピエールはスイスの外交官の子どもで、南アメリカの四つの国で育った。二十代前半のときには、世界を巡る根無し草のライフスタイルは好きかと友人に聞かれれば、「大好きさ。荷物をまとめて移動するのに何の問題もなかったね。先には何かわくわくすることがあるってわかってた。僕は九つの国に住んだことがあるんだ」と答えていた。

やがて結婚して三人の子どもを持った。そして状況は変わった。仕事をしたがうまくいかないことがたびたびあった。妻や子どもを養うためにどうにかしなければと考えるのに疲れてきた。家族との生活に幻滅し、重い責任に嫌気がさした。それまで大切にしてきたものからついに目を背け、放り出した。責める者に対しては「僕は今まで人が望むことをして生きてきた。もうたくさんだ。これからは自分のやりたいことをする」と言った。

このような形の反抗はもちろん望ましくもないし、起こらないほうがいいに決まっている。TCK本人だけでなくその親や家族、友人までもが傷ついてしまうからだ。こうしたことが起こる原因に気づいていれば、その後の破滅的な行為に脅かされることも、また破滅的な状況にがんじがらめになることも避けられる。親や周りの大人にとって最も効果的な予防手段は何だろうか。それはたとえ融通の利かない組織や家族のなかで育ったとしても、TCK本人にもいくらかは物事を決める権利がある、と知らせてやることだ。その際、組織の有効性を脅かさず、危険を伴う結果を招かないことが条件となる。最も重要なことは、TCKとATCKが自分の行動の責任は自分にあることを自覚し、自らの行動を改善するための支援を求めることだ。また自分の人生が他人に振り回されたひどいものであったと責任を他に転嫁することをやめることなのだ（詳細は第３章第４節を参照）。

このように数々の問題を見ていくと、ＴＣＫがどうにか苦難を乗り越えていくことにあらためて感心せざるを得ない。台湾で育ち、アメリカの大学に進学したドイツ人ＴＣＫのダークは、数多くの文化と場所のなかで生じる困難と折り合いをつける方法を見出した。どんな文化に身を置いても、その文化のなかで精いっぱい生きながら自分の一部である別の文化も否定しないことだ。彼はその現象をパソコンを使うときに譬えた。

僕はアメリカにいるときは「アメリカというウィンドウ」、ドイツにいるときは「ドイツというウィンドウ」をつくったのさ。ドイツに行くとそっちが前面に出て、アメリカのウィンドウが後ろの方で最小化する、登場人物も一緒にね。でもまだ開いていて消えたわけじゃない。

不均等な成熟の利点と難点

ＴＣＫのアイデンティティと発達問題を考えるときに利点と難点が絡み合っていることを忘れてはならない。「思春期の長期化」の原因そのものはサードカルチャーにおける数々の素晴らしい経験に根ざすものだが、こうしたプロセスをひとたび理解してしまえば、ＴＣＫも両親も「早熟」をひけらかすような自惚れやエリート意識を警戒し、同時に遅れている部分をパニックに陥ることなく補足していけるのだ。時間とともに成熟のプロセスは自然と円滑に運ぶようになり、他の者と同じように思春期を通り抜け（遅れて来ようとそうでなかろうと）、大人へと成長していくことができるのである。

ＴＣＫの人生のなかには人間としての基本的な要求を最も深い方法で満たす機会が数え切れないほどあり、それを経験して強固なアイデンティティができる。人生の難問に取り組みながら育ってきたＴＣＫは、そうした経験を積まずに育った子どもに比べて目的意識や価値観に深みが加わる。またＴＣＫ体験に必ずついてくる哲学的、政治的、社会的問題に対する関心によって実質的な知識が広がっていくのだ。

ＴＣＫには、人生では必ず直面する困難が数多くあるが、そうした困難が避けられるのであれば、それまでの豊かな人生を投げ打ってもかまわないと言った人は、私たちの知る限りほとんどいない。時間が経てばＴＣＫは発達の過程を辿って、思春期を経て成人期に至るだろう。それが長期化する、しないにかかわらず。その過程を無意識にではなく意識的に考えていくことを通じて、ＴＣＫとＡＴＣＫは最終的に明確で強固なアイデンティティを確立することができる。その過程が「不均等」と表現されるのも、かつて通常と考えられていた発達過程と照らし合わせるからであり、今日のように文化のパターンが目まぐるしく変化する世界ではもはや普通のことなのかもしれない。

第3章　サードカルチャーキッズの道のり

THIRD CULTURE KIDS

I　過渡期の経験

人生は別れの連続だ。世の中には別れから立ち直れない人が多くいるが、そのたびに痛みを覚えるのは心が柔軟で健全という証拠でもある。私たちがそれぞれのストーリーを語るとき、「過渡期」や「移動」はより大きな物語の一部であることに気づくだろう。それは力強くゆるぎない物語で、人生に意味を吹き込んでくれる。自らの経験を語ることで、その経験自体の複雑さだけに留まらず、人間の心の複雑さをも理解するようになる。そうして私たちは、自らの経験を語ることを覚えるのだ。私のストーリー、あなたのストーリー、そしてすべてのストーリーには意味があるのだから。

『世界のはざまで――文化と帰属意識について』

ＡＴＣＫ　マリリン・ガードナー

この短い文章のなかで、マリリンは繰り返される移動に伴うジレンマを強く訴えかける。別れに伴う痛み、そしてその経験を通してつくられていく物語の壮大さ。過渡期というものはだれもが経験することであり、人はそれを避けて通ることはできない。しかし、ＴＣＫとその家族にとっては、それがライフスタイルなのだ。変化は過渡期を引き起こすが、双方の違いを把握しておくことは必要だ。いったい「変化」と「過渡期」とは何が違うのだろうか。考えてみよう。

変化と過渡期

変化とは、一つの場所・状態から別の場所・状態に動くという「身体的または外的なプロセス」である。自分の外部で生じること、または自分の身に降りかかってくることである。メリアム・ウェブスターの辞書には、変化とは「人または物が異なる状態になる。あるいは（人または物を）異なる状態にさせること」と定義されている。一方過渡期は、専門家によれば「変化への道筋」であり、新たな場所に辿り着く際に人が経験する「心理的・感情的変化」に焦点を置いている。つまり過渡期とはさまざまな変化に適応していくプロセスのことである。

変化とそれに伴う過渡期はさまざまな理由によって起こる。「健康だったのに、慢性的な病気を発症した」「独身に終止符を打ち、既婚者になった」「ベッドに入ったときには平穏な国だったのに、目が覚めたらテロ事件が勃発していた」これらは身体的な動きを伴うことはないが、「状態」が変化する例である。この節では、国際間移動とそれに伴う混乱という視点から、変化とそれに伴う過渡期の影響について取り上げる。

変化とは主に外的な事象で、かつ短期間のうちに続けざまに起こることが多い。それに対し過渡期はより内的な事象で時間のかかるプロセスである。だれしも変化は避けようがないが、過渡期においては、少なくとも健全な（安定して穏やかな、かつ自信に満ちた）過渡期が訪れる保証はない。人生において変化はつきものだが、この変化に伴う混乱のなかで何が起きるのかということが問題になってくる。しかし、現代においては変化のスピードは激しく、人の気持ちのほうがなかなか追いついていかない。人間は適応力のある生き物だが、心が変化に追いつくためには時間を要するのだ。

ＴＣＫにとって変化も過渡期も日常茶飯であることから、大した問題ではないだろうと考える人たちがいる。それらはＴＣＫにとって当たり前のことで、もう慣れっこのことじゃないのか、と考えてしまうのだ。ブログやフェイスブックの投稿では、ＴＣＫの経験を疑問視したり過小評価したりするコメントをしばしば目にする。「何がそんなに大変なの？　だれだって過渡期には大変な思いをしているよ」「人生に困難はつきものなんだから、さっさと立ち直れよ。悩んでるのはお前だけじゃないんだし」こうしたコメントをＴＣＫが読むと、ＴＣＫはそれらを鵜呑みにして「そうか、その通りだ」と考え込む。そして、「なぜ自分はクヨクヨしてしまうのか」と自問自答してしまうのだ。

「健全な過渡期」というものが、変化に前向きに適応し、慣れていく過程だとしよう。その過程を難しいものにしたり、阻害したり、あるいは遅らせてしまう要因があるとすれば、それらを理解し、対処する方法を見つけ出さなければならない。ＴＣＫの経験する特殊な過渡期は、それらが度重なることによってさらに影響が増幅していく。そのことに気づかなかったり、理解が足りなかったりすると、人々はＴＣＫの存在に注意を向けるべきなのかどうか疑問に思ってしまうのだ。「世界を巡って生活を送る特権を持った子どもたちに注目する必要などないんじゃないか」と。

しかし、本書を最初から読んでいる読者には、ＴＣＫの存在に目を向けるべき理由がわかっていただけると思う。第１章第１節から第５節では、ＴＣＫが直面する度重なる移動の影響について見てきた。自分自身、または周りの人たちの移動からくる影響だ。第１章第５節では、ＴＣＫが過渡期に経験する異なるタイプの悲嘆をはじめ、さまざまな理由から起こる「未解決の悲嘆」について見てきた。過渡期に際して人が行う調整はさまざまな側面に及ぶが、それは人間の多面性を考えれば当然のことだろう。次に挙げるのは、ほんのいくつかの例に過ぎない。

- 現地時間と気候の変化に身体的に適応しなければならない。時差の影響がある。
- 言語や文化が変わることによって、考え方や認識も変えなければならない。
- 気持ちのなかに喪失感と高揚感が共存し、異なる感情が入り交じっている。
- 社会生活が新旧入り交じり、新しい形に生まれ変わる。
- 信念やアイデンティティが揺さぶられることで、精神面でもきついと感じるようになる。

変化には緩慢なものから激しいものまでさまざまあるが、これについては次節で取り上げる。国際的な移動という変化には、いやが上にも喪失が伴う。得るものがたとえ大きくても、だ。過渡期の各段階についてはこれからおいおい述べていくが、ここではまず、家族全員が同じタイミングで各段階を順序正しく経験していくわけではないことに留意したい。このプロセスの途中で大きく混乱し、迷ってしまう人もいれば、そうでない人もいるだろう。この過渡期において、せめて、いくつかの指標を知っていれば安心してそれぞれの段階を通過することができる。そして、喪失には必ず去る側と残される側の両方があることを忘れてはならない。その喪失によって、悲嘆がもたらされるのだ。

ここからは、実際、過渡期に何が起きるのか、そしてこの避けられない困難の数々に対処するためのストラテジーについて見てみよう。第1章第5節で述べた悲嘆のサイクルと同様、過渡期には明確に区別できる段階があるのだ。それがどのようなもので、なぜ重要なのかを見ていくことにしよう。

過渡期の段階

ＴＣＫとその家族が過渡期を上手く切り抜けられるよう、関係者がこのプロセスについて知っておくことが望ましい。その理由は少なくとも二つある。一つ目は、ＴＣＫとその家族が自らの経験をごく普通のものとして捉え、そして自分たちは孤立しているのではなく、また不健全な感情を持っているのでもないと理解できるようにするためである。そして二つ目は、ＴＣＫがさまざまな喪失の結果として長期に及ぶ未解決の悲嘆を抱えなくても済むように手助けするためである。「あなたは一人じゃない」「あなたは変じゃない」「悲嘆は完全に消えることはないにしても、時間とともに和らぐものだ」ということをＴＣＫに知ってもらう必要があるのだ。

デビッド・Ｃ．ポロックは一九八〇年代にはじめて、過渡期には次の五つの段階があると提唱した。

一．安定期（関わり期）
二．準備期
三．移行期
四．立ち入り期
五．再安定期

この節では、典型的な過渡期段階における心理学的・社会学的な経験について述べ、移動する人・家族及び元のコミュニティに残された人たちに何が起きるのかを見ていくことにする。そして、このだれにでも起こり得る過渡期のプロセスを、どのようにしたらＴＣＫ及びその家族が健全に乗り切っていけるのかについて提案してみたい。変化と過渡期は残される側も経験することだが、ここでは便宜上、移動する側からの視点で話を進めていく。その前提としては、これが「私たちＴＣＫに共通した経験談」であり、だからこそ主語には「私たち」を使うことで普遍性を強調していることを付け加えておこう。もちろん、個人として、あるいは家族内において、一人ひとりが過渡期をまったく別のものとして経験し得るということを理解した上での話である。

一．安定期（関わり期）

最初のこの時期はだれも気づかない。普段の生活で何かの段階だとは認めにくいのだ。安定した何ら心配のない状態。自分の居場所はあるし、周囲にも溶け込んでいる。理想的な環境であり、自分とコミュニティは密接な関係にある。社会常識も心得ていて慣習や伝統を無意識のうちに守り、コミュニティからも認められる存在として生活している。コミュニティに関する問題については、自分も関わっていかなければという義務感を持っている。現在の出来事や人間関係を主体に考え、過去や未来をくよくよ考えることはない。

私たちがある場所に安定した状態で関わっているときには、さまざまな団体や組織に所属していることが多い。例えば、クラブやクラス、また何かの「会」や信仰のコミュニティ、あるいはスポーツチームなどだ。そこでは何かしらの役割を受け持ち、他人に認められていることを自覚している。安全で安心な状態だ。ダグ・オオタ博士が自著『安全な路』のなかで述べているように、「人間の最も重要な基盤を成すものとして、感情面での安定と帰属意識に勝るものはない」のだ。健全な状態でいるとき、人は時間にも気持ちにも余裕がある。そのため、好奇心と創造性に溢れ、学ぶことに対して前向きになり、他者への思いやりも持つことができるのだ。

二．準備期

そしてある日、人生が変わりはじめる。移動に伴う「良い点」「悪い点」をよく考えた上で引っ越しを決める家族もいるであろうが、多くの場合は、そのときの状況や所属組織の意向によって移動を余儀なくされることになる。移動が決まると同時に、家族のなかでそれぞれが「安定期」という居心地のよい段階から「準備期」の段階に移る。引っ越しが国外か国内かにかかわらず、この準備期という段階を乗り切るのは全員にとって非常に大事である。

異動の話が出て、心のなかで準備が始まる。最初は何が起きているのか、はっきりとはわからない。特に異動が半年先というときなどはなおさらだ。異動の宣告がもっと急な場合は、出発に向けた無意識のうちの準備はほとんど瞬時に始まると言ってよい。感情移入を避けはじめ、それまでの親しい人間関係から遠ざかり、責任が生じるような行動は避けるようになる。友人に電話する回数が減る。仕事上の新しいプロジェクトには参加しなくなる。高校三年生や大学四年生が活動から引退するときのような、急にやる気がなくなる現象を「最終学年病」という。

この段階において一歩引いてしまう行動は普通のことであり、また必要でもあるのだが、そのことによって本人も周囲の人たちも困惑してしまうことがある。すべてから距離を置こうとするこうした行為は人間関係において怒りとフラストレーションを招き、仕事の仕方にも影響することがあるのだ。

あるセミナーにデビッド・ポロックが呼ばれた。準備期における、すべてから距離を置こうとする行為について話している最中に会場がざわつきはじめた。会場の端に座っていた男性が、周囲からのクスクス笑いに顔を赤らめている。デビッドが話を中断し、どうしたのかと聞くと、男性は話しはじめた。

「白状したほうがよさそうですね。私はここの部長を務めております。つい昨日のことですが、ここにいる部下たちから話があると言われましてね、最近の仕事ぶりについて注意を受けたのですよ。心ここにあらずの状態で仕事をしているというのです。休むことが多いし、それも長く取る。また、話をしていても聞いてない、とね。今聞いたお話で思い当たりました。実は先月、社長から異動の話を言い渡されたのです。気持ちはもうここにはなくなってしまっていたんです」

「そうですか、でもそれは普通のことですよ」

デビッドは慰めるように言った。

「私もそう思います。ただ、問題は異動がまだ二年も先だ、ということなんですよね。もう一度、気を引き締める必要がありそうです」

と男性は言った。

この男性のように、オフィスのみんなから顰蹙《ひんしゅく》を買ってしまう例は珍しいかもしれないが、異動するまでの間、できるだけ長く人間関係を良好に保つ努力をしないでいると、何らかの形でそれが表に出てきてしまう。これは、別れを辛いものにしないために無意識に取ってしまう準備期の拒否反応なのだ。自己防衛の拒否反応は他の形で現れることもある。

●悲しみや辛さを押し殺す

寂しさを素直に認めるどころか、「もともとここの人たちはあまり好きになれなかった。あの人からのいろんな相談事ではずいぶん時間を無駄にした。私がこの職場を去ったら、彼女からの十分おきのメッセージも見なくて済む」などと考える。また、異動を楽しみにしていると話すことで寂しさを紛らわすケースもある。すでに先のことを考えはじめている。現地に行ったらおいしい食事をしていろいろなものを見てと、すでに気持ちは次の赴任地に飛んで行ってしまうのだ。

ある カナダ人のＡＴＣＫがセミナーの途中で泣きはじめてしまった。
「デビッドさん、私は酷《ひど》いことをしてしまいました。私はパプアニューギニアの奥地で育ったんです。大学に入るために祖国のカナダに戻ることになったとき、これからはビ

ッグマックを食べたり、テレビや電気のある生活ができるんだ、といったことで頭がいっぱいになりました。新しく出会う友達のこともちろん思いました。パプアニューギニアの友達が私のところにお別れに来てくれたとき、みんな泣き出してしまいました。それなのに私は黙って立ち去ってしまったんです。今思い返すのは、小さな飛行機が飛び立つときにみんなが見送ってくれた姿。みんなには私が別れを何とも思ってないように見えたと思います。できるなら、そのときにもう一度帰ってみんなと抱き合いたい。どうしたらいいのでしょうか」

このTCKがカナダに戻ることを楽しみにしていたことになんら不思議はない。しかし別れをきちんと済まさなかったことが、後々まで残っているのだ。自分の感情を押し殺せばそのときはいいかもしれない。が、悲しみがなくなるわけではない。それを後まで持ち越してしまうだけなのだ。

●疎外感を認めない

友人がこれからある行事について話し合っているとしよう（来年の社内ピクニック、また学校での演劇など）。とそのとき、自分がその計画にまったく含まれていないことに気づく。何をしたいのか、その計画をどう思うか、だれも自分に意見を求めてこない。まるでそこに自分（または家族）が存在していないかのようだ。しかしそれは当然かもしれない。自分はもういなくなるのだから、友人たちにしてみれば、計画に含める必要はないのだ。わかってはいるものの、ひどく疎外感を感ずる。そんな疎外感をくだらない、子どもじみた感情だと否定しようとすると（そもそも疎外感など感ずるべきではないのに）、心の奥底にあった疎外感は怒りへと変わり、自分でも思いもよらない結果を招くことがある。特に相手が親しい友人だったり同僚だったりすると、それが大きな仲違いを招いたりする。疎外感を感じている自分を認めないと（辛いことだが）、つい失態をやらかしてしまうことが多いのだ。これは去る側と去られる側の双方に起こることだ。去る側が傷つくだけでなく、去られる側も傷つけてしまうことがあるのだ。

いずれにしても別離は複雑なプロセスである。それは自分が蚊帳の外だと感じる場合も、反対に心が離れてしまったことを相手が感じてしまう場合も同じだ。目の前の計画が実現する頃にはもう一緒にはいられないことを、双方ともにわかりすぎるほどにわかっているのだ。わかっていても痛みを感じるのは、「疎外感」というものが、まるで実際に起こる痛みであるかのように、身体的な痛みとして脳に記憶されてしまうからなのだ。

●「未解決の問題」を投げ出す

別れが近づくにつれ、ぎこちなさを改善することがどうでもよくなってしまうことは多い。ぎくしゃくした人間関係を修復することなく、どうせもう会わなくなるし、何年かして再会したらお互いになんとも思っていないかもしれない、少なくとも敵対心は薄れているだろう、と楽観する。だが実際にはそう上手く事は運ばない。直視したくはないだろうが、現実は未解決の問題すべてが次の場所に持ち越されてしまい、それが新しい関係にも影響してくる。どこかで気持ちがねじれたままだと必ず別のところにも悪影響が出てくるものだ。

●期待をしない

落胆しないようにするため、また恐れを隠すために期待することをやめる。「次の家はどんな家だっていいさ。住めればどこでもいい」などと思う。周囲の人が自分を惜しんでくれなくてもいいと思いはじめる。期待しなければがっかりしなくても済む。しかし現実には人間は何かを期待するようにできているのだ。期待が大きすぎると落胆も大きいが、期待をしないように努めると、そこから焦燥感や恐怖感、そして不安感が生じてくる。

三．移行期

過渡期で肝心なのは何といっても移行期である。この段階ではさまざまな感情が入り交じる。感情的になる、合理的に考える、どっちつかずの宙ぶらりんの状態になる、確固たる意図をもって前進する、安心する、突然興奮するなどの感情のカオスに陥るのだ。矛盾しているようにも見えるが、静と動の感情が同居し、静かに考えを巡らせながらも異様なテンションで走り回っている。「次は何が起きるのだろう？　どうなるんだろう？」移行期は一つの場所を離れ、次の場所に到着してそこで終わりではない。移行期は意識的であろうとなかろうと、その場所に定住し、そこに馴染むのだという意思決定をするまで続く。これは「移動中」の段階とも言えるだろう。まだ何も落ちついてはいないのだ。

グローバル・ノマド創設者の故ノーマ・マッケイグ曰く、「移行期は海外駐在に出た家族が一時的にせよ機能不全に陥る時期である。機能不全状態は長くは続かないが、非常に辛いものである」と。また後ほど詳しく説明するＲＡＦＴという作業をこなして移行期を上手く乗り切り、新たな環境を楽しめたとしよう。それでもこの時期は、残してきたものや人々に対してきわめて大きな喪失感を、不意に覚えることが多い。移動の後には「後戻りできない」という事実に直面するので、そこで「大変な間違いを犯してしまったかもしれない」という気持ちになることがあるのだ。

この段階に共通して見られるテーマが、先程述べた混乱状態である。今までとはまったく違うスケジュールで動き、新しく出会う人には以前とは違う期待をされ、生活には新しい責任が生じ、それなのにまだ暗中模索状態が続いている。家族がみな荷造りをし、それぞれの運ぶ荷物の重さを必死に調整する。そして睡眠サイクルが滅茶苦茶になるなかで、北京・パリ・シカゴ・リオ（デジャネイロ）の空港を通り抜ける。海を渡って移動するこの大変さは、出張や旅行などの飛行機による移動しか経験のない人には、なかなか理解できないだろう。この段階は混乱状態から生じるストレスにより、家族全員が脆《もろ》くなるときでもある。

この移行期について考える際に、ついサーカスの空中ブランコを連想してしまうのも無理はない。「どっちつかず」の状態は目眩《めまい》がするほどだ。空中ブランコ乗りが、一つ目のブランコから手を離し、次のブランコが何とか無事に摑めますように、と念じながら宙を舞っている。このブランコ乗りの経験する、どっちつかずの状態がまさに「リミナリティ」であり、さらには物と物の境目の空間を「リミナルスペース」と呼ぶことができる。

国際移動はちょうど、空中ブランコ乗りが体感するリミナリティ状態に似ている。移動のスピードは速く、ミスを犯してはならない。興奮・幸福感・不安・恐怖・疑念のすべてが入り交じるこの段階には、ある種の依存性を伴う、と言うTCKもいるくらいだ。移動に伴うストレスと、その結果として生じるアドレナリン——ドキドキ感——には病みつきになる効果があり、ときに無性にその刺激を欲してしまうのだ。脳の研究が進み、最近ではこのリミナリティが心地よいと感じる現象であることがわかってきた。私たちもそれに同意する。実際、自分がアドレナリンを欲するタイプでないとしても、リミナリティ独特の「どっちつかず」状態の魅力を想像することはできるだろう。

「空港にいるときか、飛行機に乗っているときが一番幸せ。住んでいた場所を離れるのは悲しいけれど、次に行く場所のことを考えると胸がワクワクする。まだがっかりすることも起こってないし」

これは移動を重ねてきた十二歳の子が言ったことである。

マリリン・ガードナーはこう表現している。

「移動ができるということは人生の最大の恵みだと思う。移動は『謙虚さ』と『精いっぱい生きること』を同時に教えてくれる。そしてその恵みと魔法は私にとって空港から始まる。空港は何もしようとしなくていいところ。最も心地のよい、間《はざま》の空間なの」

移行期の「剝ぎ取られる」感覚と「リミナルスペース」に共感するＴＣＫは多い。この「剝ぎ取られる」感覚は痛みを伴うが、その一方でリミナルスペースは可能性と機会を与えてくれる大切なものだ。何も気にすることなく自己を振り返り、新たな視点を得ることができる貴重な時間、そこには自由がある。「どこにもまだ到達していない」旅の段階では、移動する、そして待つ、といった潮の満ち引きのようなリズムがあり、そこに解放感を覚えることもできる。すべきこともきわめてシンプルだ。手荷物は頭上の荷物置きに入れる、入国審査の書類に記入する、パスポートを失くさない、地下鉄の降車駅を確認する、など深く考える必要のない作業ばかりだ。

また、人知れず自分だけのプライベート空間を保ちながら移動するという心地よさもある。そんなときに飛行機の機内や鉄道のターミナルなどで不意に知っている人に遭遇すると、とまどってしまう。突然「自分を知っている人がいる」という状態に引き戻されると、安心する一方で当惑してしまうのだ。それは、忘れたい、あるいは思い出したくない過去がある場合、解放されたと思っていたつながりに引き戻されてしまうからだ。

サーカスの譬えをもう一度使うのであれば、空中ブランコで相棒にキャッチされた後は台に飛び降りたり、元のブランコに戻ったりする。これもまた「移行期」にぴったり当てはまる比喩である。たとえ夫婦や家族であっても、移動の際に体験することはそれぞれ違う。どちらかの親が先に異なる国、異文化の国へと移動し、仕事を始め、他の家族は後から合流する。あるいは家族みんなで一緒に移動するものの、母親はすぐに仕事を始め、他の家族は当分まだ落ちつかない。住む場所や子どもの学校、仕事がまだ決まっていないのに、家族のなかで赴任した者だけが新たな生活の習慣を始めることもあるだろう。以下はいくつかの実例を一つのストーリーとしてまとめたものである。

コスタ家の場合、父親が家族より先に現地入りして働きはじめたため、残りの家族（母親・高校生の娘・中学生の双子の息子・ペットの犬）がブラジルからイタリアのカタニアに到着したときには、すでに六か月が過ぎていた。家族の基本的ニーズをかなえる会社側の支援は申し分なかった。しかし、子どもたちの学校が始まるまでひと月半もあったため、父親が毎日仕事に出てしまうと、後に残された家族は言葉や文化、土地に不慣れな状態に置かれた。父親は工場での仕事に忙しく、家族をサポートする時間もなかった。母親は子どもたちの学校生活が始まり、落ちつくまでは新しい仕事探しもままならなかった。移動前は難民支援という仕事に就いていたが、どこで日常の買い物をすればいいのかを調べたり、ペットの犬を検疫所から受け取るための書類手続きをするく

らいしかできなかった。

移行期においては、地理的・文化的にも異なる場所を短い間に続けざまに通過するため、ついこれらの場所を比べてしまい、その違いに強い衝撃を受ける。まだ目的地に着いてもいないというのに変化はすでに始まっているのだ。氷点下の大雪から灼熱の太陽へと変わる。ソーセージとマッシュポテトの食事からタンドリーチキンとバスマティ米の食事へと変わる。そして五時半から六時始まりの夕食の時間は、九時半から十時始まりになる。交通手段はマイカーからバス・地下鉄・タクシーへと変わるといった具合に。

移行期において私たちがどのような反応を見せるかは、置かれている状況への心もとなさや傷つきやすさと深く関係している。心の拠り所やサポートがなくなってしまっている状態だ。ついさっきまで役割や人間関係は自分から手放すものだと思っていたのに、気がつけば勝手に消えてなくなっているのだ。それまでの心地よさは失われてしまい、その挙句、取って代わるものはまだ築かれていない。身の置き所もわからないし、どんな行動が期待されているのかも見当がつかない。このように混乱した状況のなかでつい取ってしまいがちな典型的な行動を見てみよう。

●普段よりも自己中心的に振る舞う

自分の健康、金銭、人間関係、身の安全などについて、いつも以上に心配してしまう。通常は大した問題でないことも大袈裟に捉えてしまう。ただの頭痛が脳腫瘍になり、くしゃみが出れば肺炎かもしれないと心配する。お気に入りのペンを紛失しただけでも絶望的になる。探し物をしていていつも見つかる場所自体がもうないのだから。

●状況に対して大袈裟に反応する

預金口座にお金が入っていないとパニックになる。子どもの安全面に関して過敏になり、現実・想像を問わず、すべての危険から守ろうとする。携帯電話をどこかに置き忘れれば盗難に遭ったと思い込む。その場にそぐわない数々の反応をしてしまうのだ。また、イライラが多くなったり、涙もろくなったり、感情の波に呑み込まれたりする。

●いつもの日課に割く時間を忘れる

子どもへの本の読み聞かせや抱っこ、目線を合わせて一緒に座ったり、友達について会話をしたりすることなど、子どもが安心と安全を覚えるような毎日の日課を、親は自分に精いっぱいになっていると忘れてしまう。そうなると、子どもは「何が起きているんだろう」と疑問を持ち、不安を感じ、さらには自分が無視されていると思い込んでしまうこともある。家族一人ひとりの不安は家族全員の混乱を招く。家庭内では些細なことで争いが起きたり、これまでなら問題にならなかったことでも問題になったりする。

一歩外に出ると、以前のコミュニティと新しいコミュニティとでは大きく異なっているために、銀行はどこか、スーパーはどこか、食材をどこで手に入れるかなど日常生活の雑事すべてがストレスにつながる。さらに悪いことに、前の場所では当たり前だったことをしただけなのに、新しい場所では人に叱られてしまったりする。

ＴＣＫのハナは慢性的に水不足の地域で育った。そこではトイレの後「茶色だったら流す。黄色だったらそのままにする」というルールがあった。それを守らないと親からも周囲からも厳しくたしなめられることになるのだった。

アメリカに住む祖母はそんなルールを聞いたこともない。ハナが十三歳のとき祖母の家に遊びに行った。祖母はハナの腕を引っ張り、トイレを流さなかったことを叱った。そのときのハナの恥ずかしさといったらなかった。

移行期に自尊心を喪失してしまう人は多い。れっきとした大人なのに自分が無知な子どものように思えてくる。知っておかねばならないことを知らないばかりに頭ごなしに叱責される。「知っていて当然」のことを知らないで怒られるだけでなく、異文化の絡んでくる引っ越しにおいては一からすべてを学ばなくてはならないのだ。大人や思春期の子どもにとって、小さな子どもの

ように言葉や文化を一から学ぶことほど自尊心の喪失につながることはないだろう。

ある日突然、いくら声を張り上げても、現地の人は自分の言っていることを理解してくれない。これまで普通にしていた所作が現地ではまったく異なる意味を持ったりする。その国の文字が読めないと、識字ができないので、まるで読み書きができない人間みたいになってしまう。自分の言葉遣いや所作が現地にそぐわないと恥ずかしさでいっぱいになる。不安になり、また自分が無知に思えて情けなくなるのだ。常に小さなことに怒りを覚え、あるいは自分が過剰に反応していることに気づき、それにイライラし、また家族には「なんとかするから」となだめては我慢してもらう。こうしたことのすべてが気分を滅入らせる。変化のもたらす影響力があまりにも大きいからだ。

このような状態のとき、思い描く世界と現実に起こっていることのギャップを埋めるためにソーシャル・メディア（ＳＮＳ）に頼る人が出てくる。それによって適度に元気をもらって頑張れる人もいるが、その一方で連絡を取ろうとした相手が忙しすぎて肩透かしを食らう人もいる。また、かつての友人たちとつながることに必死で新たな土地に適応することを遅らせてしまうことになる場合もある。

ここまでは移動する側の話であったが、迎える側のコミュニティについても考える必要がある。たいていの場合、現地のコミュニティは新しく来る人を温かく迎え入れようとするだろう（ときには過剰なほどに）。しかし新参者とは、言葉の定義からしてもまだその土地には馴染んでいない人のことである。新しいコミュニティにおける自分の位置づけは「ステイタス不明」というものだ。自分が過去に培った人・場所・もの、の進め方に関するノウハウは新しい土地では役に立たない。これまでの経歴、能力、特技、普段の反応、実績、あるいは専門分野を周囲の人は知らない。そんなことをだれも気にかけていないように見えるときすらある。それは実際、どうでもいいことだと思っているからかもしれないし、本当は気にかけているけれど、こちらにそれをどう伝えていいのかわからない、ということもあるかもしれない。新たな学校に通うＴＣＫがショックを受けるときがある。学校の先生が自分の住んでいた国について間違ったことを言ったときや、ＴＣＫ体験に基づいた意見を言っても聞き入れてくれなかったりするときなどだ。このような経験をすると、以前やってきたことが大したことではなかったと自分を過小評価するようになる。

しかし、このような「地位や立場がはっきりしない」状態にならない人たちもいる。例えば、有名人や外交官の家族は、過渡期であっても「地位や立場がはっきりしない」状態になることはないだろう。習慣・ファッション・言葉などが流行《はや》りの場所から移動するＴＣＫは、新しい学校でも「最先端」を行く人として到着早々に人気者としての扱いを受けることもある。

とは言っても一般的には、新しい土地に移動後、その土地の人のまったく知らないことばかり話していると、そのうち「退屈な話をするお高くとまった人物」と思われるようになる。またこちらはこちらで馴染みのないローカルの話ばかりする人たちに同じ思いを抱く。新しい土地では、何気ない社交辞令のやりとりが理解できなかったり、触れてはいけない、また物議を醸すような話題について知らなかったりする。友達をつくるときにも、どのように行動すればいいのかもわからないことが多い。

周りの人たちの人間関係はすでにできあがっていて、そこには新しい人間が入っていく余地はない。あるTCKはだれかにこう言われたそうだ。「人はレゴのブロックのようなもの。人とつながるにしても、その数には限りがあるのよ。例えばレゴのブロックのつなぎ目って、いっぱいになってしまったらもうそれ以上ブロックをつなげることができないじゃない。それと同じよ」頭ではわかっていても、こんなことを言われたら、腹立たしくなり、引きこもってしまうだろう。「ふん、みんな私のことなんかどうでもいいんなら、私だって別に仲良くなりたいわけじゃないし」こうした引きこもりの感情は新しい友人をつくることをさらに阻み、余計に孤独感や疎外感を助長する。そして孤独感は怒りの感情に変わる。さらにそれが引きこもりに拍車をかけるという悪循環になるのだ。

落胆ばかりが続く移行期は激しい失望に満ちているため、難しい時期でもある。こうであってほしいと願うことと現実とのギャップは鬱憤《うっぷん》を募らせパニック状態を引き起こすことさえある。過去のつつがない生活は消えてなくなり、現実の生活は期待外れのものとなる。ばらばらのピースをどうやってつなげていったら全体が見えてくるのか。過去の秩序ある生活はもう送れないのか。そして、普通の生活がいつかまた送れるようになることを切実に願いはじめる。

四．立ち入り期

立ち入り期に入るとはどういうことだろうか。目的地に到着したときから立ち入り期が自動的に始まるわけではない。立ち入り期が始まるのは、新たな場所に向き合おうと自ら決意したときだ。「過去は過ぎ去ってしまったが、今現在経験していることも十分に価値がある」と思えたときかもしれないし、あるいはある日、意外な発見をしたときかもしれない。それは何だかんだと言いながら、少なくとも時と場合によっては、新しい環境を心地よいと思えるようになっているという発見である。

この時期に入ると混乱した生活は徐々に収まり、新しいコミュニティに溶け込む決心がついてくる。どのように行動すればよいか、それだけを考えればいい。周りの人に積極的に働きかけていきたい気持ちはやまやまだが、まだ怖々《おずおず》としてぎこちなさが残る。「気づかないうちに非礼を働いてしまったらどうしよう」「それでも受け入れてくれるだろうか」「弱みにつけこまれるような事態にはならないだろうか」新しい土地で人に接触する際にこのような不安を持つと、いつもの自分の性格がより誇張される。もともと控え目で内向的な性格の人はそれがよりひどくなる。さばけた外向的な人は、いつも以上に騒ぎ立てたり横柄な態度を取ったり、また攻撃的になってしまうことがある。自分が不作法に振る舞ったことに腹を立て、周りに好かれていないのではないかとさらにくよくよ考える。

ＴＣＫがこのような状況下で悩んでいるとき、他者とのつながりを求めたり孤独感を埋めたりするためにリスクを冒すことがある。多少のリスクはある程度必要ともいえるが、周囲がしっかりと見守っていないと、危険行為、傷つけ傷つく行為、違法行為などに結びつくことがある。

　立ち入り期においてはコミュニティ内の他者との信頼を築いたり築き直したりする作業が必要になってくる。それは人間関係の基礎となるものだ。個人的な話をどこまですべきかを考えながら話しても、つい話しすぎてしまい、相手の能面のような表情に気づく。反対に、自分の過去の話を端折《はしょ》りすぎて、相手が自分に関心を持つ機会やその相手と新たにつながる機会を失ったりしてしまう。


　TCKのマーカスが大学に入学するとき、父親はマーカスに、同級生に出身を聞かれたら何と答えるつもりかと聞いた。マーカスは「ミネソタ出身だと言う」と即答した。彼には言い分があった。そうすれば（インドネシアの）バティックのテーブルクロスを広げて、日本の刺身を食べているような、ちょっと浮いた感じの外国からの留学生グループに入れられることはないというのだ。

　だが、マーカスが同じミネソタ州出身だと聞いて喜んだ学生がいたらどうするのだろう。その学生たちはマーカスがミネソタについて実は何も知

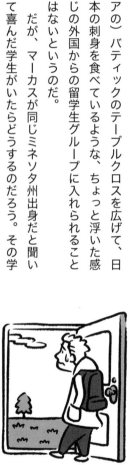

らないことを不思議に思わないだろうか？　またはマーカスと同じように南米のさまざまな国で育ってきた他のＴＣＫがいるかもしれないのに、そのＴＣＫが「テキサス出身」と答えていたとしたら、ＴＣＫ同士がつながるせっかくの機会が失われてしまうのではないだろうか。
「どうにかなるさ」とマーカスは言う。彼はただ「普通の大学生活」が送りたいだけなのだ。そしてそれは当然のことだろう。

立ち入り期には相反する感情が出てくる。新しいことも覚え、何もかもが順調に行っていると考え、「ここに来てよかった」「きっとうまくいく」と思う日があったかと思うと、次の日には答えられない質問をされて、前のところでは何を聞かれても答えられたのに、と落ち込んだりする。新しい発見を楽しむ気持ちと、のしかかるホームシックとの間《はざま》で感情が大きく揺れ動く。車のボンネットのことをアメリカ英語でつい「フード（hood）」と言ってしまったり、反対に車のトランクのことをイギリス英語で「ブーツ」と言ってしまったりして周りに大笑いされたりする。周りに合わせて作り笑いをするものの、心のなかでは「こんなことで笑い者にされたことなど今までなかったのに」と思う。前の土地では自分は「普通」で、周りと同じだった。かと思えば、その翌日には間違った言葉をうっかり使うことなく、ちゃんと現地の言葉を使うことができる。現地の人にそれと気づかれなかったとき（現地の言葉を使うと違和感はあるが）、現地に溶け込む術がだんだん身についてきていることに気づく。この過程でTCKは、自分や周りの人たちが混乱するような言動を取ることがある。

マイケルはある小学校の一年生児童の話をよくする。その児童は床に寝転がったり、物に噛みついたりという異様な行動を取っていた。教師やカウンセラーが発達の評価をしたところ、典型的な自閉症の症状が見られたので、校長のマイケルがその児童の両親に報告するかどうか決めなくてはならなかった。

この児童がこの土地に来てどれくらい経っているのかをカウンセラーが確認したところ、この児童は韓国から来たばかりで、しかも年度途中で引っ越すことを友達と別れる前日まで知らされていなかったらしいということが判明した。カウンセラーは、親に自閉症の疑いについて話す前に、あと二週間はその男児を観察すべきだとマイケルに助言した。案の定、その後の児童の行動は落ちつきを見せるようになった。この児童はアスペルガー症候群（自閉スペクトラム症）ではなく、「過渡期」の症状が出ていただけだったのだ。

いずれだれもが落ちつきを取り戻すものだ。スーパーで顔見知りの人を見つけて、その人の名

前が口から出てきたとき。街の反対側に行くために車を運転し、黙々と走り続け、標識の読み方のわからない静かな通りを走って、だれからもどこを曲がったらいいのかも教わっていないのに目的地に辿り着けたとき。職場で仕事の手順の質問を受け、スムーズに答えることができたとき。そのようなとき、いつか必ず新しいコミュニティに溶け込むことができる希望が湧いてくるのだ。

五．再安定期

その日は必ずやって来る。長いトンネルを抜ければ光（再安定期）が差し込んで来るのだ。本当に安定期が来るのかと不安に思っていた時間は長いが、十分な時間と適応しようとする気持ちを持てば必ずそのコミュニティの一員になれるのだ。新しいやり方を学び、自分たちの居場所も見つけた。周りの人たちも自分を仲間の一人だと認めており、もしくは自分がどこに所属する人間かを知っている。状況のすべてに満足しているわけではないが、周りの人の行動をただ見るだけだったのが、人々が「なぜ」そのような行動を取るのかに目を向ける余裕が出てくる。

再安定期の感覚は「故郷」に戻る感覚とは異なる。というのも、故郷とは捉えどころのない概念になってきているからだ。『グローバル・ソウル』を書いたピコ・アイヤーはＴＥＤトークで次のように話した。「現在、二億二千万の人が出生国以外の国に居住している。その人たちの人生は、さまざまな場所のかけらをステンドグラスのように組み立てるようなものだ」さらに、「故郷とは土でできた物理的な場所のことではなく、むしろ魂の居場所なのではないだろうか」

とも付け加える。さらに言えば、魂が平穏を感じられる場所なのかもしれない。なぜなら、故郷には安全、帰属意識、貢献、そして成長といった意味合いが含まれるからだ。それが成り立つためには自分も周りも、お互いに信頼し合わなければならない。究極的に言えば、グローバルな生い立ちを持つ人間は、複数の場所を「故郷」だと思うことができるのかもしれない。

再安定期では、私たちはどんな反応を示しているのだろうか。たいていの人は自分たちの新たな場所・役割・コミュニティを受け入れている。これまでの生活との差があまりにも大きい場合はまだ不慣れなこともあるかもしれないが、全体としてはまた落ちついた感覚になっている。もちろんネイティブになることはないが、最終的にそのコミュニティに所属することになるのだ。周りに親近感が湧き、自分の存在がグループにとっても必要だと思えてくる。まだ新参者や部外者のような気分になることがあるかもしれないし、違いに驚くこともあるかもしれないが、安心感を持ち、将来に期待を持つようになる。過去にしがみつくこともなく、再びリアルタイムでものを考えることができるようになる。

テクノロジー、特にSNSは、かつてないほど人間関係に大きな影響を及ぼしている。スカイプ・インスタグラム・フェイスブック・ツイッターなどのさまざまなプラットフォームがあるが、それらを通じて人々は物理的な距離も時間も超えてつながることができるようになった。しかし、これらは再安定期の妨げにもなり得る。自分の再安定期のプロセスを確認するために有効なのが、周りの人たちのことを自分はどのように見ているか考えてみることだ。異文化理解に詳しいジェリー・ジョーンズによれば、新たな環境で私たちが他者と関わる際、私たちの視点は「背景」から「働き」へ、そして「人物」へという段階を踏んでいるのだという。新しい場所にいる人々は最初は景色の一部でしかない。そこで私たちは、どんな人がいるのかと好奇心を持ち、観察する。そして次の段階では、人々はどのような働きかけをして私たちに関わってくるのかを理解しはじめる。タクシーの運転手、店員、屋台の売り子。ときには彼らをありがたく思ったり、ときには彼らに対して苛立ちを覚えたりする。最後の段階は、コミュニティの人々と知り合いになることによって、彼らに会うときにさまざまな感情が湧くようになる。警戒心・共感・喜びなどの感情だ。その頃には私たちもコミュニティのなかで新たな役割を担っており、他者からの評判が確立してきている。

過渡期を切り抜ける

常に移動を繰り返す家族にとって、すべての過渡期に上手く対処していくことは重要である。移動に伴う五つの段階である「安定期（関わり期）」、「準備期」、「移行期」、「立ち入り期」、「再安定期」の各々の特徴についてはすでに述べた。ここではそれぞれの段階を上手く切り抜け、さらに各節目で成長できるようにするための具体的方法について述べる。

一．安定期（関わり期）におけるストラテジー

この段階では「普通に」生活を送っている。親は子どもの才能を伸ばす活動に精を出す。音楽、スポーツ、習い事、アート、車の修理、配管修理など、子どもが持っているさまざまな才能だ。子どもの多くは、ここで安定した生活を送り、自信を持って過ごしている。サバイバル技術など考えなくてもよい生活だ。新しくだれかがコミュニティに入ってきたら、その人たちを歓迎し、コミュニティへの橋渡し役となってメンターになったりもする。安定期は心地よい。

二．準備期におけるストラテジー

●子どもに知らせる

引っ越しや移動について、子どもにはいつ知らせるのがいいのかと質問されることがある。また、なかには子どもに一切知らせたくないという親もいる。子どもにとってどうするのが一番いいのかという判断には文化的な影響が反映しているようだ。やがてやって来る痛みから子どもを守るのか、それとも事前に心の準備をさせるのがいいのか。

インターナショナルスクールのセミナーで、ある韓国人の母親がマイケルに質問した。引っ越しすることをすぐに子どもたちに知らせるべきかどうかというものだった。

子どもたちを悲しませたくないし、知らせることで勉強に集中できなくなるかもしれない。前回の引っ越しでは数日前に知らせたところ、子どもたちはショックを受けて悲しんだそうだ。そこで母親は直前まで知らせないほうがいいかもしれないと考えていた。

そこでマイケルが、次の引っ越しはいつになるのか尋ねると、母親は「会社次第ですが、二週間後くらいですかね」と答えた。それを聞いたマイケルは「子どもたちにはすぐに知らせてください！」と答えた。子どもにとって、引っ越しはそれがいつになろうとそれ自体大変なことだが、今暮らしている世界に別れが告げられないことのほうが何千倍も辛いことなのだ。その影響は引っ越し後にも及ぶ。子どもの集中力、学ぶ力、勉学に大きな支障を来す恐れがある。

移動が判明した時点で、親は子どもに知らせるべきだと私たちは考える。それがコミュニティに知れわたっても問題がないようならなおさらだ。企業や大使館が異動について公示していなくとも、子どもが分別ある年齢に達していて内密にできるようなら、親が知った時点で子どもには知らせてもいいだろう。前に述べたように、何事も事前に知っておいたほうがいい。現在の環境に別れを告げ、新たな環境に向けて適切な心の準備ができるからだ。

●良い別れは良い始まりのための鍵

過渡期をできるだけ円滑に送るだけでなく、前述の過渡期のさまざまな困難のなかで立ち往生することなく、体験を通じて子どもが成長できるようにするためには、この準備期を上手く乗り切ることが重要になってくる。どれだけ現実から逃避しようと、どれだけ特別な送別会をしてもらおうと、結局、その場を離れなければならないという事実は変わらない。ならばすべての関係者がしっかりと悲嘆に向き合うほうがよい。愛する場所や人々と別れるとき、悲しみを覚えるのは当たり前のことなのだから。そうすることによって、前向きに過渡期を乗り越えることができるのだ。この段階では現実的かつ楽観的に先を見通すことが肝要となる。別れのときが迫っているというのに前向きな考え方などできるのかと思うかもしれない。しかし「準備期」にはすべてのことに終止符を打っておくことが必要だ。そうでないと過渡期を上手く切り抜けられず、新しい場所に落ちつくことが難しくなってくる。正しい方法で別れを告げることが順調に次の生活に入っていくための鍵となるのだ。では、どうすればいいのだろうか。

●RAFT(救命筏《いかだ》)をつくる

健全に終止符を打つために必要なことはRAFT(救命筏)をつくることだと覚えればよい。四本の丸太をつなぎ合わせた救命筏を浮かせれば安全に対岸に辿り着ける(訳注・RAFTのストラテジーは特に有効なものとして著者たちがセミナーなどで頻繁に活用している。詳細は節末の「RAFTとは」参照)。

Reconciliation　和解する
Affirmation　肯定する
Farewells　別れを告げる
Think Destination　行先に思いを馳せる

こうしたことを事前に考えておくことで新しい土地に着いてからの適応も容易になるだろう。期待のしすぎには落胆も多いが、逆に何も期待しないで行くとそこで手に入るものも活用できずに、必要以上に生活を複雑にしてしまうことがある。もちろん新しい場所での生活がどのようになるのかは予想できないが、可能な限りの事前準備でさまざまな問題は回避することができる。繰り返し強調しておきたいのは、家族はそれぞれが異なるペースで過渡期の段階を進むことに留意しつつ、移動前にできる限りの準備をしておくことである。そうすることで後々生じる多くの問題をかなり防ぐことができる。以上のように周到な準備を終えた「準備期」の後は、その流れで「移行期」へと入っていく。

三．移行期におけるストラテジー

「移行期」の混沌や混乱を回避するにはどうすべきかとよく質問されるが、それは避けられないものだ、と答えるしかない。これは普通のことと自分に言い聞かせながら、ある一定の期間が経過すればそこから脱却することができるのだ。過去とのつながりを保ち、将来の「立ち入り期」と「再安定期」に円滑に移行するために取るべき方法はいくつかある。

神聖な物

一つは「神聖な物」を利用すること。前にも述べた人生の特別な場所や時期を映し出す思い出の品々のことだ。「準備期」に取っておくものと人に渡すものを仕分けすることが重要だと言ったのはそのためである。移動の途中、毎晩スーツケースからお気に入りの〝くまのぬいぐるみ〟を取り出すことによって、子どもは非日常の混乱した生活のなかでも少なくとも普段と変わらないものが一つあることを確認する。親も自分たちの大事にしている本を読み直すことで、以前その心地よい文章を読んで感激した場所や当時のことを思い出すことだろう。

身につける「神聖な物」もある。ＴＣＫのグループやその親たちのなかには過去へとつながる衣服や宝石を身につけている者が多い。金の鎖に通したトゥアレグ族（サハラ砂漠の遊牧民）の十字架（訳注・出身の村によってデザインの異なる銀で作られた十字架。通常は父から息子に受け継がれる）やペルーのチャンカ族のお守りのブレスレット。セーター代わりにインドのサリーを羽織ることもある。ＡＴＣＫの家を訪れると、なかなか見事な光景に遭遇することが多い。世界中から収集された工芸品の数々は「私は確かにそこにいた！　これらは私の人生の一部だ」と主張している。神聖な物たちの一つひとつは、今自分が置かれている状況が人生という大きな物語のほんの一部なのだ、ということを思い出させてくれるのだ。

写真

また、写真も過去の特別な瞬間や思い出を想起させてくれるものとなる。ある大使がスタッフの銘々に、緊急の国外退去の際にバッグを一つだけ持って行けるとしたら何を入れるかと質問した。すると持ち物リストに真っ先に挙げられたのは、金銭的に価値のあるものではなく、写真であることが圧倒的に多かった。なぜなら、写真の一枚一枚はそのときの人間関係や経験、場所を思い出させてくれるからだ。写真にはお金では買えない価値がある。過去の人生の特別に輝いていた頃の写真や思い出の場所の写真が収められた小さなアルバムは、この混乱した移行期にゆっくりと物思いにふける大切な時間を提供してくれる。新しい場所で出会う人たちに自分のことをよりよく知ってもらうためにも写真は役立つだろう。

当然のことながら、私たちにとっては大切な写真や品物を他人に見せても、それになぜ価値があるのかわかってもらえないかもしれない。反対も然りで、他人が思い出の品を見せてくれても、私たちにその価値はわからない！　たいていの場合、他人のスライドやビデオを見せられてもあまり興味は持てないが、それはなぜだろうか。実際にその場所にいなかった者にとっては、道の真ん中を痩せた牛が歩いている姿を見ても何が面白いのか理解できない。変わった写真だと思う程度だ。まして集合写真の後列に座っている頭を剃り上げた男性の話を延々二十分も聞かされたらたまらないだろう。しかし実際にその場所に居合わせた人にとって、写真やビデオの断片は記憶の洪水を惹き起こし、一つひとつの細部までが懐かしく思えるのである。国際移動を繰り返してきた者同士のみの間で写真やビデオを見せ合いっこする、という深まりをつくったらよいのかもしれない。それならお互い様、ということになって体験談を披露できるからだ。

今を大切にする

一つの場所から他の場所へと飛び、突如見知らぬ文化や言語に囲まれた暮らしを繰り返すと、自分が今いる場所を楽しむこともしばしば忘れてしまう。移行期は気持ちに余裕がなくなりがちだが、同時に素晴らしい「探索」の時期でもある。腰を落ちつけるとまではいかないにしても、最低限興味を持って周りを観察することくらいはできるだろう。移行期全般において、自分が身を置く場所やその文化について学ぶべき事柄、またTCKに学びを促すべき事柄はたくさんあるはずだ。

そして、たとえ「準備期」にRAFTをしっかり築いたとしても、この移行期には残してきた人や物への思いが痛切に込み上げてくるものだ。

第1章第5節で述べた受容のプロセス（グリーフ・サイクル）に話を戻そう。移行期に入るまでは否認と駆け引きの段階で、怒りも感じていたかもしれない。その怒りは来るべき別れに備えるため、残してきた人たちに向けられることが多いようだ。それに対して移行期は、悲しみや鬱状態に陥りやすいときでもある。仲のいい友人に電話をして、お茶をしないかと誘うこともできないと考えると、その空しさに耐えられなくなる。事務所や工場の同僚の名前を知っているという安心感もなくなる。移動が一時的なものではなく、そして過去には決して戻れないのだ、ということを目前に突きつけられ、間違った選択をしてしまったのではないかと思う。

「準備期」にはこうした喪失を予期してはいたが、それがいよいよ現実のものとなった。この時期は家族全員もしくは一部の者の、後の人生を左右する大切な時期である。親は自分自身の悲嘆及び子どもたちが感じている悲嘆にどのように対処すればいいのだろうか。真っ向から向き合って取り組むのか、それともなかったことにするため、目をそらしてしまうのか。子どもの話を聞き、それに同調して慰めるのか、それとも「くよくよしないように」と元気づけるのか、それを決めなくてはならない。

心が散り散りに乱れてしまい、何もかもが失われていく現実に十分に対処することができなくなるかもしれない。こうした悲しみの感情をやり過ごすためにはそれらを無視するという選択しかないのかもしれない。けれども自分が失ったものに真摯に向き合わない限り、子どもたちを含めた他者への手助けもできないだろう。なかには単に生き延びることに精いっぱいで、過去と向き合う心の準備ができていない子どももいるだろう。それは移行期のこの段階ではよくあることで、一時的には仕方のないことではあるが、失ったものを悼《いた》むことも、得たものを喜ぶことも同時に大切であるからこそ、「悼む」とはどういうことなのか、その意味を見ていくこととしたい。

失ったものを悼む

「悼む」とはどういう意味だろうか。「悲嘆」とどう違うのだろうか。哲学の教授であり

ＡＴＣＫでもあるジム・グールド氏は言う。「意識するしないにかかわらず、喪失には常に悲嘆が伴う。また意図するしないにかかわらず、何らかのかたちでそれは表に出てくる」哀悼の気持ちとは「喪失」を意識的に認めることだ。だからこそ、サードカルチャーのライフスタイルを送る人たちは悲嘆を抑え込むのではなく、意識的に向き合うという過程を促すためにも、もっと有効な「悼みの儀式」をつくり上げる必要があるのだ。

「悲嘆」と「哀悼」の違いについてもう少し掘り下げてみよう。

「悲嘆」は喪失に対する感情的な反応・応答である。「悲嘆」とは、ショック・混乱・否定・怒り・悲しみ・抑鬱・孤独などのさまざまな感情や精神状態が一定のパターンに沿って巡ってくるものである。ただし、それらの感情がどのような順序で移行するかは人それぞれである。「悲嘆」を十分に体験し、そこから自然に見えてくるものがあれば、徐々に何らかの受容が起こって目の前の出来事を受け入れることができる状態に辿り着く。というわけで、「悲嘆」は喪失に対する感情的な反応であるが、その一方で「哀悼」とは、後に残された空虚感に対処しようとするプロセスであり、大切な人、大切なものを失くしてしまった人生に順応していくプロセスでもある。つまり「哀悼」とは、この喪失によって生じた変化への適応時間のことをいう。

――ジェイド・クレイマー（セラピスト）

さらに、カウンセラーでセラピストでもあるデイビッド・ファイアーマンもまた、「悲嘆」と「哀悼」について次のように言う。

「悲嘆」とは、哀悼のプロセスの最初に見られる心理的・社会的・身体的、そして行動上の自然な反応のことをいう。……つまり、人は悼みのプロセスのなかにいるときでも、実はそこまで深刻な悲嘆の只中にいるわけではないのだ。よって「哀悼」は定義上、「悲嘆」以上のより包括的な現象のことをいい、死別によって失った人（あるいは移動によって失ったもの）がもはや存在しない「この世」に適応するということなのだ。

つまり「哀悼」とは、「悲嘆」と真摯に向き合い、喪失を超えて人生の次のステージに移行するプロセスを歩もうとする意識的決意なのだ。

そのように考えれば、ＲＡＦＴを築くためのストラテジーの多くも「悼みの儀式」として捉えることができるだろう。

この移行期はある意味、葬儀を執り終えた翌日の朝にも似ている。朝、目が覚めると、病院に見舞いに行ったり、訪問介護に対応したり、また葬儀の準備をしたりなどといった忙しさから解放されていることにふと気づく。それまでの生活や故人はもう永遠に還ってこないことが現実味を増してくる。そして哀悼・悼みのプロセスが続く。涙することもあるだろう。では、傷を癒しながらも悼みの日々を過ごすために私たちができることを挙げてみよう。

- 喪失、特に隠れた喪失を認め、それをリストにする（第1章第5節を参照）。
- 悲嘆をありのまま受け止め、怒り・否定・悲しみなどの感情を言語化する。
- 涙を我慢しない。涙は悲しみを浄化し、取り除こうとする体の反応でもある。
- 悲嘆を自分に強制しない。心が穏やかでも罪悪感を感じる必要はないし、他人と比べる必要もない。人はそれぞれ異なるタイミングで反応するものであり、幸福を感じるのはいいことなのだ。
- 隠れた喪失のための「葬儀」または「追悼式」を行う（例——喪失を表す「聖なるもの」や写真にお花を供えるなど）。
- 「追悼式」で体験を語り、周りの人の助けを借りてともに哀悼する。
- 悲嘆に暮れている人の話を聞いたり、そばにいてあげる。
- クリエイティブなやり方で自分の思いを表現する——詩・写真・絵画・作曲や音楽の演奏など。クラブや人気《ひとけ》のない海辺で踊ったり、祈ったり、歌う、という方法もある。
- すべてに感謝する。困難だった経験も、それによって自分は成長したのだと、その経験に感謝する。
- 「驚き」や「笑い」を大切にする。

四．立ち入り期におけるストラテジー

●前向きに立ち入る

ＲＡＦＴの一つである「行先に思いを馳せる」という作業の結果がこの段階で明らかになる。そのときを前もってよく考えておくほどに「立ち入り期」が順調にいき、家族や自分に必要な事柄もはっきり見えてきて、より早くスムーズに新生活に入ることができる。新しいコミュニティの側から手が差し延べられるのをただ待つだけが能ではない。この段階で積極的に動く方法はたくさんある。では、コミュニティに早く溶け込みたい（コミュニティのほうでも早く新参者に慣れたいだろう）という思いを実現させるにはどうすればよいだろうか。

人の出入りの激しいコミュニティでは新参者に対し、二通りの相対する反応がある。一つは案内などの手助けに慣れているコミュニティの反応だ。その土地の主な場所や店に印のついた地図や現地の手引書などがお菓子と一緒に籠（バスケット）に入って、引っ越してきた家族に届けられる。新参の家族を歩いて案内する担当者もいる。オリエンテーションは日常的に手際良く行われる。このようなコミュニティに赴任した場合は楽だろう。もう一つのタイプは出入りに疲れ果てたコミュニティのメンバーたちの反応で、彼らの頭のなかは「そんなことをしても無駄だ。どうせまたすぐに行ってしまうんだから」とか「彼らと知り合っても何の意味もない。私たちだってあと三か月もすればいなくなるんだから」という具合である。

後者のような態度を取られると、新参者にとっては辛い状況となる。怒りを感じたり引きこも

ったり、他の人への壁をつくってしまうこともある。しかしそのままの状態に甘んじることはない。なぜ他の人がよそよそしくするのか理解しようとしつつ、新たにできた知り合いと辛抱強く交流したり、同年齢の子どもを持つ家族を家に招いたりすることで、時間をかけながらこのようなコミュニティでも居場所を見つけられるだろう。

●「助言者」を選び協力を仰ぐ

国や文化をまたぐ引っ越しで「立ち入り期」を成功させるコツは、まず「助言者」を見つけることである。さまざまな質問に答えてくれ、新しいコミュニティ内のいろいろな事情を教えてくれる人、またコミュニティに自分を紹介してくれる人である。助言者は橋渡しの役割を果たし、スムーズにコミュニティに入っていく手助けとなる。助言者を通して周囲から迎え入れられ、さらにその土地で正しい人間関係づくりに要する時間が大幅に短縮されることにつながる。その土地や文化での不文律、つまりだれも教えてはくれないし目にも見えない「やるべきことやってはいけないこと」について、そのような人たちはアドバイスしてくれるだろう。「助言者」の必要性を意識するしないにかかわらず、立ち入り期では無意識のうちにこうした人々を探そうとしているものだ。

そこで問題になるのは、親も子どもも適切な助言者を見つけることだ。その人物が新しいコミュニティへの道筋をつけてくれるのであれば、私たちがその土地でどういう人に会い、その土地に対してどのように向き合うのか、果ては周りの人たちが私たちをどう見るのかのすべてを決めてしまうキーパーソンとなるからだ。

この時期に助言者が新しい場所やコミュニティにうまく紹介してくれれば、私たちはコミュニティのなかで問題なく過ごしていけるだろう。第一印象を与えるチャンスは一度しか巡ってこない。一方、私たちがその土地に対してネガティブな感情を持ってしまうこともあるが、実はこちらが知らないだけで、その助言者自身が地元では変わり者扱いされている可能性もある。そうなると、その土地で私たちが感じることや体験することも非常に違ったものになってしまうかもしれない。

適切な助言者を見つけるという課題は、新たな土地に住むことになるＴＣＫにとっては特に重要だ。コミュニティから爪はじきにされている人物が最初に新参者に声をかけてくることも多い。ＴＣＫに限らず、学校やコミュニティに新たに加わる者であれば、声をかけてもらった嬉しさに、その人との関係が及ぼす後々の悪影響のことを考えないで、ついその関係に飛びついてしまうことがある。

では、新たにコミュニティに入ったばかりのこの時期に、信頼できる人とそうでない人をどうやって見分ければいいのか。どうしたら家族全員がこの時点で賢明な判断を下すことができるだろうか。

この「立ち入り期」にはだれに対しても丁重に接するに越したことはないが、親しい関係に進む前に注意すべき点がいくつかある。近づいてくる人は現地コミュニティに溶け込んでいる人か、それとも疎外されている人か。また考え方が前向きで自分も家族も参考となるような態度を取る人か、それともネガティブな発言ばかりで、何に対しても敵対的な態度を取る人か。後者のような人物には特に要注意だ。

「助言者」になり得る人物を観察するうちに、自分たちを温かく迎え入れてくれたその人がコミュニティや組織、学校の中心的存在で、新参者をすぐに居心地よくさせてくれる人物であることが判明するかもしれない。またその人が自分や家族にとって最良の助言者となり、良き友人となるかもしれない。しかし、熱心に友達になろうと接触してくる人物が当のコミュニティに同化していないことがわかった場合には、次の問いを考えてみよう。

なぜ、その人物は自分たちの世話をしたいのだろうか。その人物は自分たちと同様、その土地に比較的最近来て、まだ友達を探している段階かもしれない。そうであればコミュニティに完全に溶け込んでいなくても、その土地で生活するための基本的な知識はすでに身につけており、大きな手助けとなる人かもしれない。またすでに長くその土地で生活し、人間関係もできあがっていろいろな役割で手いっぱいの人たちに比べて、そうした人は新参者と接する時間に余裕のあることが多い。こうして始まる友人関係は一生のものとなる可能性が高い。

しかし、手招きするように自分たちに接近してくる人物を助言者役とすべきかどうかには注意が必要だ。ＴＣＫの親は自分たちの子どもに近づいてくるそうした人物に特に注意を払う必要がある。彼らはすでにコミュニティのなかで何らかのトラブルを起こしている可能性がある。コミュニティの行動規範を守らなかったり、法に触れることをしていたり、教師に公然と反抗するような人物は何らかの思惑があって世間知らずの新参者を味方に引き込もうとするのだ。

以上で述べた常識を駆使する以外にもよい「助言者」を見つけ出す方法はある。既存の「助言者」制度があれば利用すればいいし、コミュニティに新しく入ってくる家族に「世話役」の家族を紹介する会社もある。一つの問題は、企業の指導プログラムが大人を対象としていて、指導が必要な子どものことを忘れているケースである。そうした場合、親は積極的に会社の人事部や福利厚生の担当部署に問い合わせて、次の土地に赴任している家族を紹介してもらう必要があるかもしれない。インターナショナルスクールの多くは「お兄さん・お姉さん」システムを導入し、選任された上級生を転入生担当にして最初の数週間かを付きっきりで世話をさせている。こうした制度がない場合は、保護者と教師のグループなどに参加して他の保護者と知り合い、子どもの「助言者」となってくれそうな子を探すこともできる。

●異なる文化圏での「立ち入り期」

「立ち入り期」についての議論はどんな移動にも当てはまる。しかし多くのサードカルチャーの家族の過渡期がそうであるように、自国文化とまったく異なる文化圏に引っ越す場合には、より大きなストレスが生じると専門家は指摘する。リサ&リートン＝チン夫妻はインターナショナルスクールの子どもたちと接してきた三十年間で気づいたこととして、過渡期のプロセスで生じる、異文化体験による四段階のストレスを挙げている。ファン（楽しみ）、フライト（逃避反応）、ファイト（諍《いさか》い）、フィット（馴染み）といった四段階があることを理解するのは重要だ。なぜなら、周到な準備にもかかわらずストレスは必ず生じるものであり、ストレスに直面すると多くの人は準備の意味がなかったと考えがちだからだ。

ファン（楽しみ）

その土地の歴史を学び、さまざまな人と出会うことは良い経験になると感じると、新天地での生活が楽しくなってくる。そして現地に到着してからの数日間は人と会うことに忙しく、用意したフレーズを現地の言葉で言えることに喜びを覚える。「ここは楽しいところだ」と。

フライト（逃避反応）

しかし数日が過ぎると、それほど楽しくない側面も見えてくる。現地では車は反対側を走るので運転が思うようにできない（またはいつもバスを乗り間違える）。自分一人では買い物にも行けない。初歩的な挨拶以上の言葉が通じない。「故郷に帰りたい、よく知った居場所のあるところへ」と思う。これはフライト段階によく起こることであり、新たな環境での苛立ちや不安に対する反応である。

ファイト（諍い）

そのうち自分が役立たずで居心地の悪い思いをすることに嫌気がさしてくる。自分の無力さと居心地の悪さはやがて「怒り」に変わる。以前はよかった。前の場所では自分で何でもできた。この居心地の悪さは自分のせいではない。そして何もかもを責め、だれかのせいにする。「ここの人たちのやり方は間違っている」正しいやり方とは自分たちが以前やっていたやり方だ。心のなかに怒りを溜めこむだけでなく、ときには外部に出してしまう。現地の風習に不満をぶつける。現地への適応を助けてくれている人にまで怒りをぶつけてしまうこともある。

フィット（馴染み）

時が経つにつれて物事に慣れてくると、苛立ちと不安は緩和され、達成感と居心地のよさが感じられるようになる。フィット段階である。このような段階的なモデルに共通することだが、ファン段階からフィット段階への移行は必ずしも完璧でスムーズなものではないだろう。さながら、もつれた釣り糸のようだったりもする。自分の間違いを自分で笑い飛ばしたり、当然知っているべきことを知らない自分に嫌気がささないようになったら、苛立ちも消えてファン段階に入るかもしれない。しかし、ようやく物事が摑めてきたところでまた思わぬ障害や微妙なくい違いに直面すると、フィット段階もあっという間にファイト段階に戻ってしまう。

こうした事態が予測できたとしても、それを避けることができるわけではない。しかし起き得ることをあらかじめ見越して、それが起こっても普通のことなのだと認識することはできる。事態が予想できれば、理性的な行動を取ることで強い感情を和らげることができる。立ち入り期は時間がかかることを肝に銘じておく必要がある。謙虚に学び続けることで、半年か一年もすれば車の運転も難なくこなし、買いたい物がある店の場所もわかるようになり、組織の運営やビジネスの仕方も身につけ、友達もできていることだろう。自分たちが周囲にしっくりと溶け込んでいる、と感じる時期は必ずまたやってくる。

五．再安定期におけるストラテジー

再安定期に入ると、自分の置かれている状況に再び慣れてきていると感じる。これまでの過渡期の経験から、以前よりも有難みを噛みしめるかもしれない。自分が困っているときに助言者を必要とした経験を踏まえ、新たにコミュニティに入って来る人たちが落ちつけるよう率先して手助けするようになっていてほしいものである。そして子どもたちが十分に力を発揮できるように、親として注意を払って手を差し延べるべきということにあらためて気づくことだろう。ようやくそうした余裕と時間ができているだろうから。子どもたちも徐々に落ちつきを取り戻してきた頃に、伝えておくとよいことがある。それは彼らが今の状況に馴染み、未来に向かって進んでいくために、過去をなかったことにする必要はない、ということだ。過渡期の道のりを家族全員が乗り越えられた暁にはその達成の喜びを感じてよい。それまで住んできたすべての場所や知り合ったすべての人たちに対して、帰属意識と愛着を持てたことを喜べばいいのだ。一つの場所、一人の人に絞り込むことはない。それがまさに居心地のよい状態なのだから。

しかし、一つ注意しておきたいことがある。あまりに多くの場所への移動を何度も繰り返したことで、どこへ行っても再安定期にまで辿り着かない子どももいる。悲しいことに、何度も移動を重ねていると一生他所者《よそもの》のような気分になってしまう。ソウル大学准教授のシャルル＝ラ・シ

ユールの言葉を引用するなら、「人間はだれしも、どこかしらの場所や人に帰属しているという意識が持てないと生きていけない」のだ。だからこそ第1章のコラムで見たように、とりわけ家族や人間関係のなかで「ここが居場所だ」という強い感覚を持つことが、たとえ場所が頻繁に変わったとしても、しっかりとした基盤を維持するためには大切なのだ。私たちがセミナーを開催するとき、こうした人間関係を「人間関係の錨《いかり》（anchor）」と呼んだ。この錨となる人々とは、子どもがどの場所や文化にいようとも、気持ちの上で深く関わりを持ち続けたいと感じる人たちのことである。錨となる人々は、すでに橋渡し役を務めてくれているのかもしれない。そのような人々は、ＴＣＫたちが経験してきた場所の移動や、それに伴うさまざまな状況を自分たちもすでに経験していて、同じような「どっちつかず」の感覚に共感してくれ、そしてそれを肯定してくれる。

これが過渡期の通常のプロセスである。これらの過渡期の各段階を知っているからといって、それを避けることができるわけではない。しかし、こうしたプロセスを知っていれば各段階で起こる事態に驚かずに済み、それが普通のことだと認識できる。そして過渡期にはつきものの「喪失」に上手く対処しながら、新たな経験から学ぶための行動を取ることが可能になる。

RAFTとは

●和解する(Reconciliation)

それまで住んでいた土地から別の土地へ引っ越す際、それほど良好ではなかった人間関係をそのままにして去ってしまうことは簡単だ。「二週間後にはもうここにいないから、あの人に会うこともない。誤解を解いておく必要などない」とつい考えてしまう。子どもも同じような反応を見せる。今いる場所から気持ちの上で離れはじめるとなおさらだ。修復が必要な人間関係について、去る前に何らかの対処をしておくことは何よりも重要なことだ。

人間関係を修復しないままでいるのは重荷を背負って歩き続けるようなものである。和解とは、その重荷を少しでも軽くする作業に似ている。それをなおざりにしてしまうと、引っ越しの後、精神的にも心理的にも未解決の問題をそのまま背負い続けることになる。

この選択が芳しくないのには三つの理由がある。

・苦々しさを抱え続けることはだれにとっても健全なことではない。

・過去の苦い体験は新しい人間関係づくりの妨げになる。
・万一同じ土地に戻ることになり、その人たちと再び顔を合わせる必要が出てきたときに、その時点でもはや関係の修復をするのは至難の業である。ATCKのなかには、過去において互いに傷つけ合った同級生には会いたくないと、学校の同窓会に出席したがらない人もいる。一生ずっと抱え込むには悲しすぎる記憶だ。

「和解」とは許し、許されることである。「許す」ことは、嫌なことが何も起こらなかったかのように「忘れる」ことではないと、マイケルはセミナーで強調する。許しには二つの段階がある。

一．「復讐したい」「復讐してしかるべきだ」という気持ちを捨て去ること。
二．相手が自分にした過去の仕打ちが及ぼす影響とともに生きていく覚悟を持つこと。そうすることで自分が傷ついていることを認めることができ、相手に対して仕返しはしないと心に決める。そこから傷を癒すことに注力できるのだ。このプロセスは自然に生じるものではないため、選択は意識的でなければならない。

文化によって和解の手法は異なる。直接当人と会って単刀直入に話をする文化もあれば、仲裁を介して和解する文化もあるだろう。和解にはもちろん相手の同意も必要だが、出発前に最低限自分から人間関係を修復する努力も必要である。

また、次のことを記憶に留《とど》めておくことも大切だ。負った傷や間違った行いは、違法行為に基づくものだったり他人に危険を及ぼす行為だったりする可能性もある。そのような場合には、そうした情報を信頼できる公的機関（訳注・性的虐待、児童虐待、DVなどはソーシャルワーカーや児童相談所などに相談する）に提供することも重要だ。「許し」は犯罪や危害を及ぼす行為を隠蔽することではないからだ。

●肯定する(Affirmation)

人間関係はお互いが肯定し合うことで形成され、堅持される。相手を認めるという行為は人間関係において、みなが等しく価値ある存在であると肯定し合うことである。繰り返しになるが、肯定のスタイルや習慣は文化によって異なる。しかしいかなる文化においても、相手を尊重し、評価しているのだという事実を相手に伝えることが重要である。実際に伝える方法を具体的にいくつか挙げよう。

・自分にとって特別な先生や慕っている大人がだれなのかを子どもに聞き、その人への感謝の気持ちを形にしてみようと提案する。
・いろんな友達にどんな贈り物をするか、子どもに考えるよう促す。自分の持ち物のなかに、その友達との共通の思い出が詰まっているものがあれば、それを譲るのもいいだろう。

・家族ぐるみの付き合いがある人たちを自宅に招く、あるいは外食に誘う。そして一緒に過ごした思い出や乗り越えた困難、笑い話にも話題がいくように質問をあらかじめ考えておく。

・祖父母、叔父叔母や従兄弟《いとこ》など家族から離れる引っ越しの際には、一人ひとりに特別なメッセージを書くよう子どもに伝え、それに子ども自身が自ら選んだ花を添えるのもいいだろう。

他人の存在を肯定する行為は、相手にだけでなく自らに対しても恩恵をもたらす。お互いの将来の人間関係を強めるだけでなく、彼らの存在の大きさを伝えることが、その場所で得たものを確認することにもつながる。良い別れは自分がいかに恵まれた生活をしていたかを確認する行為でもある。感謝すると同時に、その生活がなくなってしまうことを寂しく思うことも必要なのだ。

それまでの人間関係を肯定し、大事な「人間関係の懸け橋」を築くためのもう一つの方法は、引っ越し後にどのように連絡を取り合うか、また次の再会を一緒に計画することだ。たとえ計画に変更があっても、一緒に立てた計画であれば、そのプロセスは「別れを告げたらそれっきり」ではないという確認にもなる。

●別れを告げる(Farewells)

後々になって深く後悔しないで済むよう、その文化にふさわしい方法で、親交のあった人たち、場所、ペット、所有物に、きちんと別れを告げることは大切であり、最後の幾日間かはそのために時間を割くのがよい。「海に行く最後の日」「このレストランで食事をする最後の日」など「最後」を意識するのもよいだろう。友人や家族と会える「最後の日」がいつなのかを子どもに告げておくことも必要だ。それを伝えておくことで、子どもは自分がどのように最後の日々を過ごしたいのかを考えることができる。

最後の日になれば、みなが別れを言いに家に来ることが現地の文化では習わしであることを、ある女性はまったく忘れていた。朝から晩まで次々と訪れる人たちに無礼にならないよう一人ひとり全員に応対した。夜になっても彼女の荷造りは終わらずじまいで、とうとう飛行機にまで乗り損ねてしまった。

・どのように別れを伝えるか

別れを告げておきたい四つのものについて、どのように別れを伝えられるか例を挙げておく。家族でリストを作り、子どもに考える時間を与えて「だれにどのように別れを伝えるか」を家族で書き出すことを勧めたい。なぜなら、親が考えもしないことが子どもにとっては大事だったり、そうでなかったりするからだ。

人

お世話になった人にきちんと別れを告げることは大切なことだ。親は子どもが親しくしていた人に別れを告げる手助けをしなければならない。（例えば、身の回りの世話をしてくれたベビーシッターなど）現地コミュニティでの特別な人たちのために、一緒にお礼の手紙を書いたり、贈答用クッキーを一緒に焼くなどはどうだろう。形はどうであれ相手にお互いの関係の重要さを伝え、「ありがとうございました。寂しくなります」という気持ちを伝える。気持ちの上で余裕のある親は、子どもが仲の良い友達に最後の別れを言うためのお泊まり会を計画するのもいいだろう。意識して別れを告げる時間をつくり、その特別な時間に向けて準備をすることで、前述の長期的な影響にもなり得る過剰反応を避けることができるだろう。

場所

だれにでも思い入れのある場所というものがある。プロポーズなど人生の一大事があった場所、むしゃくしゃしたときに必ず訪れた場所、決まってある出来事が繰り返された場所、などだ。「思い出の場所」は後年一人で訪れたり、子どもに見せたりもすることだろう。そうした場所に行って過去を思い、別れを告げることも健全に終止符を打つことにつながる。翌週の飛行機に乗ってしまえば自分の世界を丸ごと失ってしまうＴＣＫにとって、これは非常に大切なことだ。私たちの知るＴＣＫの多くは、子ども時代に暮らした土地を去った後何年も経ってから、当時よく登った木を哀悼したりするものだ。

人はさまざまな形で場所に別れを告げる。自分が去った後も末長く成長し続けることを祈って木を植える者。その木は自分たちがそこで暮らした日々とのつながりを象徴するかのようにずっと生き続けるのだ。秘密のメッセージや「宝物」を隠す者もいる。再び戻ってきたときに、それらがまだそこにあるかどうかを確認するのだ。その場所に座り過去を振り返る者がいる一方で、楽しい思い出が詰まったアクティビティに再度参加する者もいる。後々心の拠り所となるように、心のなかにその風景を刻み込んだりもする。

ペット

ペットの重要さは文化によって違うが、別れを告げるときに重大な意味を持ってくる。別れた後にだれがペットの面倒を見るのか。ペットの新たな飼い主を見つけるのにも時間がかかるので、別れのプロセスは早めに始めたほうがよい。

所有物

海外生活者が直面する問題（これを幸運だと思う人もいるが）の一つが海外引っ越しの際、所有物のすべてを持参できることはほとんどないということである。子どもの石のコレクションを「これはいい機会だ」とばかりに捨ててしまう親は、それが子どもにとってどれほどの宝であるかを考えない。物事を諦めたり手放したりすることは生きていく上で仕方のないことだが、何を持って行き、何を残していくかは親子間でよく話し合わねばならないし、家族がそれぞれに大切にしているものを新しい場所に持って行くことも必要だ。そうやって一つずつ「神聖な物」のコレクションが増えていくと、それらはＴＣＫが人生の次の段階へ移行するときの助けになる。ときにはその宝でさえ置いていかねばならないこともある。その場合には意識して手放すことだ。長年大切にしてきたものをだれかに贈り物としてあげたり友人や家族に保管してもらうことは、長く付き合ってきたものに別れを告げる良い方法でもある。

・別れの儀式

ある過渡期に伴って行われる別れの儀式（卒業式や定年祝いなど）もＲＡＦＴを築くために重要である。「通過儀礼」に時間を割くことは、自分にとって大きな意味を持つ場所や人をいつまでも思い出として心に留めておくためにも、また「今、自分は別れを経験している」という事実に直接向き合うためにも一つの指標となる。

海外駐在家族の多くは、いちばん上の子が高校を卒業すると同時に母国に帰る。卒業するＴＣＫは、卒業式やみんなの号泣、式後に整列してお互いに別れを告げる「嘆きの壁」（訳注・エルサレムにある神殿の一部。多くのユダヤ教信者が訪れ、壁に触れながら祈りを捧げる。神殿の破壊を嘆き、弔う。ここでは卒業生・在校生が泣いて悲しむことにかけている）という通過儀礼を経験する。しかし、こうした儀式が弟妹にもまた必要であることはつい見落とされがちだ。これは後になって、下の子どもたちの「中途半端にやり残してきた」感情をより増幅させる。同じ家族のなかでも卒業式を経験したいちばん年上のＴＣＫが母国に戻って気持ちを切り替え、順調に走り出しているのと対照的である。

別れのプロセスにおいては、家族のだれもがそれぞれのＲＡＦＴを築く必要があることを忘れてはならない。その点を考えると、長期休暇や夏休みなどの一時的な移動においても、ＲＡＦＴは出発前に役立つストラテジーである。略式でもいいのでＲＡＦＴの四つのステップを実行するとよい。何が起こるかわからない世の中で暮らしていると、なるべく思い残すことが少なくなるようにしておくほうがよい。要はＲＡＦＴの要領を覚えた後は、機会を見つけては何度でもやってみることだ。きっと役に立つことだろう。

●行先に思いを馳せる（Think Destination）

別れを告げて悲しい現実に対処している間にも、行先の土地について現実的に考えねばならない。どこへ行くのか。その土地の利点や難点は何か。電気や水の心配はないか。道路の反対車線の運転に慣れるにはどうすればよいか。電圧が二百二十ボルトの土地では百十ボルトの電化製品は焼けてしまう。変圧器を持って行ったほうがいいだろうか。インターネットはどうやってつなげるのだろうか。携帯電話の契約やサービスはどうなっているのだろうか。友人や家族との連絡は頻繁に取れるだろうか。

この時期には、やがて起こる問題に向き合うために外的要因（家計状況や家族支援態勢など）や内的要因（ストレスや変化への対応能力など）について考えておくことが必要だ。新しい土地には何があり、何がないのか。当地の文化に慣れるための支援者はいるのか。これがパスポート国への帰国であれば、親子ともども適応していくにはどんなことが起こり得るのか。これまで何度か一時帰国をしているのであれば、それが参考になるかもしれない。また空港には迎えがあるのか、それとも自分で手配するのか。住む家が決まるまではどこに滞在し、どんな家に住むことになるのか。などの確認が必要だ。

以上はもっぱら親が考えておくべき事柄だが、行先に思いを馳せることは子どもにとっても同じくらい重要である。引っ越し先の家や通学予定の学校の写真、細かい旅程表、移動途中で立ち寄る場所など、具体的なものがあれば子どもも先のことを考え、計画を立てるのに便利だろう。今はこの時期に使える子ども向けのワークブックも増えている。子どもがその時期に感じることを、登場人物を通して親子で話すうちにそれを自然なこととして言葉にすることができるだろう。軍隊・教会・国の公的機関など、親の職業に特化した子供用教材を独自に作成しているところもある。ＲＡＦＴ構築のこの最終段階において、すでに移動先にいる他の家族や転校先の子どもたちとも連絡が取れればなおのことよい。それはメンターとのつながり、「関係性の懸け橋」を築く第一歩となるだろう。

2 「故郷」に帰る――帰国――

さて、いよいよ移動サイクルの最終段階に辿り着いた。現地文化で過ごす期間をなるべく有効に使おうと計画を立てたり、移行期をプラス思考でやり過ごしたり、学校選びに励み、さまざまな場所を渡る旅を楽しもうとした後、とうとう一家で、あるいは少なくともＴＣＫ自身が「故郷」に帰る日がくる。本書の最初でも述べたように、ＴＣＫ経験と移民との違いは、海外生活が期限付きであるかどうかということである。成長期の長い期間を母国文化の圏外で暮らした後、ＴＣＫには母国と母国文化に帰る日がやってくるのだ。

奇妙なことに、数多くの移動を繰り返した後でも、多くのＴＣＫにとってこの「帰国」が最も困難な過渡期の一つになる。「帰国」という言葉こそ使われているが、多くの者にとってこのプロセスはほぼ「入国」に近い。

いざ「母国」と呼ばれるところに子どもが戻ったとき、親自身が逆カルチャーショックを受けていることが多く、今まで知っていると思っていたことが実はわかっていなかったという戸惑いを感じる。親が安定していないため、ＴＣＫは帰国時に親からのサポートが得られない。また大学に進学するために帰国するＴＣＫは「家族」という守られた環境がないまま、この時期を一人で、あるいは片親とともに過ごさなければならない。

「帰国」が多くのＴＣＫにとってなぜ困難なのであろうか。

帰国に伴うストレス

帰国に伴うストレスのいくつかの原因はこれまでに述べてきた要因の単なる延長であり、異文化間の移動に伴う通常の困難に由来するものである。つまり、愛着ある場所を失うことの悲嘆、再び文化バランスの蚊帳の外に置かれる不安、新しい人たちの住む新しい土地に対する帰属意識を見出すことの葛藤、などである。それに加えて、自国文化へ移動する際にＴＣＫに新たに生じる特別な問題がある。重要な問題なので注意深く見ていこう。

●非現実的な期待

「夢の世界」への期待

昔に比べて、多くのＴＣＫはかなりの頻度で母国と海外を行き来する。パスポート国での暮らしが「どんな感じかはわかっている」とＴＣＫがその経験をもとにして言うとき、休暇で訪れることと長期にわたって住むこととは別物だという自覚はない。ＴＣＫが一時帰国すると、親戚は特別な集まりを計画したり、親は海外では食べられないさまざまな「おいしいもの」、例えば海外にはないアイスクリームなどを子どもたちに振る舞ったりする。ディズニーランドへの旅行などもそうだ。するとＴＣＫは、このような特別なことが、この国の生活では普通のことなのだと勘違いしてしまう。ところがいざ腰を落ちつけて暮らすことになると、だれにも「特別扱い」をしてもらえないことに気づき、ＴＣＫたちはショックを受けかねない。

「同質である」ことへの期待

帰国に伴うストレスは、しばしば、本人と自国文化に生きる人たち双方が無意識に抱いているお互いへの期待感と関係している。第1章第４節で、ＴＣＫと周りのコミュニティとの関係を示すパターンを説明するために次のモデルを使った。

・外国人型――外見の相違・思考の相違
・帰化型――外見の相違・思考の相似
・隠れ移民型――外見の相似・思考の相違
・鏡型――外見の相似・思考の相似

そこでも述べたように、ＴＣＫの多くは昔から移動先の現地文化のなかでは「外国人型」に当てはまる。なかには「隠れ移民型」もいて、少数が「帰化型」と「鏡型」に相当する。しかし、ＴＣＫがパスポート国の文化圏に戻るとだいたいが「隠れ移民型」になる。ゲーリー・ウィーバー（第1章第４節）は氷山モデルを使い、そのモデルは文化的期待と文化的ストレスを表すと言ったが、ここでは博士のその言葉がさらに明確になってくる。「故郷」の人たちは、帰国した

TCKを一目見てTCKに「鏡型」を期待する。外見が同じなので思考も同じだろうというわけだ。当然だろう。TCKはその「故郷」の人たちと人種も民族も国籍も同じなのだから。

当のTCKも周りを見渡して、自分は「鏡型」に当てはまると思い込んでしまうことが多い。何年もの間、TCKたちは自分たちは「違う」と知りながら生きてきた。イギリスに住むアジア人であり、ドイツに住むアフリカ人であり、ボリビアに住むカナダ人であった。違いを正当化するものは今となってはない。やっと異端児ではなくなった。同胞の元へ帰ってきたのだ。しかし現実はそうではない。

第2章第2節に登場したニコラとクリスタの例をもう一度取り上げてみよう。それぞれスコットランドとイギリスに住んでいた（白人の）TCKで、現地のクラスメイトたちと似たような外見をしていたが馴染むことができず、母国に戻れば自分の居場所が見つかると主張していた女の子たちだ。

ニコラとクリスタの落胆は大きかった。故郷へ帰りさえすれば、自分が周りの人たちと違うと感じることはないだろうとずっと思っていたからだ。二人が自国の同級生たちに感じた苛立ちや怒りは、期待が現実にそぐわないときに起こる。例えばあるTCKの話だが、イギリスのレディングという町をブルキナファソの友人たちが知っているとは思わないのに、逆にレディングの友人たちがブルキナファソの首都ワガドゥグを知らないことに苛立ちを感じたという。

「周りは変わっていない」ことへの期待

ＴＣＫがパスポート国に帰国するとき、何らかのイメージを抱いている。それは正確であることもあれば理想化されていることもある。しかし、そのイメージは住んでいた場所や会ったことのある人々との記憶がもとになっている。「想像と違うことはわかっているよ」と口では言いながらも、心の底では自分が去ったときと同じだと思っている。しかし現実が想像と異なると、浦島太郎が竜宮城から戻ってきたときと似たような衝撃を受ける。見知っていた建物がなくなっていたり、友人が引っ越していたり、あるいは亡くなっていたり、記憶のなかでは広く感じていた家がこぢんまりとしたものであることに気づく。またＳＮＳが普及した今、人が投稿したことが、実際のその人の生活を反映しているわけではないとつい忘れがちだ。

●逆カルチャーショック

先述の例のように、ニコラとクリスタと同じような経験をしたＴＣＫは多い。帰国当初はすべてうまくいくように思える。親戚と古くからの知人がＴＣＫを温かく迎え入れてくれる。学校は特別の配慮をして、遠い異国の学校が発行した成績表をどのように評価すべきか必死に考えてくれたりする。しかし、思いもよらない事態が起きはじめる。クラスメイトは帰国したてのＴＣＫにとっては意味のわからないスラングや流行《はやり》の言葉を使う。みんな車を運転するのにＴＣＫは自転車にしか乗れない。友人、親戚、クラスメイトたちは日常生活のなかの当たり前のことをＴＣＫが知らないことに驚く。

外見が周りと相似している「隠れ移民」型の特徴は、より深いレベルでの影響がある。文化バランスの不均衡は表層部分と同じように深層部分にも隠れているのだ。ウガンダの難民キャンプでエイズ患者を相手に仕事をしていた両親を持つTCKが、だれかにマクドナルドに連れて行ってもらったとしよう。ウガンダから帰国したばかりのTCKは、ハンバーガーを食べるたびに「この一食分のお金があったら、現地の国ではいったいどれくらいの人が食べることができるだろうか」という考えで頭がいっぱいになる。もっとひどいのは、人があまりにも多くの食べ物を捨てていることを目の当たりにして、TCKがそのショックと嫌悪を顕《あらわ》にした場合だ。TCKをランチに誘ってくれた友人たちは、人の好意を無下にする奴だと思うかもしれないし、さらには非難されていると感じて気分を害するかもしれない。

問題は次々と起こる。目上を敬い、礼儀作法を重んずる「秩序」と「静」の文化で育った者が、人々が真正面から対立し、何事にも騒ぎ立て、常に自己が優先される個人主義の自国文化のなかに入れば、それを攻撃的だと思う。反対に、騒々しい行動主義・個人主義の文化のなかで育った者は、自国の人たちがあまりにも従順で控え目だと感じる。そしてTCK自身「自国文化」とされるものに好意的ではないことに気づきはじめる。一方、「自国文化」に生きる人たちもTCKに好意が持てないと感じる。このような現象がそもそもお互いに対する期待からくる反応だとはだれもじっくり考えない。帰国するということは、つまりは逆カルチャーショックを受けるということだ。ファン（楽しみ）は過ぎ去り、ファイト（諍い）とフライト（逃避反応）のステージに入る（第3章第1節）。

帰国ストレスへの反応

第1章第４節ではＴＣＫが異文化に遭遇するときに見せる四つの反応について述べたが、帰国時にも同じような反応が見られる。適応型、カメレオン型（違いを隠す）、主張型（違いを主張する）、壁の花型（傍観する）である。

ＴＣＫが帰国時のストレスに対処しようとして、この四つの反応のいずれかを示す場合、たいていその裏には何らかの理由が潜んでいるものだ。このようなストレスの対処法は短期的に効果があるが、長い目で見ると深刻な影響を及ぼすこともある。周囲の人の目に映るＴＣＫの行動の裏にどのような要因が潜んでいるのかを見ていこう。

●高まる不安感

過去を失うことへの不安

自国にすんなりと順応してしまうことはホスト国への裏切りだと無意識に感じてしまうＴＣＫがいる。「ここ（自国）が好きだということはあそこ（ホスト国）が嫌いだということ」とか「もし自国に馴染んで落ちついてしまったら、自分が育った場所での思い出が薄れ、戻る決心が薄らいでしまう」などだ。今の生活は過去の生活と同じように自分の人生にとって大事なものであるのに、そのような不安感のせいで台無しになってしまいかねない。過去と現在は両立し得る、というパラドックスのなかで生きることに馴染んでいないのだ。

アイデンティティ喪失への不安

文化的基盤が揺らいだとき、自分のアイデンティティは明確だと思っていた人でさえ、それが揺らぎはじめるかもしれない。残るのは昔の自分や過去の生活の記憶、そしてかつて自分には「故郷」があったという感覚だけだ。そして意識せずとも自問自答しはじめる。「自分の国や文化に合わせようとするあまり、これまでいちばん馴染んで溶け込んでいた場所や人々のことを忘れてしまったら、自分の大切な部分がなくなってしまうのではないか？」と。

●エリート意識と傲慢

特に帰国時は、ＴＣＫの傲慢さやエリート意識が思わぬ形で表れやすい。ＴＣＫのなかには、「同様の経験を持たない人を軽蔑する」かのような素振りを見せてしまう者がいる。ＴＣＫはよく「同じ経験をした者同士で共感し合う」のだが、それはつまり「他のＴＣＫとしかわかり合えない」という考えにもつながる。「私はあなたたちとは違うのだから、同じようになることは期待しないで」という「主張型」ＴＣＫの叫びの一部なのかもしれないが、周りから見るとそれは傲慢であり（そう思われても仕方ないのだが）、多くの友情を育めるかもしれないのに自ら孤立してしまう原因となる。

ＴＣＫが自国に帰ってくると、お高くとまった嫌な人間だと思われることがある。自分は同級生よりも多くのものを見て体験し、「世界を股にかけてきた」のだから、周りの人は自分の話を聞き、言う通りにしていればいい、と思っているように見られるからだ。

アイデンティティや過去を失う不安は、また別の形で表れることもある。それは過去だけに執着することだ。以前いたところは、今いるところよりもすべてにおいてよかった。ここでは何にも、だれに対しても興味が持てない。

過渡期における自己中心的な考えは、「だれも自分の話を聞いてくれない」という苛立ちの原因となりやすい。しかし、他人の話を聞こうとしないのはＴＣＫも同様だ。海外生活を知らない人も世の中にはいるのに、それを考慮しないのはＴＣＫが持つある種のエリート意識からくるともいえる。

●「自国文化」への過度の怒り

他のどんな文化に対しても寛容なＴＣＫでも、なぜか自国文化には手厳しいようだ。新しい現地文化のなかに住み、その文化に対して否定的な意見を持ったとしても多くのＴＣＫはそれを口に出さない。口に出したとしてもＴＣＫ同士または駐在員同士に限られる。このお決まりのルールは、帰国に際して変わってしまうようだ。ＴＣＫのなかには周りにどんな人がいようが、自国文化について否定的な意見を自由に口にしてもよいと思っている者がいる。度重なる誹謗は不安や拒絶された経験を覆い隠すための無意識の行為なのかもしれないが、そのようなことばかりを繰り返していると周りからは疎まれていくものだ。好むと好まざるとにかかわらず、彼らは誕生のときからその国の国籍を持ち、その国の国民なのだ。TCKは自らの体験と自分自身のある部分を認めながら、同時に別の部分を拒絶しているのだ。

●抑鬱

周りの状況を推し量る、という「壁の花」型の反応は帰国時によく見られるタイプの反応である。抑鬱症状の表れであったりするが、逆にそのような症状を見えにくくしてしまうことにも注目したい。最初は心配するほどではなくても、深刻な鬱症状になり得る。朝ベッドから出られない、いつもなら楽しく感じる活動が億劫になる、一日中部屋でスマートフォンやタブレット、パソコンをいじる、学校の活動に参加したり新たな友人をつくったりコミュニティに入ったりしない、ということが起こる。また、わかりにくい形の引きこもりもある。例えば、勉強に没頭してオールAを取るタイプなどだが、これを責める者はいないだろう。あるいは楽器を一日何時間でも無心に弾き続け、参加するコンクールすべてに入賞する。周りはそのようなTCKを称賛こそすれ、それが逃避の一つの手段であることに気づきはしない。

怒りや抑鬱は変化への初期的対応かもしれないが、それが六か月から一年以上続いたり、TCKやその周りの人に危害を及ぼしたりする場合は専門家に相談する必要があるだろう。

故郷でなら馴染めるだろうと思っていたのに、そこでも上手くいかないとわかったとき、抑鬱が深刻で命に関わる問題に発展するという悲劇も起こり得る。自身がTCKでもある精神科医のエスター・シューバートはＴＣＫに関する調査を行い、帰国後一年も経つとＴＣＫの自殺率が上がるという結果を得た。ＴＣＫにとっては帰国そのものよりも周りに合わせようと無理し続けることが彼らを追い詰めていくのだ。こういったケースは決して多くはないが、それでも念頭に置く必要はある。もし読者のなかにこのような状況にいたり、絶望感を抱えていたりするＴＣＫやＡＴＣＫがいたら、信用できる友人やカウンセラーに助けを求めてほしい。

帰国プロセスを手助けする

完璧な帰国を保証する確実な方法はないが、とても重要な時期であることから、ＴＣＫに関わるすべての人が注意を払うべきである。

まず通常の帰国プロセスについて知ることが、ＴＣＫとその関係者にとっては鍵となる。帰国プロセスにおけるさまざまな反応が正常なものだと理解することは他の側面と同様に重要だ。アメリカ系スイス人のＡＴＣＫであるバーバラ・シャエッティはＴＣＫやグローバル・ノマドのアイデンティティ形成に関する博士論文を書いた。彼女のアドバイスはこうだ。

「グローバル・ノマド」や「サードカルチャーキッズ」という言葉を、子どもが海外にいる幼少期の間に教えること。そのときは興味を示さなくても、国際移動する生活の意義について模索しはじめたときに、彼らはそれがすでに多くの人が研究し、話題にしてきたテーマであることに気づくからだ。

帰国のプロセスを健全に進めていくための実践的な取り組みを次に挙げておこう。

ホスト国を去る前に現地の人たちとの連絡方法を決めておく

人生のさまざまなライフステージにおける人間関係を維持できたTCKには、後々良い影響があることがさまざまな研究によって証明されている。

帰国は「異文化」に立ち入る段階でもあることを忘れない

どんな人でも、二つ目、三つ目の文化に適応するときと同様、過渡期の経験は帰国のプロセスにもすべて当てはまる（過渡期と立ち入り期のストラテジーについては第3章第1節を参照）。

新旧の友人との関係を築く

サードカルチャーの影響を理解していないと、新しい友人をつくったり前の友人との関係性を保つことは難しい。自己紹介の前に「出身地はどちらですか？」という質問に対するいくつかの返答パターンを用意しておくといいだろう。例えば、「五秒バージョン」「十五秒バージョン」「お茶バージョン」などだ。

・五秒バージョン――家族が故郷とする場所について、簡単な答えを用意しておく。例えば

「育ったのは主に東南アジアです」と言い、後は「あなたは？」と切り返す。
・十五秒バージョン――相手がさらに質問をしてきたときのために、少しだけ細かい答えも用意しておく。「うちは軍人の家族なので……」「両親はジンバブエとアメリカ出身で、私が育ったのは……」などだ。
・お茶バージョン――相手の反応が肯定的で自分に興味がありそうであれば、コーヒーやお茶を一緒に飲む約束をする。その際、相手の身の上話もしっかり聞くこと。

自己紹介が順調にいけば、次の「お試し段階」では友達になれそうな共通点があるかどうか探ることができる。

帰国時に、友達のつくり方を見誤ると大きなダメージとなる。「理解し、理解されたい」というニーズは文化と関係なく人間に共通のものだということを、TCKは自覚しておくべきである。ある集団において、この共通のニーズをいかに満たすのかを規定するのが文化というものである。人として共通する部分を見失わないためには、ときとして育ち方の違いによって生じる部分を乗り越えて、歩み寄る必要があることも覚えておこう。

このときこそ助言者の必要性を再確認する

「帰国」は、実は大きな移動経験の最中における「立ち入り期」であり、この時期にこそTCKは良き助言者を最も必要とする。帰国直後は大事な時期であり、普通であれば友人には選ばないような人のグループに飲み込まれてしまう脆さがある。ドラッグ、アルコール、その他、以前ならきっぱりと拒んだ問題行動へと走ってしまう可能性がある。良き助言者がいれば、ＴＣＫを良い方向に導いてくれるだろう。自身もＴＣＫ／ＣＣＫであり、その分野の知識や実践経験がある人が助言者となってくれるのであれば、なお良い。

親は子どもが自分とは異なる「自国アイデンティティ」を持つことを受け入れる

他文化への移動を決める際、親も周りも子どもが自分たちとは異なった「故郷観」や「根ざし感」を持っていることを受け入れねばならない。それがたとえ短い期間であっても、ＴＣＫが自国のアイデンティティを拒絶すると家族に大きなストレスを与えることになるかもしれないからだ。親は、子どもが自分とは異なるアイデンティティを持つことに多少傷つくことがあるかもしれないが、それは子どもが自分の世界を狭めるのではなく、逆に広げることになると考え、モザイクのような多様性を持つ子どもを受け入れてあげることが望ましい。

子どもの帰国プロセス支援に責任を持つ

ときとして、学校の休暇や週末、あるいは長い夏休みをどこで過ごすかなど漠然とした考えしか持たずに大学にやって来るＴＣＫがいる。親は何もかもうまくいくものと簡単に考えて子どもを送り出す。親戚と子どもたちとの関係がまだそれほど良好でもないのに、親は親戚が面倒を見てくれるものと安易に考える。「ホームレス」のＴＣＫを親戚が世話をするのは当然と考えてはならない。ＴＣＫを先に帰国させ（または進学のために別の国に送り）、自分たちは海外の赴任先に残る場合、子どもがしっかり面倒を見てもらえるようにすることを親は常に確認しておくことが必要だ。また、事前に代わりの家庭を見つけておくことも必要だ。

大学に進学するＴＣＫは現地の気候に見合った靴や服を持っているとは限らないし、生活必需品をどこで手に入れたらいいのかを知らない。こうしたことは、「帰国」先が両親のパスポート国とは異なったり、両親がかつて住んでいた場所から遠い所だったりした場合にはよくある話だ。親はそもそもそうした事情については何も知らなかったりする。また大学生活も親が学生だった頃とは大きく様変わりしているだろうから、その地域の大学や学生に直接話を聞いてみるのもいいだろう。

家族の状況に合わせて帰国プロセスを支援する

家族でよく話し合い、必要に応じて調整していくことが大事だ。海外赴任を中断したり、サバティカル休暇を取ったり、子どもの進学先に近い場所への赴任希望を出すなどして、子どもが大学に進学する一年目を乗り切った家族もいる。

親戚はこの帰国プロセスにおいて大きな手助けとなる。すでに親戚とＴＣＫとの間に心地よい関係ができていればなおさらだ。

親戚がいなければ友人でもよい。しかし頼れる人が見つからない場合には、子どもが新生活に慣れるまでは親が生活をともにすることを真剣に考えるべきである。その場合、親のキャリアに影響が出るかもしれないが、そうしないとTCKの一生に良くない影響をもたらすことになる。その悪影響とは当のTCKが引き起こす問題であったり、未知の世界に馴染もうともがくTCKの内面に生じる「見捨てられた」という気持ちのことをいう。

「現地再訪」の機会を持つ

結局のところ、TCKが自国に落ちつけるような長期的な手助けとして最も効果的な方法の一つは、以前住んでいたホスト国を再訪する機会をつくることだ。パスポート国への帰国の途中で、過去の経験が理想化され欠陥のないものに思えてくる現象はよくあり、現実とかけ離れたものになってしまうことがある。そのような場所をときどき訪れることでズレが修正される。ホスト国への訪問には他の効果もある。それはTCKの過去と現在をつなぎ、過去はおとぎ話でも手の届かないものでもないことを教えてくれる。加えて、世の中に不変のものなどなく、過去は現在の基盤であることに気づく。

帰国の経験を生かす

TCKは自分とは異なる人々と多く関わってきているが、異文化体験を通して身につけたものを、帰国後の人間関係のなかでも生かせるとよいだろう。以下にいくつか、念頭に置くべきポイントをまとめておこう。

・自国文化の人々もまたみな人間である。第1章のコラム「子どものアイデンティティ形成について」で述べたように、世界中の人と同じく彼らも人とのつながりへの欲求を持っている。育った環境は異なるが、人として共通するものはある。

・自国文化の人々もまたそれぞれ個々の経験がある。ＴＣＫもＡＴＣＫもいったんこのことを理解すれば、まず自分の経験を聞いてもらおうとするのではなく、相手の経験談にも耳を傾けることができる。どの文化でもそうであるように、コミュニティのなかで生活している人の話を聞けば、その人のことだけでなく、その土地の歴史や文化を学ぶことができる。

・自国文化の人々はＴＣＫ体験の詳細までは理解できないまでも、感情に触れる部分について理解を示すだろう。お互いの経験談を話し合うとき、細かいところまでは理解できないかもしれないが、そのときどきで感じたことは共有することができるし、その面でつながり合うことはできる。ＴＣＫはその点を心に留めておくべきである。

・周りの人は自分では気づいていないだけで、実はＴＣＫ体験と似たような経験をしてきている。本書はクロスカルチャーキッズ（ＣＣＫ）の経験や世界にまでその範囲を広げた。そうすることで、さまざまな理由で国際移動をし、親とは異なる世界と関係を持ち、異文化の間《はざま》で生活する多くの人々に焦点を当てることができた。ＴＣＫやＣＣＫという言葉を知らずに、またその認識がないままに、何世代にもわたって似たような体験をしてきている家族もいるのだ。

ＴＣＫが、だれもが持つ人としての共通点に目を向けられるようになれば、どこにいようともアイデンティティを失うことなど恐れなくなるだろう。そして、不思議と他人との違いが気にならなくなる。人はだれしも特別な存在であり、そうありたいという欲求を持っているからだ。

多くのＴＣＫは、そのＴＣＫ体験のなかでも帰国プロセスの時期がそれまでよりもずっとストレスを感じた時期であり、同時にそのなかから学んだことは非常に良い経験だったと言う。外国生活の後、自国に帰り、帰国プロセスを経ることによって、国を離れた経験のない人には決して見えない自国文化の在りようが見えてくるのだ。こうした気づきにより自国文化のどこを取り入れ、どこを切り捨てていくかをより前向きに決めていくことができる。そして大方のＴＣＫは自分たちが一つひとつの文化から受けた貴重な恩恵に感謝するようになる。その感謝には「故郷」とされる文化からの恩恵ももちろん含まれる。

3　家族で「過程」を楽しむ

ＴＣＫのライフスタイルは、上手くいけばとても楽しいものになり得る、ということを忘れてはいけない。テッド・ウォード博士は自著『海外に住む』のなかで、「人生という冒険を楽しむ」ことの重要さを強調している。過程を楽しむことは、バラバラになったＴＣＫの人生を一つにまとめる有効な方法で、強固なアイデンティティを形成する上では欠かせない。他の文化や土地において、ＴＣＫの家族が自らの経験を最大限に活用するにはどうすればよいのだろうか。以下、実際的に見ていこう。

荷物を解いて根をおろす

ルースの父親チャールズ・フレームは、娘に生涯役に立つような重みのあるアドバイスをした。自身のＴＣＫ体験を自覚していなかったにもかかわらずだ。

「ルース、人生のどこに行っても荷物を解いて、その地に根をおろしなさい。物理的にも精神的にもだ。多くの人は、行った先々に落ちつく時間はないと思い、その場所での時間を存分に生きることをしない。その土地に根ざしたとしてもどうせ実を結ぶ前に自分はそこを去ってしまうのだから、と思って根をおろすことをしないのだよ。しかし先のことばかり考えていると、現在いる場所での生活を謳歌することはできない。たとえその地を離れねばならなくなっても、そこでの生活経験の意義は残る。稔《みの》った実を自分が食べることはなくても、他の人が食べてくれればそれでよいのだ」

チャールズは自分の言葉に忠実に、ナイジェリアのカノの自宅の周りに木々を植えた。ルースはアメリカに帰国して十二年後カノに戻った。父親が植えた木からオレンジの果実をもぎ取りながら、父が正しかったことを実感した。

国際移動がライフスタイルの一部となっている家族にとって、チャールズの簡単なアドバイスに従うことは大きなポイントとなる。自分たちの経験がポジティブなものになるか、あるいはネガティブなものになるか、がかかっているからだ。それは移動体験によってもたらされる可能性に背を向けて自己防衛的になるのではなく、逆にそれらすべてを広く受け入れる決断をしたことを意味する。親がこうした姿勢を見せることで、ＴＣＫ自身も移動の過程を楽しむことができる。

経由地を巡る

ホスト国と母国を行き来する道すがら、経由地に留まってその国を探索するのもよいだろう。さまざまな場所に立ち寄ることはＴＣＫの世界をさらに広げるだけでなく、心に残る生涯の思い出づくりにつながる。旅の経験についてコートニーは言う。

> 私の子ども時代の思い出は普通の人たちに比べ、はるかにたくさんあると思う。サウジアラビアとアメリカを行き来するときに両親はいろんなところを経由して、私にたくさんの場所を見せてくれたの。例えば、イギリスとドイツを経由したときには、美術に

興味があった私を母は美術館に連れていってくれたわ。その間、父は妹と他の場所に見学に行ったの。新しく目にする文化を吸収することで多くのことを学んだ。ツアーのガイドが話す情報は一言も聞き漏らさなかったわ。

両親は気づいてないかもしれないけれど、そのなかでいちばん強烈だったのはドイツのダハウ強制収容所に連れていってもらったこと。たしか十一歳か十二歳だったと思う。収容所跡を歩きながら、私たちはすべてを見て回ったの。私はすごく泣いた。両親は私を甘やかさなかった。すべてを私に見せたのよ。火葬場、ガス室、数多《あまた》の写真。第二次世界大戦や強制収容所の話を読んだとしても、実際に収容所を目にしないと本当のことは理解できないと思う。私はその場所に立って、あまりの悲惨さに打ちのめされ「何でこんなことが実際に起こったのだろう?」と途方に暮れてしまったの。

子ども時代に見たことや触れたことを思い返すたびに懐かしくなり、そのたびに胸がいっぱいになるわ。そこに戻ってすべてのものにもう一度触れることができたらどんなにいいかしら。

周囲をよく見て積極的に関わる

赴任地の歴史や地理、そして文化を積極的に学ぶことを怠ってはいけない。残念なことに、T

CKとその家族は自分たちの生活の豊かさに慣れっこになってしまい、いかに恵まれているかを忘れてしまいがちだ。滞在している国の歴史、地理、そして文化について学ぶことをぜひ勧めたい。年に一度か二度は観光客になりすまして家族でその土地を巡る旅行に出掛けてみるのもよい。コートニーの両親はホスト国のサウジアラビアを娘に見せることも忘れなかった。「両親はサウジアラビアのなかでもさまざまなところに連れていってくれた。砂漠に行って自然の宝であるサメの歯の化石や砂のバラ（訳注・砂漠において、自然現象で硫酸カルシウムや硫酸バリウムがバラの花のような結晶になったもの）、矢じりの化石を拾った。何百万年も前の昔、そこが海の底だったことを考えると、なんだかわくわくした」こうしたことは単なる思い出のように思えるが、過去へのつながりという深い感情をコートニーの心に残したのだ。

ＡＴＣＫがよく口にする共通の「残念なこと」とは、子ども時代に周囲の環境にもっと深く入り込む機会を持てなかったということだ。軍の基地に住んでいた、寄宿学校に通っていた、海外駐在の子どもたちとしか遊ばなかった、というのがその理由だが、多くの者はこれを「損失」と受け止めているようだ。大人になってはじめて、どうしてもっと知ろうとしなかったのだろう、どうして現地の言葉を学ばなかったのだろう、どうしてレストランで味わったあの料理の作り方を教わらなかったのだろう、と後悔するのである。

家族の伝統をつくる

伝統は人やグループを結束させる。それは過去が共有されていることを互いに確認し、現在も考え方や目的、人間関係が一つになっていることを示すものだからだ。あらゆる国、民族に伝統というものがあるように、家族にもそういうものがあることが望ましい。

特に意識しないまでも家族の伝統がいつの間にか出来上がっていることはよくあることだ。家族や親戚が集まればフレッド叔父さんは必ずマンドリンを持ち出してきて、老いも若きもそれに合わせて歌い出す。これを家族の伝統にするとだれかが意識的に決めたわけではない。しかし、フレッド叔父さんとマンドリンなしでは親戚の集まりはどこか物足りない。このような時間が家族のアイデンティティや帰属意識を育むのだ。

サードカルチャーのなかで生きる家族にとって、伝統とは通常の家族が必要とする以上に大切なものである。親戚一同の集まりに参加してフレッド叔父さんの音楽を聞きたくても、常にその近くにいるわけではない。違った場所でも同じようなことができる伝統を意識していくことが必要だろう。だれかの誕生日には当人が夕食のメニューを決めるといった簡単なことから、年に一度、ある特定の祭日にキャンディーをたくさん詰めたピニャータ（訳注・人形の形をした薬玉《くす》。メキシコ、アメリカなどでは子どもの誕生日にピニャータ割りをする習慣がある）を作るといった少々手の込んだことまで、何でもいいのだ。

異文化環境のなかで伝統の行事をつくっていくことは大切なことであり、楽しいことだ。異なる土地で新しいアイデアを取り入れていくたびに、それは家族の歴史を示すものになる。リベリアに住んだことのある家族ならクリスマスイブといえば海岸でホットドッグをバーベキューして食べることだろう。クリスマスには雪に覆われる土地柄ではそうした習慣はないが、家族の過去の思い出として母国に持って帰って続けてもよいだろう。暖炉を使ってホットドッグを焼くことになるかもしれないが……。

地元のコミュニティに溶け込む

ＴＣＫはたいてい親戚から遠く離れて暮らしているが、どこに住んでいようが「おじさん」「おばさん」「おじいさん」「おばあさん」代わりの人は見つけられるだろう。それは現地の人であったりサードカルチャーコミュニティのなかの人であることもある。そのような人たちを子どもの誕生日に招待したり、子どもをショッピングに連れていってもらうなど、さまざまな状況に合った人間関係を積極的につくっていくとよい。「つくられた親戚」は血縁関係などなくても、子どもに緊密なコミュニティのなかで成長することを体験させてくれるのだ。ＡＴＣＫが子ども時代を振り返ったとき、このような人間関係が大切な思い出として残るのである。

そして引っ越した後も、この土地の「家族」と連絡を絶やさないようにする。人生は断片的ではなく一つのつながりがあるものだとＴＣＫが感じられるよう、このつながりの糸を長く保ち続けるようにする。

親戚との強い絆を保つ

ＴＣＫの人生にとって母国の親戚も大切な役割を果たしてくれる存在であり、その関係を維持することは必要だ。そのためにも、ときには祖父母や叔父叔母、従兄弟たちを現地に呼ぶのもいいだろう。そうすることでＴＣＫは親戚をよりよく知ることができるだけでなく、親戚もＴＣＫの生活環境（ＴＣＫが本当に輝く場所）を実際に目にすることができる。何よりも現地を見てもらうことで、ＴＣＫは「母国」に帰ったときに、現地の様子を知る親戚にさまざまな話をすることができると嬉しいものなのだ。親戚に来てもらえない場合でも、ＳＮＳや手紙、メール、ファクス、電話、写真などでできるだけ連絡を取ることはＴＣＫにとって重要である。母国の親戚との緊密な関係は両親が海外赴任地に残り、ＴＣＫだけが帰国することになった場合には大きな助けとなる。

ここで一つ心に留めておくべきことがある。親戚との交流は子どもが幼いときから計画しておけば、子どもたちが両親の母語を話せるようになるのに役立つ、ということだ。交流を怠った例を見てみよう。

私の義理の両親はドイツ人で英語が話せません。ですから、英語を話す孫たちとの楽しい時間が何年にもわたって持てなかったと感じています。最近になって私の子どもは二人ともドイツ語をある程度話せるようにはなりました。今は二人とも十代なんですが、彼らがドイツ語を話せるようになるまでの十年近く、ドイツのおばあちゃんとおじいちゃんは、「外国人」みたいな孫たちとなかなかコミュニケーションが取れなかったのです。

このような状況は双方にとってよくない。だから祖父母や親戚が話す言語を子どもに教え、そして親も学ぶということを計画に含めるべきだろう。

友人との関係を深める

多くのＴＣＫにとって友人は大きな財産だ。ＴＣＫは特定の規範や人種、国籍にとらわれないインターナショナルスクールや国際コミュニティで育つ。公共の交通機関が発達している場所も多く、そのような場所では週末にはカフェで気軽に友人たちと集まることができる。国が変わっても、今のＴＣＫたちはＳＮＳなど以前では考えられなかった手段で友人と連絡を取り続けることができる。だが、この瞬時につながり合えるコミュニケーション技術は、第２章第５節でも述べた通り、新しいつながりを築くにあたって何らかの影響を及ぼすことがある。過去とのつながりを保つことと新しい関係へと移行することのバランスを取ることは難しいが、それは今日の世界においては新たな常識なのである。

とはいえ、昔の友人とばかりオンラインでつながっていて、現地との関わり合いを持つことを拒否するようであれば、親は対面での人間関係を築くように促す方法を模索するべきだろう。同年代の子どもがいる家族を家に招いたり、子どもが興味を持ちそうなスポーツチームや合唱団を見つけて、そこに参加させたりしてもいいだろう。

ＴＣＫは行く先々で新しい友人をつくる努力をすべきである。自ら孤立することで新しい文化のなかに入ったときの困難から逃げ出したり、母国に帰国したときの問題から逃れようとしたりしないためにも、だ。過去の友人もまた重要である。そうした友人がいるからこそサードカルチャー体験は認められ、サードカルチャーの世界と体験が単なる夢ではなかったことの証明にもなるのだ。同窓会に出席し、また子ども時代に暮らした家を訪れることも大切である。ＡＴＣＫが人生を振り返ったときに、いちばんの恩恵として挙げるものがこのような友情だ。

休暇にはいつも同じ「家」に帰る

サードカルチャーに暮らす家族は状況の許す限り、休暇で母国に帰る際には同じ場所に戻るのがよい。数年ごとに引っ越しを繰り返すＴＣＫも、同じホスト国でずっと暮らしているＴＣＫ

も、パスポート国に一つでも「家」だと思える場所があることが大切である。毎回同じ家に帰ることが無理でも、家族ぐるみでその近辺に滞在してＴＣＫが同じ学校や同じ教会に通い、同じ友人に会えるようにしたほうがよい。別の土地に住む友人や親戚宅に身を寄せる場合でも、ある程度の期間滞在することによって人間関係の基盤を築き、それが次の休暇の際にまたつながるようにしたい。

母国での休暇をまるまる人に会うことに費やしてしまうのはいけない。大人たちが毎晩楽しそうに談笑しているそばでＴＣＫとその家の子どもたちがぎこちなくお互いを見つめ合っていたり、毎晩違うベッドに寝たりというのでは負担になり過ぎて子どもは精神的に疲れてしまうだろう。逆に親が子ども向きのアクティビティを盛り込むようにすると、このような旅も楽しいものになる。ホテルでのお泊りやキャンプ旅行に行ったりするなど、母国でもホスト国でも家族の一体感を確かめられるような機会をつくるのが、親としては賢いやり方だろう。

「神聖な物」を入手する

住んでいた場所や訪問先で手に入れた品物は、後々「持ち運び可能な人生の縮図」となる。行った先々からそういった品物を持ち帰ることで、場所や経験をなぞることができるのだ。ＡＴＣＫのジェニファーには子ども時代に集めたものがある。象が彫られた黒檀の本立て、やはり象の彫刻の入った電気スタンド、羽で描かれた絵、黒檀細工の壁掛けなどだ。大学時代、また結婚後に住んだ十六か所の土地で、本立てを置き、絵と壁掛けをかけ、電気スタンドの明かりをつければ、それだけでそこが故郷になるのだ。

最後に、私たちの言いたかったことを一言で要約してくれたドイツ人ATCKダークの言葉で締めくくりたい。自身のTCK体験をどう思うかと聞かれ、ダークは「僕の人生でいちばん良かったこと？　こんな人生を送れたってことさ」と言った。

本当にそうなのだ。TCKの世界を生き、楽しむこと。それに尽きるのだ。

4 決して遅すぎることはない

現在でこそ、ＴＣＫが自らの異文化体験をよりよく理解し、その体験を活用するための努力がなされるようになってきているが、少し前の世代では、サードカルチャー体験を十分に理解し、生かすための支援はほとんど行われることはなかった。ＴＣＫに支援が必要だとはだれも考えなかったし、ましてどのような支援が必要かなどとは想像もつかないことだった。

だが、何の支援も受けてこなかったＡＴＣＫは、自分たちのような体験を経てきた者に当てはまる概念が存在することを知ると急に身が軽くなった気がするそうだ。長年自分を恥ずかしく思い、「自分の何がおかしいのだろうか？」と自問し続けてきたことを理解してくれる人がいると知って、解放感を覚える。よく耳にするのは、ＴＣＫ体験に固有の喪失感と折り合いをつけ、アイデンティティを肯定的に捉えられるようになると、「自分の何がおかしいのか」という考えから「自分の何が良いのか」という見方に変わっていくという話だ。そうなれば彼らは、自分の経験をプライベートにも仕事にもうまく生かすことができるようになるのだ。

しかし残念ながら、子ども時代に経験した困難にとらわれ続けてしまうＡＴＣＫもいる。ＴＣＫ体験を恩恵とは感じられず、それらを十分に生かすことができないでいるのだ。表向きは成功しているように見えても、心の奥底では少なからず、抑鬱、孤立、孤独、怒り、反抗、絶望を感じている。なかには、そうした感情が表に出てきてしまい、前向きに考えたいという気持ちとは裏腹に振り回されてしまう者もいる。

　また本人は大丈夫と思っていても、配偶者や子ども、あるいは友人や同僚から見るとそうではないというケースもある。殻に閉じこもってしまい、近しい人でさえ寄せつけないのだ。家族から長い間離れて暮らすことがごく普通である組織で育ったATCKのなかには、その別離が及ぼした人生への影響など考えたことがない者もいる。親とともに、あるいは親が不在のホスト国で戦争や紛争に巻き込まれた者もいる。TCKは世界を往来するなかで感情的、精神的、身体的、また信仰上の虐待を受けたり、何かしらのトラウマを抱えたりすることもある。だがいったん飛行機に乗って移動すると、瞬時にそうした問題を取り囲んでいた環境が消え失せてしまうため、立ち止まってすべての物事を整理することができないでいるのだ。経験や状況は目の前から消え去ってしまい、しばしばATCKは気づかないうちに「未解決の悲嘆」の段階に留《とど》まってしまっている。わかっていることはただ一つ、それはある場所・行動にとらわれてしまい、抜け出せない、ということだ。

　ではそのような人たちは大人になった今、どのようにしたらいいのだろうか。傷ついたATCKが、それまで断片的にしか捉えられなかった自分たちの体験を、一つにつなぎ合わせるには手遅れだろうか。自己破滅的な行動に長くとらわれ続けてきた人間が過去の経験に縛られることなく、逆にそれを前向きに転換することは可能であろうか。答えはイエスである。遅すぎることは決してない。「未解決の悲嘆」、「アイデンティティの問題」、またTCKの生活スタイルに由来する数々の困難に対処することはいつでもできるのである。ルースは三十九歳で自分の気持ちを文章化するまで、自分の人生の奥底にあった他人には見えない深い鬱のうねりを理解することはなかった。

では回復はどのように訪れるのだろうか。ATCKもその親も時計の針を巻き戻して実際の移動体験をやり直したり、別離をリセットしたりすることは当然できない。失われた家族の時間を取り戻すことは不可能だ。事実、多くのATCKは「隠れた喪失」を元の状態に戻すことはできないし、子ども時代のある場所を「故郷」にしてくれた風景や音、匂いをもう一度自分のものにすることはできない。戦争によってその場を去らねばならなかったとしても、その戦争を止めることはできない。無垢な心を踏みにじった虐待者の行動を止めることもできない。彼らにできることは過去を言葉で表し、自らの経験を適切に表現し、そこでの恩恵と喪失を認め、家族や友人に助けを求めることである。そうすることによって、彼らは自分に与えられた才能、しかも無意識のうちに活用してきたその才能を自覚することができる。あるATCKは、自分の家族は世界中の美しい家々に住んできたのに、なぜ自分はいつもホームレスを支援する仕事に惹かれるのだろうかと不思議に思っていた。彼女は自分のTCK体験をより深く理解するにつれて、それまでとは違った視点で仕事を続けることができるようになったのだ。

ATCKにできること

自分自身と自らの経験を自覚する

多くのATCKにとっては「私はTCKとして育った」と自覚することが人生における新しい視点を得ることにつながる。人生経験やそこから生まれる感情には合理的な理由があることを発見することは、自分自身へのよりよい理解につながるだけでなく、経験それ自体を普通のこととして受け止められるようにしてくれる。長い間、自分は人とは違うと思い孤独に生きてきた者も、結局自分はTCKとして普通の人生を生きてきたことを発見するのだ。

不思議と「普通」という概念は人を解放する。そのことによって問題のすべてが解決するわけではないが、さらなる自己発見ができるようになることで、ATCKはそれまで想像もできなかった変化を遂げることができるのだ。例えば、永遠のカメレオンを演じながら周囲に合わせることをやめ、自分はだれか、自分の居場所はどこか、また自分の能力を最も生かせる場所はどこかということをじっくりと考えることができるのだ。別れが近づくと引きこもってしまう自分が理解できれば、最後まで人間関係を放り出さない選択が意識的にできるようになる。

あるATCKは、自分の過去の行動パターンから、別れが近づくと引きこもってしまうことがようやくわかったので、今では出発の一か月前からみんなにこう伝える。「今まで素晴らしい友人でいてくれてありがとう。別れが近づいたらきっと言えなくなってしまうから今のうちに言っておくわ。今までは別れが近づくたびに『どうでもいい』っていう態度を取ってきて、たくさんの友達を傷つけてしまったの。今回はそんなことしないつもりでいるけど、もし引きこもりが態度に出たら教えてね」そして友人たちはその言葉に従った。

このようにＡＴＣＫの事前の予防行動があれば双方の理解の手助けになる。周りはＡＴＣＫの行動に理解を示し、一方、ＡＴＣＫは出発前後の人間関係に対し感情移入し続けることができる。

ＡＴＣＫのなかには自分には名前があること、つまり自分はＡＴＣＫと呼ばれる人間であり、世界中に散らばっているＡＴＣＫのグループの一人であることを知り、ようやく帰属意識が満たされる者もいる。自分の過去は人生のパズルに決してはまらない一片だと思っていたのに、実はそれが最も重要なピースであり、他のピースはその周りにはまるようになっていたことを知るのだ。

自分の行動パターンを自覚する

ＡＴＣＫの現在の生活、自ら下す決定が疑いようもなく自身の過去によって影響を受けていることに気づいたときがまさに自分を率直に評価してみるチャンスなのだ。これまでの人生のなかで、自分の性格のせいにしてしまっているような一定の行動パターンはないか。例えば引っ越しを繰り返す、愛情表現が上手くできずに人間関係が長続きしないなどの経験が過去に幾度もあったとしたら、さらに自問自答してみることだ。周りと不釣り合いな、度を超えた怒りや抑鬱、行動はないか。その行動はアイデンティティの混乱に由来するものか。それは「未解決の悲嘆」の表現の一つではないのか。自分自身や家族以外に起因している可能性はないのか。たとえそれが個人的、あるいは性格上の問題だとしても、そこに異文化体験や移動ずくめの生活からくるストレスが影響していないか。

自分が怖れているものを自覚する

しばしば回復を妨げるものに「怖れ」がある。苦しみに向き合うことが怖い、再び危険を冒すことが怖い、拒否されることが怖い、などだ。「過去を振り返ったって何にもならない。人生は前向きに考えなくっちゃ」「ＴＣＫだって？　くだらない。私は私（でしかない）。過去の経験は今の私とは関係ない。いつどこで育ったたって私はこういう性格なのだから」という台詞の裏には「怖れ」が隠されているのだ。

過去を振り返るには勇気がいる。しかし過去の出来事がどれほどＡＴＣＫを傷つけたとしても、彼ら自身はすでにそれを乗り越えているのであり、その出来事自体、過去のことなのだ。苦しみに向き合うことで多少の痛みは覚えるが、そうすることによって「悲嘆」を感じ、最後には解決する。過去から目を背けると、その先ＡＴＣＫはさらに想像以上の苦しみを生み出す行動に走りかねないのである。

自らの喪失を自覚する

痛みを覚悟で傷を癒す道を選ぶのであれば、ＡＴＣＫは自らの過去を振り返り、隠れた喪失を特定する必要がある。そのために気持ちを文章にして整理することは有効な方法である。第1章第5節で述べた隠れた喪失についてのリストを参考にしながら、自分の体験と照らし合わせてみよう。そして次のような質問に答えてみるのもよいだろう。

・これまで住んでいた国の一つを思い浮かべてみよう。そのとき自分が好きだったもので、引っ越しの際に失ってしまったものは何か？
・これまで住んでいた場所での自分の役割を考えたとき、移動したことによりできなくなってしまった役割、または移動していなかったら自分が担ったであろう役割は何か？
・かわいがっていたペットはその後どうなったか？
・小さかった頃に世話をしてくれた乳母は今どこにいるのか？

気持ちを文章化する以外の方法でこうした質問について考える者もいる。例えば、自分の人生のかけらを組み合わせて素晴らしい芸術作品にしたり、思い出の場所や人々を象徴するものを家に飾ったり、物語や詩を書いたりするのだ。こうしたことのすべてが、決して取り戻すことのかなわない深く愛していた過去のものを、目に見える形に変えるのに役立つことだろう。

失ったものが何であるのか言葉にして確認したのち、その喪失が生じた時点に遡り、そのとき行うべきだった「悼み」の作業に取り組むのに遅すぎることはない。幼少時に経験したATCKの喪失のなかには、きわめて深刻なものがあることに私たちは驚かされる。寄宿学校在学中の身内の不幸。だれにも話したことのない性的虐待。夜中にその地を立ち去る原因となった戦争。これらの出来事は、喪失への対処に必要な喪に服する時間や慰めもないままにずっと覆い隠されてきた。多くのATCKは苦しみから簡単に自分を切り離すのだが、悲嘆は前述したように、ありとあらゆる形となって表面化してくる。

人生における喪失に勇気をもって向き合い、その存在を認め、そして悲嘆する。そうすることによってATCKは喪に服する作業をしっかり済ませることができ、喪失が原因でこれ以上に破滅的な行動に走る必要はないと理解するのだ。「喪失と悼み」については第3章第1節で詳しく述べたが、ここで大事なのは、意識的に自らの喪失に向き合うことで（葬儀のように）、その喪失を尊重し、それを受け止める方法や儀式を見つけることだ。そうすることで失ったものにとらわれない人生を歩んで行くことができる。

苦しみがひどいときには耳を傾けてくれる友人が大切である。しかし専門家の助けが必要なこともある。ＡＴＣＫのなかには、急な避難生活や、性的・身体的・感情的な虐待から重いトラウマを抱えている者もいる。こうしたことはＴＣＫのだれにでも起こり得ることであり、専門的な支援が要る。以前はＴＣＫ体験を深く理解している専門家を見つけることは難しかった。ＴＣＫ特有の悲嘆をカウンセラーがまったく理解していない状況を見て、ＡＴＣＫはさらに誤解されていると感じることがしばしばあったようだ。今では少しずつ変わってきており、多くのＡＴＣＫはカウンセラーに、自らのＴＣＫ特有の喪失について積極的に話すようになってきた。それは自分にとっての「普通」とは何か、どのような問題が人生の他の部分と結びついているのかを知るためだ。

ルイス・ブション著『どこにも属し、どこにも属していない――国際移動をする人へのカウンセリング』はＡＴＣＫの相談に乗るカウンセラー向けの貴重な資料である。ぜひ活用してもらいたい。

ここで注意すべき点が一つある。ＡＴＣＫが隠れた喪失をあらためて自覚した際に「悲嘆のプロセス」の一端として、それらの喪失の原因をつくったとされる人々に対して新たな怒りを覚えたり、その怒りを表に出す、ということがある。多くのＡＴＣＫやその怒りの対象となった人々は言うまでもなく、この段階で大きなショックを受けて次の段階に進むことをやめてしまう。しかし、こうした事態に至っても「悲嘆のプロセス」を途中で放棄してはいけない。怒りの段階は回復のプロセスにおいて当事者全員にとって非常に難しい時期だが、これは「悲嘆のプロセス」の一過程であることを思い起こし、ＡＴＣＫ本人も周囲もここで粘り強く回復のプロセスに時間をかけて解決の段階につなげていくのである。

傷を自覚する

たとえ過去を遡ることになってでも、ＡＴＣＫが自らの「喪失」を自覚するだけでなく、自分がどのようにして傷つき、どのようにして他人をも傷つけたかを自覚することは重要な作業である。なぜそれが重要なのか。だれもが他人に傷つけられ、他人を傷つけるものだからだ。その傷が故意によるものであろうとなかろうと、そのなかにはきちんと容認し、適切に手当てをしなければならないものがあるのだ。

自分の傷を明らかにしたら、その次は重大な決断をせねばならない。自分を傷つけた者に対して怒りを抱き続けるか、それとも許すか、である。私たちが会ったＡＴＣＫのなかには恨みに呪縛された人生を送っている者がいる。彼らは怒りを武器に変え、自分を傷つけた者たちを攻撃するのだが、その矛先は自分へも向かい、さらにはすべての人に向かう。傷つき傷つけることが彼らのアイデンティティの一部になっており、それをやめてしまうと彼らには空虚感しか残らない。しかし問題はその怒りと辛苦は元の傷と同じくらい、あるいはそれ以上に破壊をもたらすということだ。多くの者は加害者を許すことを望まない。許してしまえば加害者が「野放しになる」ように感じるからだ。彼らに対して「許すよ」と言うことは「過去に起こったことは大したことではなかった」と言ってしまうことに等しいのだ。

傷ついた人の払った代償を考えると、許すことはそう簡単ではない。しかし許しがなければ被害者の人生は加害者に支配され続ける。危害を加えられた事実を認めることは必要だが、許すことは復讐の欲求や願望から自分を解き放つ決心をすることでもある。加害者が一切償わなくともだ。許すことができてはじめて傷ついた者は解放され、真の意味での回復の段階に移ることができるのだ。

完璧な人間などいない。回復のためには故意であろうとなかろうと、自分がいかに他人を傷つけてきたかを見つめ、彼らに許しを請うことだ。親・兄弟・友人・親戚・組織の管理職などに対する激しい怒りを隠さないＡＴＣＫ当人が、自分の子どもを同じように傷つけていることに気づいていないことは驚きである。親からの感情的虐待や別離に不満を訴えたかと思うと、次の瞬間には自分の子どもを怒鳴っている。また親に見捨てられた幼年時代を送ったというＡＴＣＫが仕事中毒の人間となり、子どもに割く時間をまったく持とうとしない。これでは同じサイクルを繰り返すことになってしまう。

自分自身の罪悪に気づかない限り真の回復は阻まれ、傷つけられたと訴えてくる人を受け入れず、自己防衛的に生き続けることになる。まず自分が他人を傷つけたと思われる事例を一つひとつ思い浮かべ、そして相手からの歩み寄りを待たずに自分から許しを請いに行くことだ。そうすることで人生における大切な人間関係が修復されるだけでなく、自己防衛の必要性からも解放される。むしろ正々堂々とした人生を送ることができるようになり、より大きな喜びを得ることができるのだ。

選択肢を自覚する

過去にしっかりと対処することにより未来の選択の自由が得られる。もう被害者ではない。過去がどうであれ、最終的には自分の行動に自ら責任を持つことを受け入れねばならない。それは過去に起きたことのすべてが自分のせいだと思うことではない。性的虐待を受けた子どもにまったく非はない。「見捨てられた」と思いながら育った子どもは両親の選択に責任を持つ必要はない。しかし一人の大人として過去にどのように向き合い、現在において周囲の人々とどのように付き合うか、また将来どのように生きる選択をするのかは本人の責任である。未来に一歩を踏み出すために過去を整理しようとするとき、ATCKには自問自答せねばならないことがいくつかある。許すのか。復讐するのか。自分は価値のない人間だというメッセージに屈服するのか。人間の本質を見つめ直し、考え、創造し、感情を持つことが許されるのだと実感するのか。隠れた自分の一部を外にさらけ出す意思があるのか。

本節はATCKが自分に対してできることに焦点を当てて書きはじめた。自分の過去に対処し、その過去を有効に活用することは究極的には本人の責任だからである。他人に自分のバックグラウンドを理解してもらえなくとも、回復し、人生の達成感を感じることはできる。しかし回復の途上でATCKに近い人がその苦悩を理解しようとし、支援を惜しまないのであれば、それはこの上ない助けとなるであろう。

親はどのようにＴＣＫを手助けできるか？

間違いなく、家族関係はＴＣＫがその成長過程で幸福を感ずるための鍵となる。このことは子ども時代のＴＣＫ体験がもたらした困難によって、いまだに苦悩しているＡＴＣＫにも当てはまる。そんなＡＴＣＫの回復プロセスにおいて、親はしばしば手助けをするパートナーとなり得る。ＡＴＣＫが過去を整理しているとき、親が言い訳に終始したり、脅されていると感じたりするのではなく、むしろＡＴＣＫを支え理解することができれば、より早い回復への道へと導くことができるのだ。ＡＴＣＫの回復プロセスを支えることは親が贈ることのできる最高のプレゼントである。その方法には次のようなものがある。

話を聞き、理解に努める

これは簡単そうに聞こえるが、実はそうではない。過去への思いを言葉にしはじめると、しばしばＡＴＣＫの攻撃の矛先は親に向かう。激しい怒りを向けられると、親はつい事実を前面に出して自分の正当性を主張する。「六か月も離れていたっていうけど大袈裟な。あれは三か月だったわよ」「お下がりばかり着せられたっていうけど、無理矢理着せたんじゃないのよ。あなたが気に入って着ていたのよ」という具合だ。

しかし、ここでは事実がどうだったかが問題なのではない。問題はＡＴＣＫがその当時どのように感じたかなのである。離れていた期間が六か月にも感じられたのだ。言葉を代えて言うなら、両親に会えなくて本当に寂しい思いをしたということだ。お下がりを着て笑われたとき、着るものに関して自分には選択肢がないと思っていたのだ。だれでもそうだが、ＡＴＣＫの現実感覚にはその経験に対して持った感情が反映されるのだ。その出来事が起こった当時に持った感情はＡＴＣＫにとって現実のものなので、この期に及んで実際に起こったことがどうだったかの議論よりも、子どもが出来事をどう捉えたのか、その奥に隠された感情が何だったのか、ということに対処するほうが親にとって重要なのだ。実際に起こった出来事についての議論をしてしまうと、ＡＴＣＫの「親はいっつも、何もわかってくれなかった。それは今も変わってない」という気持ちを裏づけることになってしまう。

なかにはＡＴＣＫが持ち出してくることの事実性について議論をするばかりか、ＡＴＣＫが持った感情についてまでも言い争う親がいる。寄宿学校に帰るとき、どれほど寂しかったかをＡＴＣＫが口にしたとしよう。そこで親は応える。「学校に帰るのが嫌だったなんて、そんなことはないだろう。いつもニコニコしながら手を振って、学校は楽しいところだと言っていたぞ」またホスト国の国を去るのが辛かったというＡＴＣＫに対して親が口を出す。「ポルトープランス（ハイチの首都）を離れるときに胸が痛んだ、なんてよく言うわね。暑い暑い、早くフランスに帰りたいっていつも言っていたじゃない」というように。

このような対応ほどＡＴＣＫと親の間のコミュニケーションをいち早く断絶してしまうものはないだろう。人がどう感じたか、また感じなかったかを知ることはだれにもできない。表向きの行動はしばしば本心を隠すためのものである。親にとって、ＡＴＣＫが親に対して子ども時代のことを話しはじめたら、何年経っていようとその話に耳を傾け、その感情を受け入れることが重要となるのだ。親は「さぞかし辛かったでしょうね。当時はあなたの気持ちがわからなくてごめんなさい。傷ついていたことに気づかなかったし、さらに傷つけてしまった。許してくれる？」という言葉をかけることもできる。ＡＴＣＫが感じたことを否定するのに躍起になるよりも「甘んじて受け入れる」ほうが親子間の実りある話し合いにつながるだろう。

親はしばしば自分の子どもがそれまで口にしたことのなかった感情を話しはじめると愕然とする。ＡＴＣＫが三十代、四十代の場合はなおさらだ。人生には段階というものがあり、その渦中にいると、そのとき現実に起こっていることへの対処や理解ができないというケースはよくあることで、易しいことではないが親はそれに気づかなければならない。子どもは当時の状況の衝撃を思い返すにあたって機が熟すまで待つものなのだ。何もこれはＡＴＣＫだけではない。あらゆる人がそうであるように、ＴＣＫもまた前述の児童精神科医ジョン・ボウルビィの言う「悲嘆、絶望、分離」を経験する。子どもはトラウマに直面するとまず「悲嘆」を覚える。状況が変えられないようだと悟るや悲嘆は「絶望」に変わり、やがて己を感情から切り離す「分離」の状態へと移行する。このような経験をした人たちが時間をおいて当時の状況を穏やかに振り返り、その影響の大きさを探ることができれば、と願う。それは多くのＡＴＣＫにとって、自分が喪失したものについて悲嘆し、自覚するはじめての機会となることだろう。

子どもが人生のトラウマに対処するためには「生き延びる」ことが先決だ。ひどい渾名《あだな》で呼ばれた、身体の障害をからかわれた、親が離婚した、片方あるいは両方の親からの別離、虐待、死。なかには現実逃避をする子どももいる。そうかと思えば、否定や合理的思考によって辛い感情を心から消し去る子どももいる。また衝動的な行動に出て苦痛をコントロールしようとする子どももいる。その手段自体に意味はない。重要なのは子どもは生き延びなければならず、そのためにはどんな手段でも取るということだ。

人生は流れて行くが、それでも苦痛は残る。そして大人になり、とうとうある日、内なる傷と向き合う決心をするのである。

『送られなかった手紙』に書いたような子ども時代の細かいことをどうしてそんなによく憶えていたのかと、ルースはよく人に聞かれる。そのたびに彼女は説明する。「憶えていたのではありません。そのときのことを再体験したのです。子ども時代には言葉で説明できなかったのですが、大人になってみるとその感情を表現できるようになりました」そのようなやりとりの後、ＡＴＣＫのフェイはルースに異議を申し立てた。彼女も自分の子ども時代を回顧するというプロセスを辿った一人である。「その感情を再体験するのではなくて、はじめてそのときの自分の感情に向き合うのだと思う」

よく考えてルースも同意した。六歳のとき、寄宿学校でのはじめての夜。消灯になると、果てしない疎外感、孤独感、ホームシックが襲ってきて死んでしまうのではないか

と思った。その苦しみに身を任せてしまったら、間違いなく木《こ》っ端《ぱ》微塵《みじん》になってしまうだろうと思った。だから子どもがみなそうするように、苦痛を和らげコントロールするため、あらゆることを試してみた。ルースの場合は「無心に何かをする」ことで解決した。お祈りをするとき、その形式にやたら気を配った。注意深くひざまずき、アルファベット順に考えつく限りの人や物の名前を思い浮かべ、すべての人と物に祈りを捧げた。そうやって神様のご機嫌を取って最後にこっそり付け加える。「家族に会わせてください」という願いをかなえてくれると思ったのだ。問題を起こさないように学校の規則には慎重に従った。日常生活の細かいことを考えていれば、苦痛に気を取られないで済んだ。

　三十九歳になってペンを執って書きはじめた。「パパとママに会いたい」と。もし六歳の自分が表現するのに十分な言葉を持っていたら書いたであろう手紙だった。すると六歳のときに味わったあの恐ろしい胸の痛みが襲ってきた。しかし、辛さを追いやったりそれに立ち向かったりする必要はもうなかった。それはすでに過ぎ去ったことであり、自分は生き延びた。別離が実際に起きた六歳のときにはできなかったこと、激しい苦痛を魂の底から感じることを自分に許した。

ある日、ようやく勇気を出してルースがこの手紙を母親に見せると、母親から返事が来た。これがルースにとって最高の贈り物となった。勇気を奮い起こして自分が書いた文章を見せたところ、母親はこう答えたのだ。「教えてくれてありがとう。手紙を読んでもちろん泣いてしまったわ。今すぐにでもあなたを抱きしめてあげたい。あのときあなたの気持ちがわかっていたら、違う決断をしていたかもしれないけど、当時は知る由もなかったわ。どうかあなたの体験談が何らかの形で生かされますように」母親はルースが書いたことを認め、ルースの痛みを受け止めた。弁明したり自分自身を責めることはしなかった。母親はルースの幸福を祈り、過去・現在・未来をともに語る機会をつくった。そしてルースが三十九歳のときにはじめて書いたこの手紙を見直したり、また本になる前の原稿にもあらためて目を通してくれたりしたことが、本を出版する上で大きな手助けとなった。ＡＴＣＫの話に耳を傾けてくれる親の力とはこういうものなのだろう。

人生の半ばになって過去が明確になるというパターンは多くのＡＴＣＫに共通しているのだが、なかにはそれを見て狼狽《うろた》える親もいる。子ども時代の出来事から何年経ってからでも、ＡＴＣＫにとってそのときの感情に対処する必要があることを親が受け入れてあげることだ。またＡＴＣＫが感情を親と分かち合おうとしていることも理解する必要がある。その感情は怒りとなって現れることが多いが、それは親と離れている期間や幼少期に感じていたことを親に理解してほしいというＡＴＣＫの願望と欲求の表れなのだ。意識するしないにかかわらずＡＴＣＫは親とのより近い関係を望んでいる。そうでなければそうした努力もしないだろう。とどのつまり、自分の親はこの人たちしかいないのだから。

慰め、優しくする

たとえ何十年遅れたとしても「悲嘆のプロセス」においては慰めを与えることが重要である。慰めは勇気づけることとは違う。理解と愛をもって傍に寄り添うことであり、何かを変えようとか合わせようとすることではない。

ある韓国人のＡＴＣＫはアメリカの大学に在学中、ザンビアにいる両親に会いに行った。両親のことは愛していたけれども、同時に傷つき、怒りも感じていた。そこで彼女はカウンセラーのアドバイスに従い、両親への手紙を持って行った。そこに綴ったのは、ザンビアで育ったことの素晴らしさ、親元を離れて寄宿学校に行ったときの辛さ、そして「母国」で韓国人らしく振る舞えず居心地の悪い思いをした苦しさ、さらに韓国人の親とは違って西洋的になってしまったために、気持ちを上手く表現できないことなどを綴った。母親も父親も手紙を読んで泣いた。特に父親が泣くのを見るのははじめて

だった。二人は彼女を抱きしめて謝った。そして今からでも彼女をサポートしたいが、そのためにどんな本を読めばいいのか、どんな人に会って話をすればいいのか、と聞いてきた。彼女は二人を心から許すことができ、今はともに関係の修復と再構築の方法を探っている。

親が彼女の気持ちを理解し受け入れてくれたことは、大きな慰めとなった。西洋と違い、韓国では親が子どもを抱きしめるということはあまりしない。あえてそれをすることで親は彼女への歩み寄りを見せたのだ。そして一緒になって現状を変え、前に進むためのステップを踏んだ。親は彼女の気持ちを打ち消したり否定したりしなかった。また弁明することも自分を責めることもしなかった。それどころか娘の幸福を祈ったのだった。親が子どもの話に耳を傾け、理解し、慰め、そして気遣うことは、親が回復プロセスにおいて子どもに与えることのできる大きなステップである。たとえ子どもが大人になっていようともそれは同じだ。

説教をしない

ほとんどすべての親が「説教をしない」でいることの難しさを感じているだろう。自分自身や家族をも超えた、何らかの「使命」のために一生を費やして働いてきた親の場合はなおさらその傾向が強い。例えば、宣教師は宗教的大儀に一生を捧げてきたり、軍人は国を守るためにすべてを捧げてきたりしている。そのような職業を持つ親にとって、地球の反対側での布教活動や国を守る活動に半生を費やした後、自分の子どもにそれを否定されることほど耐え難いことはないだろう。自分の信じる教えを子どもにも伝達せねばならないという焦燥感は子どもの自己破滅的な行動を見るほどに募っていく。「神の思し召しに従いさえすれば、すべてがうまくいくのに」「あの娘《こ》も海軍に入ったらいいのに。鍛えてもらってシャキッとするから」などと言う。

　これには私たちは「確かにそうですが、しかし……」といった条件付きの返事をすることになる。親が子どもによかれと思ってすることには価値があるだろう。しかし、その宗教体系のなかで辛い思いをしてきたＡＴＣＫが自分の苦しみを理解するにあたっては、神という存在の本質と、神の名においてつくられた宗教体系の文化や規律とを、区別しなければならない。それが解決するまでは説教や、まして懺悔《ざんげ》を促す言葉などはなおさら子どもの怒りを助長するだけである。また、この「国」がいかに偉大な国なのかと説き、そこに生まれたことが幸福だったと親が言うとき、それが正論だったとしても何の役にも立たない。当のＡＴＣＫは軍人家庭に育った経験のさまざまな側面を理解しようとしている最中だからだ。ＡＴＣＫならばだれもが、いつかは考える必要のあることだが、自分たちの経験してきたことのなかで、どこがＴＣＫとしての「標準」的な部分なのか、そしてどの部分が自分の家族構成や親の所属組織に起因しているのかを見極めなければならない。

　サードカルチャーに生きる親が自分への非難や子どもの自己破滅的な行動について率直にＡＴＣＫと話をするときは来ないのだろうか。否、必ず来る。親が成人したわが子の話に耳を傾け、理解したそのときが自らの感情や信仰について話ができるタイミングなのだ。しかし、その際、親である自分がどういう人間で、どのような視点を持っているのかを子どもと共有する場にしなければならない。

許す

親はときに子どもに許しを請うことも必要である。親も間違いを犯したのだ。それを認めることから目を背けてはならない。またATCKが親に対し、それまで過度に攻撃的で反抗的であったとしたら、親も多くの許しを与えねばならない。いかに親を傷つけたかを子どもが認めないとしても、親がこれに許しを与え、さらに子どもに対して許しを請うことができれば、それは大人になった子どもの回復プロセスにとって非常に重要な要素となるであろう。

必要とされていると信じる

子どもが大人になっても親を必要とし、自分たちの人生に関わっていてほしいと願っていることを親は信じることが大切だ。孫の誕生や卒業式、また結婚式に「来なくていいよ、大したことじゃないから」と子どもに言われたとしよう。ATCK本人も本心からそう思って言っているかもしれない。しかし、大人となったわが子の人生に思いやりを持って関わる努力を親がすれば、子どもにとってもこの違いは大きい。(子どもが大人になってからの)大人同士の時間が過去の別離を埋め合わせることだってあるのだ。

親への怒りがあまりにも大きく、一切の連絡を断ちたいとＡＴＣＫが望む場合もあるかもしれない。そのようなとき、親は無理に子どもとつながろうとせず、また弁明もすべきではない。辛抱強くその怒りをわかろうとするだけでよい。また、このような状況では、親に対しても専門的な支援が必要となるかもしれない。

友人・親戚にできること

友人や親戚がＡＴＣＫの回復プロセスの大事な第一歩を手助けすることができるときもある。ＡＴＣＫとその親と違い、友人や親戚はさほど感情的にならずに済むからだ。ＡＴＣＫの回復プロセスにおいて彼らができることとは何であろうか。

話を聞き、適切な質問をする

多くのＡＴＣＫにとって子ども時代の話は現在の生活から遠く離れたものになっているので、彼ら自身でさえ忘れかけている。サードカルチャーの体験を終えて帰国したとき、通り一遍の話以上のことを知ろうとした人はほとんどいなかったので、語ることをとうにやめてしまったのだ。そこで、ランチに誘って彼らの体験について質問したり、彼らの話に聞き入ったりするとしたら、それはあまりにも意外なことなので彼らは衝撃を受け、しばらくは自分の身に起こった過去の出来事をまったく思い出せないかもしれない。しかしそれを根気よく続けるのだ。友人や親戚が会話を始め、明らかに興味を示したら、ＡＴＣＫは誠意を感じるだろう。それはＡＴＣＫがそれまで口にしたことのなかった自らの体験をはじめて語る機会となるかもしれないのだ。

次のような質問が回復のプロセスを助ける。「おばあさんに別れを告げたとき、どんな気持ちだった？」「母国に帰ってきたとき、いちばん大変だったことは？」「そのように育ったなかでいちばん好きだったことは？」

こうした質問は友人がさらに込み入った話を聞く用意があることを示し、さらにＡＴＣＫがそれまで立ち止まって考えることさえしなかった問題について、もう一度深く考える機会となるかもしれない。

他人の話と比較しない

ＡＴＣＫの話を聞いて友人や親戚は「世の中にはもっと大変な経験をした人がいる」などと言ってはいけない。ＡＴＣＫは他の多くの人に比べて自分の人生が恵まれたものであることを知っている。まさにその点が、なぜ自分が苦悩するのかを理解しようとするときに問題となるのだ。

ＡＴＣＫが過去の話をするとき、最初はプラスの部分を前面に出す。聞き手に安心感を持ち、心を許すまでは困難だった過去の側面は語らない。ひとたびＡＴＣＫが過去の暗い時期について口を開きはじめたとしても、聞く側はＡＴＣＫを元気づけようとしてプラスの側面があったことを持ち出してはいけない。話には両面性があり、そのどちらも正当なのだ。

できれば慰める

ＡＴＣＫを慰めるはじめての相手が友人であったりすることがある。ＡＴＣＫのなかには驚くほど大きな苦しみを抱えて生きている者がいる。その苦しみは、砲弾の飛び交うなかを政情不安定な土地から強制退去させられた経験や、ずっと昔にだれかから何気なくかけられた嫌な言葉が原因だったりする。政治的な理由で身の危険にさらされる経験をしたＡＴＣＫに関して言えば、その辛い経験を自身が理解するためにだれかに話を聞いてもらった者はほとんどいないのではないだろうか。人々はみな、「生き延びて偉かったね」と褒めてくれても、受けたトラウマ自体については決して触れることをしないものだ。ＡＴＣＫとの会話のなかで当時の状況が話題となったら、聞き手は間を置いて「それはとても怖かったでしょう」または「そんな思いを経験して大変だったね。十歳のあなたにとってはさぞ辛かったでしょう」と声がけをすればそれは助けとなるだろう。だれかが本当に耳を傾けてくれるなら、ＡＴＣＫは生涯を通して心の内に秘めてきた恐ろしい体験を打ち明けるかもしれない。聞き手がそうした話を自分では受け止めきれずに、専門のカウンセラーに任せたほうがよいと感じたとしても、何らかの方法で彼らの喪失感や悲嘆を認めてあげることはできるはずだ。

ここで気をつけたいことは、慰めを受け入れたがらないＡＴＣＫもいるということだ。彼らの多くは、傷の痛みを認めることは自分と両親や信仰、また育った組織との関係を否定することのように感じるのだ。またはだれかが慰めようとすると怒り出してしまうＡＴＣＫもいる。慰めが必要であることを認めたがらないからだ。彼らを慰めるにしても、それを受け入れる心の準備が

ＡＴＣＫにできていないときには、それ以上の無理強いをしないことが肝要だ。

経験を肯定的に捉え、その利点を生かす方法を見つける

ＡＴＣＫのなかには、人生で得た多くの経験をどのようにしたら有効に活用できるだろうか、と思い悩む人もいる。友人や親戚がＡＴＣＫの強みを理解して、それらを生かせる機会へと促すことができれば、よりよい結果が生まれることがある。

ルーカスはスウェーデン生まれでパラグアイ育ちのATCKである。スペイン語と(パラグアイの先住民族である)グアラニー族の言葉が話せた。成人し、カリフォルニアで雑誌のフォトジャーナリストとして働いていた。彼が担当したテーマで最初に世間の話題になったのは、ホームレス向けシェルターがスペイン語話者の受け入れを拒否しているというものだった。メキシコからの不法入国や不法在留者が多いからだ。ルーカスは白人である自分がそのような場にそぐわないと感じ、また堂々と飛び込んでいくほどの経験も持ち合わせていないと思ってその記事を担当したがらなかった。友人たちは彼のパラグアイでの生い立ちをよく知っているので、言語能力と経験があるのだからとその記事を担当することを強く勧めた。その後ルーカスは記事を担当するだけでなく、そのシェルターで通訳としてボランティアをするまでになった。

どんな人であっても、理解され支えてもらえることで新たな挑戦に臨む勇気を持つことができる。ＡＴＣＫにとって、周囲に認めてもらい、励ましてもらうことは自らの多様な経験を生かす上では大きな意味を持つことになるのだ。

セラピストにできること

セラピストに対し専門外の私たちが、どのようにＴＣＫにカウンセリングを行えばよいか、など言うつもりはない。しかし、ＴＣＫの悲嘆はどこに由来し、親子間の早期の愛着がどの時点で断たれたのか、ＴＣＫのアイデンティティと世界観がどのようにして異文化体験や移動生活によって影響を受けたのか、などといったＴＣＫ特有の問題を理解する手助けはできる。私たちの目標は、サードカルチャー体験による基本的な生活パターンをセラピストに理解してもらい、来談者であるＴＣＫに力を貸すための心構えを持ってもらうことだ。ここまでの内容が、その手助けとなっていることを願うばかりである。興味深いことは、セラピストを対象としたセミナーなどで私たちの発表を聞いた参加者たちが、私たちの語ったテーマについて専門のモデルを使って説明し直してくれることである。そこでは「愛着理論」や「ＰＴＳＤ（心的外傷後ストレス障害）」など、セラピストの間でよく使われる療法モデルに置き換えられるのだ。

ＴＣＫ問題に関する会議の後、あるセラピストが言った。「今までは、出生と同時に養子になった子どもは、養子を受け入れた夫婦の実の子ども以上の問題を抱えるとは考えられていませんでした。現在ではどんな場合でも、相談者が養子であれば尋ねなければならない、いくつかの質問事項があります。ＴＣＫも同様に、配慮が必要なカテゴリーに属すると思われます。相談者がＴＣＫかＡＴＣＫであることがわかった場合、その経験を知っておくことは私たちにとってより的確な質問ができることにつながるのです」

「隠れた喪失」を認める

サードカルチャー体験の本質を理解しているセラピストは、ＡＴＣＫ自身でさえ気づきにくい「隠れた喪失」を探し当てる最初の人となることもあり得る。多くのＡＴＣＫは、別離がどれほど自分の人生の重要な部分を成しており、また「喪失」と「悲嘆」を助長したのかに気づいていないのだ。

組織の影響を理解する

多くのセラピストが軽視、あるいは見逃してしまいがちな要素にＡＴＣＫの育った軍隊・宣教団体・企業など外部環境の影響がある。ＡＴＣＫの怒りや傷は、日常生活から学校の選択や移動などＡＴＣＫの人生の大きな決断に至るまで、人生に影響を与えた組織の方針に起因していることがある。反対に医療費免除や家賃負担など、海外勤務における福利厚生で組織によって守られることに慣れたＡＴＣＫは、それ以前よりもしばりの緩い一般社会に放り出され、すべてを自分の力だけに頼らざるを得なくなったときにどう対処していいかわからなくなる。家族関係にばかり焦点が置かれて家族よりも大きな決定権を持つ組織の存在を考慮に入れないと、治療は頓挫してしまうことがある。

矛盾を理解する

治療の最中に過去の辛い部分に触れられると、ＡＴＣＫはしばしば自己防衛的になる。自分たちの知っている唯一のライフスタイル、アイデンティティの核となるライフスタイルを否定したくないのだ。駐在員の子どもは、それまで享受してきた数々の特権を否定してしまうことになるので、自分の経験が大変だったとは口にできない。宣教師の子どもは苦痛を認めると信仰が否定されることになるので、なかなか認めようとしない。多くのＡＴＣＫにとって、自分の大切にしているものを捨てずに、親の所属する組織をどこまで検証し、諦めることができるか、は考えるだけでも難しい。

寄宿学校に通っていたATCK相談者と接する場合、その相談者の経験には本質的に矛盾が含まれていることを知っておくのは特に重要である。寄宿学校で育ったATCKには仲間と過ごした何年にもわたる素晴らしい思い出と友情があり、負の要素がそこにあるとは考えもしないからだ。

また十二年以上を寄宿学校で過ごしたTCKのアイデンティティは寄宿学校での経験と緊密に連動している。良いこと以外のものを認める行為は自分の存在自体を脅かすことになる。しかし年齢のいかない寄宿生は多くの場合、自分がだれからも守られていないと感じるのだ。実際、六歳の子どもにしてみれば、寄宿学校に行くという体験は孤児になることと似ているかもしれない。良い思い出を否定することなく、どうすればATCKは当時の孤独を受け止めることができるだろうか。こうしたATCK、また強固な組織のなかで育つことで組織と自分を一体視するATCKは、組織の方針に疑いを持つことが自分のアイデンティティの核心部を脅かすと感じることから、必要な治療を継続することを拒否してしまうのだ。

そのようなわけで、ATCKに接する者は、ATCKの視点からTCK体験を見るときに生じる多くの矛盾を理解すること、またATCK自身に対してもその矛盾を理解させることが必要となる。セラピストはATCKの肯定的な側面を認める一方で、ATCKに対して過去の経験のすべての側面を直視することを促し、ストレスの源となるポイントを特定する必要がある。また、これほど喪失に悲嘆を覚えるのは失ったものがそれだけ価値のあるものだったからだ、ということを今一度思い起こさせることも有効である。

5　強い基盤をつくる――過渡期に親ができること――

子どもの異文化体験に向けての準備を始めるのに早すぎるということはない。親にできることを見てみよう。

移動をスムーズなものにする

異文化体験のなかで「賢い親のあり方」というものは自然と身につくものではない。使い慣れたサポートシステムを離れて、新しい文化圏に移動することはだれにとってもストレスとなり、親はそれまでとは違った躾や教育方法を学ばなければならない。大がかりな引っ越しをする前に、親は以下の問題を考えておく必要がある。

一．場所に関わりなく浮上する家族のニーズとは何かを考える

例えば、学習障害や身体に障害がある子ども、または慢性的な病気にかかっている子どもがいる場合、親は新しい赴任先でそうした事態に対応できる特別支援が受けられるかどうかをあらかじめ調べておかねばならない。現地の学校で特別支援教育が受けられない場合は、ホームスクールや家庭教師で対応できるか、医療施設は整っているか、などだ。また子どもの年齢と学年も重

要な問題である。例えば、子どもが高校二、三年生の時期の引っ越しは望ましくない。仲間と一緒に高校を卒業できないだけでなく、自分の考えた通りに卒業後の進路を決めることが難しくなる。たとえ進学を選んだとしても、さまざまな大学を見学して翌年、自分にとってベストの大学を選ぶことはできないだろう。インターネットやスマートフォンで情報を得ることはできるであろうが、すべての土地で同じように使えるわけではない。

二、送り出し組織の海外派遣方針を知る

人員派遣の際、送り出し組織には家族へのケアや教育面での助成制度があるか。現地でのさまざまなセーフティネットは整っているのか。具体的に言えば、医療や緊急避難時に対応するための保険制度が必要となったとき、だれに問い合わせればよいのか。親は組織の方針が書かれた文書に目を通すことになるが、より重要なことは同じ組織に勤める経験者から話を聞くことだ。

三、引っ越しによる家族・親戚への影響を考える

自国での生活では通常、祖父母や親戚、友人、学校や教会の知人などの助けを借りながら子どもを育てている。しかし、異文化間の引っ越しでは周りからの支援がまったくなくなるのだ。

あるナイジェリア人の男性は、大学院で勉強するために家族とともにはじめてアメリ

カに来たときの驚きを語った。ナイジェリアでは祖父母や叔父叔母などの親戚がみな近くに住んでいたので、常に子どもたちには親代わりとなる者がいた。子どもの面倒を必ずだれかしらに頼むことができたのだ。アメリカには家族や親戚がいない。大学の授業に行くとき、買い物に行くとき、子どもたちの面倒を見てくれる人はいない。家族や親戚が近くに暮らすことで実現していた独特の温かい子育て環境がなくなったため、夫婦は別の子育て方法を模索することとなった。

四．夫婦双方が引っ越しに前向きかどうか

これは重要な問題である。夫婦双方がともに異文化間の引っ越しに本気で取り組む気持ちがないと悲惨な結果に終わることがある。片方が移動に対して消極的な場合、異文化圏での駐在によって強いられる適応が重圧となり、その気持ちは簡単に憤りや敵対行為に転じてしまう。しばしば受動攻撃的な方法（例えば、感情的に引きこもる、ドラッグやアルコールに依存する、何に対しても敵意を持つ、度を超えて他人を非難する、など）で、きわめて大きなダメージを家族に与え、家族全体の経験を台無しにしてしまう。

五．家族がどれだけストレスに耐え得るか

異文化間の引っ越しにおいては、親は自分たちだけでなく、子どももまたストレスを抱えるこ

とを理解せねばならない。だれもがストレスを抱え、それは抑鬱や怒り、引きこもりなどの症状となって現れるが、なかにはストレスに上手く対応できない場合もある。ストレスに遭遇するとひどく落ち込んだり、極端な反応を示したりする者が家族のなかにいるとき、あるいは家族全体がそうであるときには、海外赴任を決める前に専門家に相談することが賢明だ。

ある家族は学習障害を持つ息子のために、彼が高校を卒業するまではこれ以上の移動を避けることにした。息子が新たな学習環境や外国語環境に適応することは難しく、引きこもりや抑鬱の状態になってしまうだろうと、親は過去の経験から学んだからだ。

六、異文化間の引っ越しの利点を考える

せっかく別の国に住み、別の文化のなかに身を置いているのに、その体験から何も得られないとしたらとても残念なことだ。新しい世界とどのように積極的に関わっていくかを考えておかないと無益に時を過ごしてしまうことになる。引っ越し後、日常生活はすぐに母国にいたときと同じように日々の雑用で埋まってしまう。学ぶことはたくさんあるのに（周囲に存在するもの、その国の歴史・地理・文化の違いなど）、何も目に入らなくなる。あるATCKはカザフスタンの豊かな歴史・政治・地理に囲まれて生活していた。しかし自国に戻り大学でカザフスタンについての講義を受けたことで、はじめて自分がカザフスタンのことについて何も知らなかったことに気づいて嘆いた。

七．新しい環境下での教育の選択肢

この問題は海外赴任を承諾するにあたってきわめて大切な点である。子どもたちを寄宿学校に送るのか。親が家庭でホームスクールをするのか。それによって家族関係はどう変わるのか。現地校に関してどのような選択肢があるのか。インターナショナルスクールはあるのか。それぞれの選択の善し悪しは何か。教育はとても重要な問題である。昔と比べて選択肢が増えたからこそ親はより深く熟考すべきだろう。

八．引っ越しへの準備

親がひとたび引っ越しを決断すれば、親は子どもの「移行期」に実に多くのことをする必要がある（第3章第1節参照）。大人はもちろん、子どもにとっても「終止符を打つ」ことが大切だ。親は子どもが人間関係を整理することに手を貸し、この先何が起こるのかを教える。去り際をよくすることは大人同様、子どもが順調に次の新しい環境に上手く適応できるかどうかに大きく影響する。異文化のなかで生活することは素晴らしい体験となるが、単にロマンチックな冒険を夢見るのではなく、事前によく考え、計画を立てることが肝要である。当然、予測不可能な事態も起こり得るが、よく考えて準備をしておけば苦難が降りかかっても対応できる。

健全なＴＣＫを育てるために親が強い基盤を持つ

家族を異文化に放り込むことを決断するということは、つまりＴＣＫを育てる決心をするということだ。それは子どもに貴重な能力を授けることにつながる。しかし、これまで述べてきたように、上手くやっていける子もいればそうでない子もいる。子どもが異文化体験の恩恵を享け、無理なく困難に対処していくために親ができることは何であろうか。

残念ながら「百パーセント成功するＴＣＫの育て方」はない。だが、親はいくつかの法則に基づいて強い基盤を築き、子どもたちがＴＣＫのライフスタイルにつきものの選択や機会に立ち向かうためのサポートをすることはできる。以下の四つの基盤はすべての子どもにとって重要だが、周りが絶えず変化しているＴＣＫにとってはとりわけ重要である。

一．親同士の関係

ＴＣＫの家庭には実の親子でないケースが少なくないことを私たちは知っている。再婚や養子縁組によって家族となった者、また片親だけのケースなどもある。しかし、通常のＴＣＫの家庭の場合、親同士の関係は常に重要である。ＴＣＫはただでさえさまざまな困難に直面するため、これに親の不仲が加わるとさらに困難が増幅する。次の三点を見ていただきたい。

コミットメント（関係維持を約束し合う）

「コミットメント」という言葉は古臭いかもしれないが、これは大切な考え方である。さまざまな変化を伴う局面で、夫婦が互いに寄り添えば二人の間の距離が縮まる。それぞれの責任を全うしつつお互いを必要とするからだ。一緒に暮らさない夫婦でも、歩み寄る気持ちがあれば子どもを最優先に考え、お互いの違いに折り合いをつけることができるだろう。

長く続く人間関係はすべてコミットメントから始まる。もうだめだと諦める前に解決策を探し、お互いの違いを理解しようと努力することができる。そうして人は成長していくのだ。異なる文化圏への移動のような大きな環境の変化と多大なストレスを抱えるとき、互いに本気で関わり合い、夫婦関係に責任を持ち、家族のために自分を犠牲にできる心構えを持つことがとりわけ重要になってくる。

互いに尊重し、支え合う

これはコミットメントと同調して起こることであり、両親の関係が強固だと感じると、子どもはたとえ引っ越しの混乱の真っ只中にあっても安心できる。また、両親が互いに好き合っていることを子どもが目にすることが重要だ。愛情を示すちょっとした仕草、例えば、通りがかりに頬に軽くキスをしたり、テレビを見ながら手を重ねたりといった行動を目にすると、些細な仕草なのだが子どもはパパとママはうまくいっていると安心する。そのことだけは心配しなくてもいいと感じるのだ。離婚している場合は、子どもの前で別れた相手の悪口を言わないことも重要だ。

積極的に夫婦関係を育む

新しい文化環境に身を置くと、それまで夫婦間でお互いの関係を育んできた習慣を諦めなければならなくなることがある。高級レストランでの結婚記念日の素敵な食事はできなくなる。昼夜予告なしに来客があって、プライベートな会話を持つことが難しい。信頼できるベビーシッターを見つけるのに時間がかかって、夫婦が安心してデートに出かけることがなかなかできない。異文化環境では夫婦はなんとか方法を見つけ、それまでの関係を存続させ、さらに進展させるために夫婦だけの時間を持つことが必要である。

二．親子関係

子どもの人生において親は最も重要な庇護者である。夫婦関係と同様、親子関係も育んでいかねばならない。ある調査によれば、親子関係はＴＣＫに限らずすべての子どもが順調に成長していく上で最も大きな要素となるものであるという。親子関係によって人の基本的な欲求である「意義ある人間関係」や「帰属意識」、「自分の存在には意義があるという感覚」が人格形成期の早い時期に養われるのだ。

しかし、異文化生活のなかでは子育てにあたって新たな困難が生じる。親がサードカルチャーのなかで、いかにして子どもの心理的要求を満たす手助けができるかについて、次に述べていく。

子どもに「自分はちゃんと面倒を見てもらえている」ことをわからせる

これは当然のことのように思えるが、すべてがある居心地のよい場所から移動させられた子どもは、まず最初に基本的な生活のあれこれについて不安を抱くかもしれない。「食べるものは？　着る物は？　住むところは？　何があって、何がないのだろう？　持っていけるものは何？」当然の問いかけであり大切なことだ。親は子どもの聞きたいことや心配なことについて話をする場をつくるべきである。すると子どもは自分の基本的な欲求が考慮され、世話をしてもらえるのだと安心する。こうしたやりとりをする機会は子どもが新たな環境で落ちつきを取り戻すまで、何度も繰り返す必要があるので、親には忍耐力が求められる。

子どもに「自分は守られている」ことをわからせる

サードカルチャーのなかに身を置く親にとっての困難の一つは、自分が育った世界とは異なる世界で子どもが成長していくということである。周りには新たな危険が実際にあったり、あるように思えたりする。親は子の新しい環境を大人の視点から見ているので、異文化環境における数々の状況が子どもにとっては想像以上に大きなストレスとなっていることに気づきにくい。ＡＴＣＫのなかには日常的な行動（例えば、市場に買い物に行くなど）を非常に不安に感じたという者がいる。外国人だという理由でじろじろ見られたり、無礼に振る舞われたりしたからだ。また、新しい土地での政情不安により大きなストレスを感じたという者もいる。

国際ビジネスパーソンであるバイロンとその家族はある夜、赴任地でクーデターの勃発を経験し、どうにか無傷で逃げることができた。家の庭でマシンガンの銃撃戦が起こったにもかかわらず、である。その銃撃事件からしばらくして、車で移動中にタイヤがパンクした。それを直そうと路肩に車を止めると、娘の一人がパニック状態になった。次の日には二つ目のタイヤがパンクし、娘はもう二度と車には乗らないと言い出した。

ただのパンクで、なぜそれほどのパニック状態になるのか不思議に思い、娘によくよく事情を聞いてみた。すると「兵士」と言い出し、聞き進むうちに、その理由が明らかになってきた。一回目のパンクは軍隊の兵舎の近くで起こった。兵士たちは、あからさまに武器を抱えて歩き回っていた。娘がパニック状態になった理由は、兵士たちが追いかけてくるのではないか、自分たちを撃ちはじめるのではないか、でもタイヤがパンクしているから逃げられない、と思ったからだった。娘は街中に兵士が溢れているなかで二度と危険な目に遭いたくなかったのだ。

新たな居住国で「隠れ移民」型になってしまうTCKは、人間関係からくる戸惑いや苦痛を感じることがある。

中国系カナダ人のシャロンは両親とともに北京に引っ越したとき、多少の訛りはあったものの、それほど問題もなく中国語を話すことができた。とはいえ、彼女の中国語は完璧でなかったため、現地の人たちからはたびたびそのことをからかわれた。しかし金髪の友人たちは、多少たどたどしくても彼らが話す中国語は褒められていた。シャロンは、いくら自分がカナダ人だと主張しても中国人と見なされ、中国語が完璧でないことを責められた。そのうち親は、なぜシャロンが家で読書ばかりして外に出ようとしないのかと訝《いぶか》った。実は、シャロンは家の外では安心して振る舞えないと感じていたのだ。

子どもが居心地の悪い思いをしているとき、親は子どもの不安や言動を取るに足らないものと軽くあしらってはいけない。子どもの言うことに耳を傾けながら、その言葉の奥にあるものを探ることが大切なのだ。

私たちがことさら「守る」ことの重要性を強調するのには理由がある。親や保護者から「守られていなかった」と感じていたＴＣＫの深い苦しみの言葉を私たちは耳にしてきた。新しい学校やコミュニティに早い時期から押し込まれたと感じるＴＣＫがいる。特に言語がまだ習得しきれていない場合などがそうだ。休暇のときも同様に、自分たちの意思に反して教会の集会や関係者・親戚の集まりに連れていかれ、自分たちが見世物であるかのように感じたＴＣＫもいる。

なかでも最悪なのは、親の信頼する人（家政婦、現地の他の駐在家族、母国の親戚や知人、寄宿学校の寮父母など）に預けられ、そうした人たちに精神的・身体的、または性的虐待を受けたというケースである。親がそこで起こったことを信じようとしなかったり、懲りずにまた同じ環境に送り返したりすると、子どもの精神的トラウマはさらに大きくなるばかりである。虐待する者に親がすべてを任せることは親が虐待を肯定しているということだ、と無意識に子どもたちは受け取ってしまう。そのため本当にあった事実について子どもが話し出すのは、ずいぶん時間が経って、大人になってからであることが多い。親は子どもを傷つけようとしていたわけではなく、当時そのような状況のなかで子どもがいかに傷つきやすいか、また実際に傷ついていたかを理解する努力をしなかったのだ。または子どもが話そうとしたときにも、よく聞くということをしなかったのだ。

親が子どもに「自分は守られている」という感情を持たせること、また実際に守ってあげることは必ずできることだ。子どもが知らない言語を話す学校に行かねばならないときには、学校に通わせる前に家庭教師をつける。「宣教師の子ども」「大使の子ども」であることに子どもが抵抗感を持っているとき、そうしたレッテルを強制してはいけない。子どもにも人権があり、子どもは決して親の延長ではない。子どもは子どもなりに尊重されなければならないのだ。また、親と子どもが離ればなれで生活するときには支障のないオープンなコミュニケーションの手段を確保しておく必要がある。子どもたちがだれからも親とのメッセージ交換を途中で遮られたりせずに直接、親と連絡が取れるようにしなければならない。

小さい子どもが家庭以外の場所で生活することになったら、自分の身の安全の確保の仕方、自分の身体は自分で守ることを繰り返し教える。たとえだれが何と言おうと親は子どもの言うことを信じ、いつでも味方だということを絶えず子どもに言い聞かせなくてはならない。もし子どもが人権を侵されていたり、またその危険性があると告白したら、仕事上の経歴にどんな影響が出ようとも、親はそれに介入する心構えを持たなければならない。サードカルチャーコミュニティにおける児童虐待の危うさの一つは、それを明らかにすることが難しいということだ。なぜなら、所属組織にしても家族にしても海外赴任にはあまりにも多くのことが懸かっているため、たとえ人生が一変してしまうようなダメージを受けたとしても、その原因となった行為を事実として認めることはきわめて難しいからだ。だがこのままではいけない。本書の初版が出版されて以来、児童虐待の報告件数は増加している。そもそも親は駐在員や現地のコミュニティの人々を信頼するあまり、他では用心するようなことでもつい油断してしまうものだ。しかし、ようやく自らが虐待に遭った体験を報告するＴＣＫが増えてきた。勇気ある告白が増えたことで、宣教師コミュニティや学校における虐待の事実が明らかになり、子どもを守り、児童虐待の被害者を支援するグループも増えてきている。

子どもに「自分には居場所がある」ことをわからせる

親が子どもにしてやれる最も重要なことは、家庭が少なくともこの世界で常に帰れる場所であり、自分は特別な存在で何者にも代えがたいものだ、ということを子どもが疑わなくても済むようにすることである。多くのＴＣＫにとって、この「自分が特別であると感じられる」心理的要求は特に繊細な部分である。ＴＣＫの親は多くの場合、社会的に意義深い仕事に就いている。そのため多大なエネルギーを注ぐ必要があったり、人間関係も大事にしなければならなかったりする。そこでＴＣＫは、親にとっては仕事で接する人たちのほうが自分よりも大事に違いない、と思ってしまいがちである。この問題は何年も後になってＴＣＫが大人になってから表面化することがあり、赴任当時の忙しい生活スタイルを子どもが苦にしていなかったと思い込んでいた両親を狼狽させることになる。ＴＣＫのなかには自分は孤児のようだった、あるいは見捨てられたと言う者がいるが、そういう感情を子どもが持つことのないよう親はどんなに忙しくても家族と一緒に過ごす時間を持つ努力をしなければならない。急用ができても、だ。

子どもには「慰め」が必要である

「慰め」については第1章第5節で詳しく述べた。慰めるという行為を通じて、たとえすでに起こってしまったことが変えられないとしても、親は子どもの感情を理解し、常に子どものことを考えていると伝えることができる。特に移動を経験するときに親が気をつけねばならないことは、大人しく聞き分けのよい子どもほど悲しみが深く、話を聞いて慰めてあげる必要がある場合が多いということだ。

子どもに「自分は価値ある存在だ」とわからせる

自分には価値があると感じること（自分の考えや発言が周りに影響を及ぼすという事実）は人

間としてきわめて大切なことである。そのために自分の感情や考え方を常に理解しサポートしてくれる、自分をよく知る人が必要になってくる。それが親の役目である。どんな親にも言えることだが、ＴＣＫの親は子どもの価値を認めてあげなければならない。子どもの話を聞き、いろいろな質問をし、その話や行動がよくわからなくても理解するように努め、何も言わずに抱きしめてあげることだ。さらに、個性を尊重し、それを伸ばしてあげることは子どもの自信にもつながる。ユーモア、文章力、運動能力、独創的なアイデアなど、子どもそれぞれの独自の能力や才能、そして性格を生かしてあげることが大切だ。

異文化教育者のシャーリー・トーストリック氏の質問リストで、親は子どもの言うことをしっかり聞いてきたかどうかを自己評価することができる。

・あなたの子どもはどんなことに真剣に怒りますか？
・あなたの子どものいちばんの友達はだれですか？
・あなたの子どもは自分の部屋を何色にしたいと言いますか？
・あなたの子どもの憧れの人はだれですか？
・あなたの子どもが最も恥ずかしがることは何ですか？
・あなたの子どもが最も恐れるものは何ですか？
・あなたの子どもの好きな科目は何ですか？
・あなたの子どものいちばん嫌いな科目は何ですか？

・あなたの子どもの好きな本は何ですか？
・あなたの子どもが親からもらったプレゼントのなかでいちばん気に入っている物は何ですか？
・あなたの子どもが家族以外でいちばん影響を受けた人物はだれですか？
・あなたの子どもが好きな音楽は何ですか？
・あなたの子どもが家庭に対して最も不満に思っていることは何ですか？
・あなたの子どもが今までに達成したことで最も誇りに思っていることは何ですか？
・あなたの子どもは年の割に自分の体が大きすぎる、あるいは小さすぎると感じていますか？
・何でも好きな物を買ってあげると言われて、あなたの子どもが真っ先に選ぶ物は何ですか？
・あなたの子どもが今まででいちばんがっかりしたことは何ですか？
・あなたの子どもは家族でいるときに何をいちばんしたがりますか？
・あなたの子どもが宿題をしたがる時間帯はいつですか？
・あなたの子どもが悲しくなるのはどんなことですか？
・あなたの子どもは、大人になったら何になりたいと言っていますか？

親が答えられる質問の数と子どもが持つ「自分は大切にされている」という感情とは比例するのだ。

子どもに「自分の意見には価値がある」ことをわからせる

子どもを大切にしていると伝えるもう一つの方法は、子どもに影響を与える決定、例えば海外への引っ越しの可能性について子どもの意見を聞くことだ。間近に迫った移動の話をする際、子どもにあまり心配させないようにと、直前になるまで引っ越しの話をしない親がいる。よかれと思ってしていることなのだが、子どもが生活の変化への心の準備をする時間が持てないのでそれはむしろ逆効果である。もちろん、子どもは親のキャリアの選択の決定に口出しはできないのだが、それでも早い時期から話し合いや準備に関われば、自分の欲求が尊重されているという重要なメッセージを子どもは受け取ることになる。それによって自分にも価値があることを知り、家族の一員としての自覚が生まれてくるのだ。

三．ＴＣＫから見た親の仕事

「人間は生きる理由さえあればだいたい何にでも耐えられる」とはニーチェのかつての名言である。人の強靭性はしばしば正当な理由があるかないかに左右される。したがってＴＣＫにとっての第三の基盤はＴＣＫが親の仕事をどう見るかなのだが、正当な理由さえあればＴＣＫはどんなに辛いことにも順応していくことができるのだ。

親の仕事には意義があると見なすことができれば貴重なＴＣＫ体験につながる。世界に影響を与える仕事に携わっている親を見れば、幼いながらもＴＣＫはそれを誇りに思う。自分もその一翼を担っており、自分には存在価値がある。その仕事のために家族とともに世界各地で行動してきた。達成感に比べれば自分の成長過程での困難など大したことではないのだ。

しかし一方では、世界が相手の仕事に就いている親に恨みを持つＴＣＫもいる。両者の違いは何だろうか。それは親の仕事への取り組み方、ホスト国とその文化に対する姿勢、赴任に至った政治的・宗教的信条などがその重要な要素であろう。

親が自分の置かれた状況や現地の人に対して前向きな感情を持って対処すれば、その姿勢は子どもにも伝わるのだ。反対に、親が現地の人やその文化に対して敬意を払わない場合には、若い観察者であるＴＣＫは「そもそも、なぜこんなところへ家族ともどもやって来たのか」と思いはじめ、さらに事態が悪化すると「なぜこんなところにいるのか」から「早く国へ帰ろう」と考えるようになる。

ひとたびこのように考えはじめると、それはＴＣＫの行動に現れる。国際ビジネスパーソンの子どもは裕福な生活が保証されているからといって、それだけの理由で海外生活などしたくはないと思うようになり、現地の法律を犯して両親が母国に送還されるように仕向ける。外交官の子どもは、母国政府の偽善に幻滅して大使館の塀に落書きをする。宣教師の子どもは、親が教会で説く教義と家庭での言動が食い違うのを見て、そんな無意味な信仰を広めても役に立たないと感じる。あからさまにタバコを吸い、酒を飲み、ドラッグに手を出し、また妊娠することで宣教団体によって家族全員が母国に送還されることを望む。軍関係の子どもは、自国の政府が軍隊を紛争地に派遣しているのは平和維持のためではなく、経済的利益を得るためだと見なして反戦デモに加わる。

自分の仕事の意義を子どもにしっかりと納得させてきた親が帰国を決めたときに、皮肉な事態が起こる。子どもは、親が自ら重要と言っていた仕事をなぜ辞めることができるのか、と思う。親は本当にその仕事に価値があると思っていたのかと、そこでの経験すべてを疑問に思いはじめる。そのような場合、親は常にこれからの移動について子どもと率直に話し合い、子どもが納得がいくようその理由を説明しなければならない。たとえ子どもが聞く耳を持たなくとも、である。

四．前向きに考える

四つ目の大切な基盤は、親には精神的に安定した軸があり、家族の生活にはなんの心配もないことを子どもに認識させることである。

場所が変われば価値観や慣習が大きく異なるＴＣＫの世界では、この基盤が人生を通じた真の安定への重要な鍵となる。しっかりとした個人的信条と安定した価値観を身につければ、どんな文化のなかに身を置こうとも軌道を外れることはない。

6　そしてここから――あとがきに代えて――

ルース＝ヴァン・リーケン

さて、これからどうすればいいのか。実のところだれにもわかっていない。確かなことは、すべては始まったばかりだということだ。ＴＣＫについての研究を見てもそれはわかる。異文化体験による負の感情や反応から解放されるべき人々がまだいるのだ。

では、私たちのすべきことは何だろうか。どのようなアイデアや研究が必要なのだろうか。今後について、次の点を見ていこう。

ＴＣＫ研究の展望を広げる

現在では、過去の学者たちが残したＴＣＫ研究を引き継ぎ、新しい学者たちが活躍している。嘉納もも（共訳者）は海外帰国子女の研究を専門としていたが、早くから私たちの研究に着目し、ＴＣＫと帰国子女を比較した（巻末コラム『「帰国子女」と「サードカルチャーキッズ」』参照）。日本とインドネシアにルーツを持つＡＴＣＫのダナウ・タヌは、アジアのＴＣＫ経験について博士論文を書いた。そして従来とは異なる異文化環境で育つ子どもの経験について発信し続けている。

またフィリピン人外交官家庭に育ったマイラ・ドゥマピアスは、これまでの研究には「経済格差」や「社会階層」の視点が十分になかったと主張している。マイラはTCKidNOWの最高経営責任者（CEO）である。

このような考察は氷山の一角に過ぎない。アフリカや中南米のTCK、前述以外のアジア圏TCK、また世界中に存在するCCKなど、ここで全部には触れていない。さらに多くの国が都市化し文化が大きく変容するなかで、国内TCKも研究に値することは間違いない。このように、研究すべき対象はまだ数多《あまた》ある。ルース＝ヒル・ウシームは、TCK概念は時間とともに変化していくものだと言ったが、まさにその通りである。

他のCCKにも視野を広げる

国際的な移動をしながら育つ子どもについての研究が進んでいることを、私はとても嬉しく思っている。ただ、国内TCKなど他のCCKが、自分が大きなグループに属していることを知っているだろうかといつも考えている。その大きなグループとは、何らかの形で異文化を経験し、そのなかで育った人たちのグループだ。

「錨と鏡（anchors and mirrors）」という基盤や手本となるものを持たずに育った子どもたちに居場所や帰属意識を見つけてほしい。異文化の間《はざま》で育った人たちの「ニューノーマル」、いわゆる「新たな基準」からなる世界を知ることで、そのような場所を見つけることができるのではないか。刻々と変化する世界で、私は切にそう願う。

ろう者の世界

参考になりそうな例の一つがオヤ・アタマンだ。オヤは聴覚障害の両親を持つ健常者である（訳注・Children of Deaf Adults/CODA「コーダ」）。一家はドイツのトルコ移民である。オヤは五歳になるまでトルコで祖父母と暮らし、その後ドイツに渡り、ろう者の両親のもとで育った。オヤにとって、「ろう文化」は「トルコ文化」や「ドイツ文化」と同じく一つの「文化」だが、たいていの人はその存在さえ知らない。

オヤにはＴＣＫと重なる点が多くある。オヤの話を聞いたときに私が思ったのは、これまでＴＣＫの経験談から学んできたことは、さまざまなタイプの異文化経験をした子どもたちを理解するのにも役立つのではないかということだ。オヤのケースのように、これまで知りもしなかったような異文化経験も然りである。

国籍と帰属意識の乖離について

もう一つは、育つ過程で移動はなかったものの、国籍と帰属意識が一致していない例だ。

私はある高校生に出会う機会があった。彼女はアメリカで生まれ育ったのだが、「自分がアメリカ人であると思われていることに驚く」と言うのだ。私にはその発言自体が驚きだった。自分は「メキシコ人」だと言う。アメリカ市民権（国籍）を持っているにもかかわらず、帰属意識を持っている国はメキシコなのだ。両親はメキシコ出身で、家ではスペイン語を話していた。ＴＣＫやＣＣＫの多くがそうであるように、パスポートに記載されている国はもはやその人の国籍や帰属意識を定義するものではない。この高校生は、自分がどこの国に帰属しているのかという意識と与えられた市民権とを区別していた。

私は、あらゆるタイプのＣＣＫグループが参加して、それぞれの共通点と相違点を探ることができるような、何らかの会を開くことを思い描いている。そうすることで、さまざまな背景や経済的・社会的な立場、親の職業の違いを超えて話し合うことができるのではないか。そして、この移り変わる世界のなかで、いくつものアイデンティティに混乱するのではなく、その恩恵に目を向けることができるのではないだろうか。今が転換期なのだと私は声を大にして言いたい。

未来への期待

そして私には希望がある。強さと喜びをもって人生を歩んでいるＣＣＫが数多くいるからだ。彼らは他の多くのＣＣＫの代弁者となり、この新しい概念をさまざまな形で広めている。

国際移動をし、異文化を経験する家族についてずいぶんわかってきたが、この先考えなければいけないことはまだある。増えゆく難民をどう受け入れていくべきだろうか。農作物の収穫のために季節ごとに移動する家族やその子どもたちについてはどうだろうか。また、障害を持つ子どもの文化とその家族への影響をどう理解すべきだろうか。長い歴史を振り返っても、今ほど私たちが住んでいる世界のようにさまざまな文化がぶつかり合い、交ざり合っている時代はなかった。そのなかでお互いをつなぐものは何なのか、もう少しはっきりと見出すことができれば、私たちに役に立つ学びを広く共有して、他の人たちを助けることができるかもしれない。一つでも突破口があればいい。そんな小さな積み重ねがこれからの世代に希望を与え、手助けとなるかもしれないからだ。

コラム

「帰国子女」と「サードカルチャーキッズ」

嘉納もも

本書のテーマであるサードカルチャーキッズ（以下「ＴＣＫ」）は、親の仕事のために幼少期に長期間、親のパスポート国の外で暮らした経験のある子どもたちのことである。読者の中には当然のことながら「日本の『帰国子女』とＴＣＫはどう違うのか？」と疑問に思われる方々がいらっしゃるだろう。

端的に言えば「帰国子女」は「日本人のＴＣＫ」である。だがその一方で「すべての日本人のＴＣＫ」が「帰国子女」であるとは必ずしも言えない。この不可思議な問題の背景には「帰国子女」の定義が時代とともに変わり、しばしば偏ったイメージが独り歩きしている、ということがある。

このコラムではその背景について、帰国子女とＴＣＫの比較をしながら解説していく。

一般社会における「TCK」と「帰国子女」の認知度

本書でも述べられている通り、「TCK」は一九五〇年代に社会学者のルース＝ヒル・ウシームとジョン・ウシーム夫妻によってつくられた用語である。ウシーム夫妻は当時インドの駐在員コミュニティを観察していて、独特の「狭間の文化（後にこれを「サード・カルチャー」と命名）」が存在することに気づき、特にその文化の中で育つ子どもたちに注目したのが始まりである。

その後、一九九七年にルース＝ヴァン・リーケンとデビッド・C．ポロックによって『サードカルチャーキッズ』の初版が出版され、TCKの存在がより広く認知されるようになる。この著書は仕事のために国際移動する親子やその所属団体の間で大きな反響を呼び、ヴァン・リーケンたちが翌年の一九九八年に設立したFamilies In Global Transition 学会で活発な議論が交わされるきっかけともなった。

だがそれから二十五年が経過して『サードカルチャーキッズ』の第三版が発行された現在でさえも、ヴァン・リーケンたちの出身国であるアメリカや私の住んでいるカナダにおいて、「TCK」と聞いてピンとくる一般人はごく少数だと言わざるを得ない。

それに比べ、日本では多くの人たちが「帰国子女」という言葉を（少なくとも）耳にしたことがあり、その実態については詳しく知らずとも漠然としたイメージを持っているのではないだろうか。

ではそのイメージとはどのようなものなのか。

私はかつて「帰国子女論」という講義を京都女子大学で担当していたのだが、最初の授業で二百名以上の受講者を対象に『帰国子女』と聞いて連想するのは」をテーマにアンケートを取ることにしていた。学生たちの回答は驚くほど均一で、要約すると「親の仕事の関係で小学校低学年から中学校まで、欧米諸国に長期間滞在し、外国語（特に英語）が堪能で、帰国時には日本語が少し不自由」といったものであった。

学生たちの回答の傾向は、「帰国子女論」が開講されていた六年の間ずっと安定していたことから、一定の「帰国子女象」が日本の社会に根づいていることが窺えた。

だが元来、「帰国子女」の定義には滞在地域や年数に関する細かい条件は付いておらず、ましてや海外経験の影響に関しては全く触れられていない。

教育問題としての「帰国子女」

「ＴＣＫ」がウシーム夫妻によって考案された学術用語であったのに対し、「帰国子女」は一九六〇年代から一九七〇年代にかけて日本政府の報告書に登場するようになった行政用語である。

日本の高度経済成長期に海外駐在員の数が激増し、外務省は「海外在留邦人」に関してさまざまな統計を取るようになる。その一環として、一九七一年以降は、

・親の赴任に伴って渡航し、世界各地に滞在する「海外子女」
・親の赴任に伴って一年以上海外に滞在し、日本に戻ってきた「帰国子女」

がその統計のカテゴリーとして含まれることになった。

この頃から、海外子女には滞在先でも日本の義務教育を受ける権利がある、という意見が駐在員コミュニティから文部省（当時名称）に対して上がってくるようになる。その結果として世界中の国々に全日制の日本人学校や補習授業校が次々と設立されていった。

その一方で、親の駐在終了に伴って日本の学校に戻ってくる帰国子女の数は一九七〇年代後半から大幅に増えていく。同時期に確立した「海外帰国子女教育」の研究分野では、日本の学校に編入した帰国子女の適応問題が重要なテーマとなった。

さまざまな総合実態調査が行われた結果、「補習授業校・現地校通学者ほど成績の劣る者が多い」という報告が上がってくる。逆に全日制の日本人学校出身者には帰国後の学力の遅れがあまり見られないことも指摘された。これらの結果は学校現場で帰国子女

の対応にあたる教育者たちの観察とも一致した。

ちなみに当時の海外子女の就学形態には顕著な傾向が見られ、北米では九割以上が現地校と補習授業校に通い、逆にアジア地域では九割以上が全日制の日本人学校に通っていた。ヨーロッパ諸国はその中間のパターンで現地校＋補習授業校に通う子どもと日本人学校に通う子どもが半々、といったところであった。

文部省は上記の調査結果を受け、全国に帰国子女教育研究協力校のネットワークを構築し、国立大学の教育学部付属校に「帰国子女特別学級」を受け皿として設置した。特別学級で日本語力や学校科目の補習を受けるのは大半が北米やヨーロッパで育った帰国子女であり、同じ学校に通う「普通生」やその保護者たちの目にはその子どもたちが「救済の対象」として映るようになったのである（佐藤郡衛、一九九七年）。

このようにして、実際は海外から帰国してくる子どもたちが全員、特別な支援を受ける必要がなかったにもかかわらず、ごく限定的な属性を持つ者だけが「帰国子女」の代表となっていった。そして日本の学校の現場では「帰国子女＝日本語力の劣る可哀想な存在」と考えられた時代はしばらく続くのである。

「帰国子女イメージ」の転換

一九八〇年代半ばになると日本企業の海外進出はますます勢いを増し、日本経済はアメリカ経済を脅かすほどの隆盛を誇っていた。あまりにも極端な輸出黒字にバッシングが起こり、日本はもっと海外からの輸入に精を出すべきだと言われるようになる。経済面でも文化交流の面でも世界に門戸を開き、「国際化」することが日本の新しい課題となった時代である。

前述の佐藤郡衛（一九九七年）によると、それまで日本の教育界における「お荷物」とされていた帰国子女のイメージが急転換を見せたのはこの時期と重なる。

海外育ちの子どもたちが日本人の目指すべき「国際人の卵」として注目を浴びるようになり、欧米諸国で現地校に通っていたことが一気にマイナスからプラスの要素に転じた。日本人が苦手とする外国語を巧みに操り、外国人に対して臆さず自己主張ができるに違いない、などと期待され、帰国子女は一気に「ニューエリート」の座を獲得した。

すると学校の現場でも変化が起こった。以前から国公立の大学が入試の際に帰国子女枠を設けていたが、やがて私立の大学もそれに倣っていく。そして一九九〇年代には政府の助成金が受けられることから、私立の中高一貫校までもがこぞって帰国子女を受け入れるようになる。そのような教育界の動きによって、一般人の間で帰国子女が「特権階級」として認識されていくことになるのである。

またメディアにおける帰国子女の扱いも変わっていった。保護者たちが海外で育つ子どもの悲哀を訴える、といったトピックが目立っていた頃とは違い、帰国子女自身が雑誌やテレビに頻繁に登場するようになった。ニュースキャスターやタレントなどに「海外（主に英米などの英語圏）育ち」「バイリンガル」であることをアピールする者が多くなり、「帰国子女」がブランド化する傾向を見せた。

私のアンケートに答えた学生たちの帰国子女象は、この時代に形成されたものが原型になっていると言えるだろう。

実態との乖離

その後、「帰国子女」という名称は政府の刊行物で見られなくなったものの（二〇〇〇年以降は「帰国生」や「帰国児童」を使っている）、すっかり日常語として日本社会で定着した感がある。

そして従来の定義（＝親の海外駐在に伴って渡航し、最低一年を海外で過ごした後に帰国した子ども）には含まれていなかった「欧米諸国で現地校に通っていた」「外国語の堪能な国際的人材」といった特徴がいつの間にか付随し、現在に至っている。

だがこのプラス方向に偏ったイメージは、それ以前の「救済されるべき対象」といったマイナスのイメージ同様、海外から日本に戻ってくる子どもたちのごく一部にしか当てはまらない。

まず、帰国生が海外滞在中に住んでいた地域は欧米だけではない。確かに海外子女数の最も多い地域は長らく一位が北米、二位がヨーロッパ、そして三位がアジアであった。だが二〇〇五年にアジアが北米を抜き、それ以降もトップの座に居座っている。

また、皆が皆、現地校に通っていたわけではない。海外子女の就学形態を見ると、少なくとも全体数の三分の一は全日制の日本人学校に通っている。

そして現地校やインターナショナルスクール（以下「インター」）に通っていた場合でさえも、外国語が堪能になって帰ってくる子ばかりとは限らない。私の調査したカナダ在住の海外子女の中には、長年カナダの現地校に在籍しながらも英語力が不足していることに悩んでいたケースがあった。

このようなことから、正式な定義上はれっきとした「帰国生」であるにもかかわらず、受け入れ側の日本社会からも、（もっと重要なことに）本人たちからさえも「帰国子女」の条件を満たしていない、と見なされる子どもが出てきてしまうのである。

ここがTCKと帰国子女の体験の決定的な違いであると言えよう。

ヴァン・リーケンらによると、「TCK」という名称はそれが与えられた人々に大きな安堵感をもたらすそうである。他のTCKたちと出会うことによってようやく自分たちの経験が理解され、承認され、共有できるようになるからである。

だが海外で育つ日本人の子どもたちの体験が実は多様性に満ちている、ということを見落としがちな「帰国子女」の名称は、残念ながら多くの当事者にとって窮屈なレッテルになってしまったと言わざるを得ない。

偏った「帰国子女イメージ」の危険性

とりもなおさず、日本社会において帰国子女のイメージが偏ったまま固定化してしまったわけだが、その弊害は本来そのカテゴリーに含まれるべき者を除外する、ということ以外にもある。「帰国子女は英語が喋れてカッコいいし、受験の場で得をする」というイメージを刷り込まれた世代が親となり、海外駐在をすることになった時、それらは浮き彫りとなる。

海外子女の地域別の就学形態について述べた通り、アジア地域では従来九十五%の子どもたちが全日制の日本人学校に通っていた。ところが二〇〇五年頃から徐々に「日本人学校離れ」という現象が起こりはじめる。帰国後の学校適応を考えれば日本の学校と同じカリキュラムで授業を受けさせたほうがよいように思えるが、なぜこのオプションを選ぶ保護者たちが減少しているのであろうか。

その理由を探るために取材をすると、アジア地域での駐在期間が長期化しており、それが子どもの進路にも影響を及ぼしていることが分かった。日本人学校は（義務教育の終わる）中学までしかないので、高校以降は子どもをインターに編入させるか日本に帰らせるしかない。そこで中学卒業後に編入させるのであれば最初からインターに入れておくほうがよい、という保護者の声が聞かれた。

だがその他にも「どうせ海外に来たのなら、英語ぐらいできるようになったほうがよい」と考える保護者もかなり多いということが判明した。英語圏に住んでいないのであれば、せめてインターに行かせて英語で授業を受けさせよう、そうすればアジア地域でも「イメージ通りの帰国子女」ができあがる、という発想だろうか。これとて海外に数年滞在して、英語で授業を受けていれば子どもは自然にバイリンガルになる、といった間違った知識の上に成り立っているのだが。

本来、海外体験の「思わぬ副産物」として捉えられるべき外国語力や異文化コミュニケーションの能力が、あたかも「望ましい成果」として掲げられているのだとすれば、それは非常に危険な考え方である。

いずれにせよ、その後もインター志向は強まり、現在、アジア地域の子どもたちの五割以上が日本人学校よりもインターに通っている。

ちなみに、日本国内で子どもをインターに通わせている人がいるのも、帰国子女のステレオタイプ化と無関係ではないと私は思っている。

TCKの概念から学べること

最後に今一度、TCKと帰国子女の違いについて研究・学問的な角度から整理してみよう。

「TCK」という名称は、国際移動を繰り返す子どもの置かれる「サードカルチャー」という独特な「狭間の文化的環境」に基づいている。ウシーム夫妻やヴァン・リーケンをはじめとするTCK研究者たちは、そのサードカルチャーの中で成長する体験がTCK自身に及ぼす長期的な影響に関心を寄せている。また問題意識は当事者あるいはその保護者たちから主に上がってきたものである。

それに比べ、「帰国子女」という用語は「日本への帰国」という限定的な事象に重点を置いた統計用のカテゴリーであったものが、教育現場での支援（あるいは優遇）対象を指す用語へと変遷していった。帰国子女を研究する者たちのもっぱらの関心は、受け入れ側である日本社会にとって、海外で育った子どもたちがどういう存在となるのか、に集まる。言い換えれば、子どもたちが海外生活を通して得たもの（あるいは失ったもの）が日本でどのように評価されるか、が問題の中心となってくるということである。子どもの幼少期の国際移動という同じテーマを扱いながらも、

・「当事者への影響に焦点を当てた、当事者による」TCK研究

・「受け入れ側への影響に焦点を当てた、受け入れ側による」帰国子女研究とでも言えようか。

この違いは私がルース＝ヴァン・リーケンに二〇〇三年に初めて出会った時に指摘したことであり、彼女も非常に興味を持ってくれた点である。二つの違った視点からお互い学び合うことは多い、ということでも同意したのであった。

TCK研究が当事者同士の内輪の議論で終わってしまいがちなのは、TCKの個人的な体験にばかり焦点を当てるため、行った先々、あるいは帰国後の受け入れ側の社会との関わりにあまり注意を払わないからではないか。受け入れ側の視点はあまり考慮されないため、TCKの存在が一般人にとって何を意味するのかが見えてこないのである。

反対に帰国子女研究ではもっぱら受け入れ側の日本社会に焦点が置かれているために、海外で育った子どもは場合によって目立ったり、全く見えない存在になったりする。そして時代や社会情勢によって厄介者にも憧れの的にも転じ得る。

だがTCK研究の視点を取り入れることによって、膠着した帰国子女イメージが打破され、全く新しい発想が可能となるのだ。

私自身、帰国子女のステレオタイプを払拭することを使命としていたが、ヴァン・リーケンたちの著書に出合ってようやく自分も別のステレオタイプにとらわれていたことに気づいた。いわゆる「欧米」に長期間住んでいたケースであっても帰国後の適応には個人差が見られることから、私は滞在先のホスト社会との関わり方、ホスト社会の特色に注目して分析を重ねていた。

ところがヴァン・リーケンたちが「幼少期の度重なる国際移動」を中心的な要因として扱っているのを知り、衝撃を受けたのである。自分が全く軽視していた側面であり、早速その後の分析の視点に取り入れ、開講していた「帰国子女論」のシラバスにも組み込んだ。

効果は間もなく現れた。私の担当する卒業論文演習にマレーシアで四年ほど日本人学校に通った後に帰国した学生がいた。彼女はずっと自分が「帰国子女」と呼ばれるのに相応しくないと思っていたそうだが、私の授業を受けて「帰国子女」という用語の歴史的背景を学び、さらに「ＴＣＫ」の名称に遭遇して初めて自分の経験を理解できたと言っていた。私自身がヴァン・リーケンたちの著書に出合っていなければ、この学生の卒業論文を正しく指導できなかったであろう。

いまだに日本社会で定着している「帰国子女＝欧米育ちで英語が喋れる」といったイメージを打破するのは難しいが、根気よく続けていくべき作業である。ＴＣＫ研究から得た知見と上手く融合させ、日本独特の「新・帰国子女論」を展開してくれる研究者たちが現れるのを期待している。

●コラム「帰国子女」と「サードカルチャーキッズ」　参考文献
佐藤郡衛『海外・帰国子女教育の再構築——異文化間教育学の視点から』玉川大学出版部、1997 年

嘉納もも「『帰国子女』のイメージと現実」『現代社会論——当面する課題』世界思想社、2006 年

嘉納もも「スリーエーネットワーク Web 連載『サードカルチャーキッズ』を知ろう！」（2010 年連載終了）
　第 2 回：https://www.3anet.co.jp/np/info-detail/132/
　第 4 回：https://www.3anet.co.jp/np/info-detail/134/
　第 6 回：https://www.3anet.co.jp/np/info-detail/137/

嘉納もも「国際移動する子どもたちの異文化体験——サードカルチャーキッズと海外・帰国子女研究を踏まえて」『教育と医学』慶應義塾大学出版会 2014 年 8 月号、64—72 頁

Momo Kano Podolsky "Comparing Third Culture Kids and Kaigai/Kikoku-Shijos" Appendix B in David Pollock and Ruth E. Van Reken, Third Culture Kids: Growing Up Among Worlds, 2nd Edition, 2009: Nicholas Brealey Publishing

訳者あとがき

嘉納もも

日本語版『サードカルチャーキッズ』は今から十三年前、二〇一〇年に初めて刊行されました。

国際的な通信方法がまだEメール中心だったあの当時、日部八重子さんとの翻訳作業には気の遠くなるような長い時間を費やしました。ようやく出来上がった原稿がスリーエーネットワーク社の有能な編集部の皆さまの手ですっきりとまとめられ、お洒落なイラストで装丁された時の感激は未だに忘れられません。

そのようにして大切に創られた『サードカルチャーキッズ』であったため、改訂版に取り組むにはかなりの覚悟を要しました。峰松愛子さんという若さと情熱に溢れた助っ人が現れてくれたのは、日部さんと私にとって何とも幸運なことでした。

新体制で初めてのリモート・ミーティングをしたのが二〇二一年二月。それから二年以上の年月をかけて定期的に（スクリーン上で）集まり、全十八章の翻訳を仕上げました。

峰松さんがエネルギッシュに英語版の整理と下訳を受け持ち、日部さんが思い切りよくリライトを施して、私が両方を見渡してコメントを加える。初版の頃と比べて通信技術も格段に進歩し、効率よく作業が進みました。最後の「追い込み」の段階ではほぼ毎週三人でディスカッションを重ね、強力なチームワークで結ばれているという実感がありました。

このように私たちが共訳チームとして上手く機能した理由としては、三人ともが個人的にサードカルチャーキッズのテーマと深い関わり合いを持っていることが大きかったと思います。

日部さんはフランス人の御主人のお仕事の関係で国際移動をたくさん経験し、三人のＴＣＫを育ててきました。大学で教鞭を執るかたわら、ＴＣＫについての講演を積極的に請け負い、最初の日本語版『サードカルチャーキッズ』が出版されてからずっと販促活動を続けてくれています。

峰松さんは小学生の時にお父様の駐在に伴ってアメリカで五年間を過ごしています。大学卒業後は帰国生の受け入れ校に教員として勤め、現在は大学でＴＣＫ研究の文献を教材にして学生たちの指導に当たっています。また、高校生のＴＣＫたちのために活動の場を設け、世代を超えて議論ができるようなイベントも開催しています。

私は一九六〇年代から一九七〇年代にかけて幼少期をフランスで過ごした「帰国子女のハシリ」です。その体験が元となって異文化体験やエスニシティ問題に興味を持つようになり、トロント大学で「海外子女の社会化」をテーマに博士号を取得しました。その後、今度は自分の仕事のためにカナダ人の夫と息子たちを連れて二〇〇一年から五年間日本に滞在することになり、図らずも二人のＴＣＫの親となったのでした。

このように私たちは時代背景や立場の違いこそあれ、全員がＴＣＫの現象を身近に感じており、その経験が『サードカルチャーキッズ』の翻訳にうまく反映されたと確信しています。

ここからは私の個人的な話になります。

私がルース＝ヴァン・リーケンの一九九九年の著書 *Third Culture Kids: The Experience of Growing Up Among Worlds* に出合ったのは二〇〇三年初頭、京都女子大学で『帰国子女論』という講義を担当し始めて二年が経ってからでした。

私は修士論文でも博士論文でも自分と同じような体験をした人々、つまり親の仕事のために海外で子ども時代を過ごした人々を研究対象として扱ってきました。しかし日本以外にもそのような経験をした人がいるに違いない、という当たり前のことに思い至るまで何故かとても長い年数を要したのです。

そんな時に遭遇したのがルースたちの著書と学会活動でした。ＴＣＫという概念に大いに刺激を受け、アメリカには企業駐在員や外交官以外にも、軍人や宣教師の親に連れられて国際移動を繰り返す子どもたちがいることを知りました。まさに「目からウロコが落ちる」思いでした。

さらに驚くことに *Third Culture Kids* を取り寄せてから間もなく、ルースが息子たちの通う神戸のインターナショナル校に講演に来ると知らされたのです。イベントの広報のチラシを見た時、あまりのタイミングのよさに（大袈裟ではなく）運命的なものを感じました。

後にルース自身が笑いながら教えてくれたのですが、講演当日、ホールの客席で前のめりになって頷く保護者（＝私）がいたので、目立ったそうです。私はルースに自分の書いた帰国子女に関する論文のコピーと連絡先を渡し、間もなく彼女と盛んにメールで意見を交換するようになりました。

ルースとの議論の中で、日本では「海外・帰国子女」が社会問題として取り上げられる一方で、北米などでは何故TCKの認知度が低いのか、といったところに注目しました。そこで翌年の二〇〇四年、続いて二〇〇五年にはルースの招待を受けて彼女が創始者であるFamilies In Global Transition（FIGT）の学会で発表させてもらいました（なお、このテーマに関する私の見解は本書の「コラム」にてお読みいただけます）。

私はその後、カナダに戻って現在に至っているのですが、日部さんと最初の日本語版『サードカルチャーキッズ』の共訳に携わった以外、仕事ではTCK研究に割く時間がどんどん減っていきました。同時にルースとのやり取りもいつしか絶えてしまいました。新しい職場が主にカナダ社会におけるエスニシティ問題、移民政策、そして多様性といったテーマを扱うところであったため、自然とそうなってしまったのです。

それでもたまに「国際移動する子どもたち」や「多文化環境における子育て」に関する講演や記事の執筆依頼が舞い込むと、その都度TCKへの関心は再燃しました。そしてこの翻訳の改訂をきっかけに、十年ぶりにどっぷりとTCKの世界に浸ることになったのです。私がちょうどトロント大学での職場をリタイアして時間に余裕ができたところだったので、またしても絶妙なタイミングに運命を感じました。

さて、今回の共訳作業を通してあらためて自覚したことがあります。それは還暦を過ぎてもなお、私の心の中には子どもの頃にフランスで過ごした思い出が根強く残っている、ということです。それらの思い出はほんのちょっとでも突けばビックリするほど鮮やかな色・音・匂いを伴って蘇ってきます。しかも楽しいことのほうが多かったはずなのに、全体的にほろ苦く、部分的に鋭い痛みの入り混じった感情が掻き立てられるのも不思議です。

私の父は高度成長期の典型的なモーレツ商社マンでした。ロンドンに赴任が決まったのは東京オリンピックの翌年で、当時の海外駐在員にとっての憧れの地に意気揚々として向かったと聞いています。ところが我々家族がイギリスに到着してほんの十か月後にはパリに転勤が言い渡されたのでした。親子ともども、さぞ動揺したことであろうと推測されます。

兄はそのせいで日本で小学校一年生を終えた後、イギリスの小学校でも一年生として数か月を過ごし、少し慣れたと思った矢先にまたフランスで同じ学年をやり直すという目に遭っています。英語がようやくカタコト話せるようになってホッとしたところに、今度はフランス語の環境に放り込まれた、ということになります。

一応、嫌がりもせずに学校に行く兄のノートを母はある時、めくってみたそうです。するとどのページにも、来る日も来る日も（兄の得意だった）動物や鳥の絵が描いてあり、母は胸が詰まる思いをしたと言います。そして登校拒否をしない代わりに兄は一時期、外食を嫌がり、レストランに行くと気分が悪くなるという「無言の症状」が出たのでした。

時代によって、あるいは行った先の社会状況によって多少の違いはあると思いますが、現地の言葉を話さない、外見も異なる転校生に対する周りの子どもたちの扱いはしばしば残酷です。これも母に聞いた話ですが、ある日、幼稚園から小学校に上がろうとしている私に兄がアドバイスをしたそうです。

「休み時間に校庭に出たら、ずっと壁を背にしていたらいいよ。そうしたら後ろから突き飛ばされないで済むから」

私は兄のアドバイスのおかげか校庭で転ばされることはありませんでしたが、オーバーのベルトを引きちぎられたり、腕をねじられて家に帰ったことは憶えています。言葉に不自由がなくなった後も、アジア人が珍しい一九六〇年代のフランスで私たちが人種差別を受けたことは一度や二度ではありません。母と買い物に行ったスーパーで泥棒扱いをされたり、嫌な言葉で蔑まれたりもしました。

その一方で、フランス在住中に二度しか訪れたことのない日本に帰国すると、私はまもなく漠然とした安堵感に包まれました。何年住んでも、ネイティブ並みにフランス語が操れても、自分がよそ者であることを折に触れて痛感させられて育ったからでしょうか。「ここは誰にも文句を言われずに、いても良い国なんだ」と思った記憶があります。

兄や私の海外での子ども時代がことさら悲惨だったと言いたいわけではありません。不快な思い出以上に温かい隣人関係や素晴らしい友情に恵まれ、あの時代の優れたフランス式の学校教育を受けることができたのは一生の財産となりました。

ただ、「何の苦労もなしにフランス語が喋れるようになってラッキーだったね」と羨ましがられるほど、私たちの経験が単純なものではなかったのも事実です。

帰国後も私たち兄妹はおおむね順調に学校や社会に適応できました。そのおかげで二人ともフランスと日本で培ったスキルをそれぞれの分野で生かせたことには感謝しています。

しかし私たちのケースは決して「普通」ではなく、祖父母や周囲のサポートが要所で適時に得られたからこそ難を逃れられたのだ、と言えるでしょう。私が知っている範囲だけでも、親の転勤のタイミングなどのせいで大変な苦労をした人たちは大勢います。

本書『サードカルチャーキッズ』に登場する子どもたちに共通しているのは、兄や私が経験したような悲喜こもごもの気持ちや思い出ではないかと思います。良かったことと嫌だったことが完全に消化されないまま積み重なっていき、その違和感が普段は表面に出てこないもののごく浅いところに潜んでいる、と言えばいいでしょうか。

だからこそ「帰国子女ってカッコいい」、あるいは「子どもをせめてインターナショナルスクールに入れて擬似体験させたい」といったコメントを耳にすると、私は得も言われぬ怒りを覚えるのです。帰国子女やＴＣＫが辿る成長のプロセスは、あくまで家族全体のライフスタイルの副産物として位置づけられるべきであり、安易な憧れのもとにあえて追い求めるものではない、と私は考えます。

国際移動をしながら異文化の狭間で育つことが、その人の後の人生にどのような影響を及ぼすのかは専門家でもなかなか予測できません。吉と出るか、凶と出るか、その両方が混ざったものになるのか。親の立場から言えばなるべく良い方向に行くように、できる範囲で環境を整えながらハラハラと見守るしかないように思います。
これはＴＣＫの体験を理解するうえで決して見失ってはいけない側面であり、私の場合、自分だけではなく息子たちにもそれが言えるので、親として自戒の念を込めて書き留めておきたいと思いました。

つい長くなってしまいましたが、とにかく新版『サードカルチャーキッズ』は三人の共訳者が真剣に議論し合い、心を込めて創り上げた一冊です。二〇一〇年のバージョンを上回る出来であると自信を持っています。

最後に、私たちの道のりに実に根気よく、丁寧に付き合ってくださった編集部の谷岡さん、初版からお世話になっている井上さんにお礼を申し上げます。長い間、励ましていただきありがとうございました。お二人には感謝の気持ちでいっぱいです。

この本が読者の皆様に多くの発見と感動をもたらしてくれることを願ってあとがきとさせていただきます。

二〇二三年四月　カナダ・オークビル市にて

初版　訳者あとがき

日部八重子

私がこの本に出合ったのは、夫の仕事の関係でシンガポールに海外赴任した二〇〇五年でした。会社の海外赴任パッケージにより、着いてすぐに一日間の多文化セミナーを受講しました。その時の講師がこの本を貸してくれたのでした。なんとなくページをめくり始め、すぐに引き込まれ、いっきに読み終えてしまいました。本の中には私の長男と同じ経験をする子どもが何人もいたのです。

私の長男はとても「難しい子」で、その頑固さといったら相当なものです。物心ついたときから、自分のやりたいことしかやらない、大人の言うことなどかまわぬ、我が道をとことん行く、そんな子でした。学校では問題児扱いされ、先生からの苦情のメールや呼び出しはしょっちゅうでした。

そんななかで私は常に後ろめたさを感じていました。長男の問題行動は私たちの生活スタイルが原因なのだ、頻繁に引っ越しを繰り返すから落ち着きのない子どもになってしまったのだ、とそんな気持ちがあったのです。私はフランス人の夫と結婚して以来、さまざまな国に住んできました。長男は日本で生まれ、その後フランス、アメリカ、シンガポールと転々としました。長男は移動のたびに情緒不安定になりました。本のなかには長男に当てはまる問題が次々に出てきます。それまで何がなんだかわからずに手を焼いていた物事が、本を読むことによって系統だって見えてきました。もちろん問題が解決するわけではありませんが、その仕組みを理解することで私に少し余裕が出てきました。

シンガポールでは、国際的な駐在コミュニティに身を置いて、親子ともに自分たちの居場所を見つけた思いでした。英語は共通語ではありましたが、皆いろいろな訛りで話すので、だれでも臆することはありません。本当に南国のパラダイスでのハッピーな生活だったのです。

しかし転勤は期限付き。仕事の都合で一年後にはアメリカ、コネティカットに戻ることになりました。シンガポールを離れたくない長男の願いが聞き入れられるはずもなく、家族でがっかりしながらアメリカに帰りました。長男は学区の公立小学校に五年生の途中で編入しました。コネティカットでは五年生は小学校の最高学年。クラスは卒業に向けて催し物を企画したり、低学年の時からの写真を集めてスライドの準備をしたり。そんななかにすんなりと長男が馴染めるはずがありません。しかもクラスメイトはアメリカを一度も出たことのない子どもばかり。しだいに「お前は外国から来たからバカだ」「チャイナヘッド」「鼻ペチャ」などと、差別的発言をクラスメイトから受けるようになりました。私は憤慨して校長先生のところへ行きましたが、校長先生は事態をうまく収拾できませんでした。私が学校に行ったことで長男の状況はさらに悪くなりました。そして長男は「ママ、学校に来ないで。白人じゃないから」「ママ、みんなの前で日本語を話さないで。恥ずかしいから」と言い出す始末です。

なんとかしなければ、と親子ともにもがくのですが、どうにもなりません。ひどく落ち込みました。しかも長男は学校であったことを進んで報告するわけでもなく、あとになってから会話のなかでポロッと、そういえばこんなことがあった、などと言うのです。そのたびに胸が締めつけられる思いでした。母親の私がこれではだめだと思いながら、さらに落ち込み、そんなときにこの本を再び開きました。シンガポールで読んだときには見えなかったことが行間から新たに伝わってきました。涙がとまりませんでした。そのうち読み返すだけでは足りなくなり、日本語に訳し始めました。毎日毎日、一行ずつ丹念に読んで作業を続けます。そうすると気持ちが多少落ち着きました。そしてこれを出版できないかと考え、語学書やクロスカルチャー関係の本を出版しているスリーエーネットワークに本の簡単な紹介文と概要、そして部分訳を送りました。一週間ほどして、編集の井上さんから国際電話があり「ぜひ出版の方向で考えたい」とお言葉をいただきました。

そして長男は学校での過酷な状況を学年末まで生き延びました。卒業とともに、もう二度とあの小学校は見たくない、学区の中学校には絶対に行きたくない、と言い出しました。その言葉をきっかけに、私と夫は、私たち家族に合った場所への移動を考え始めました。そして候補に挙がったのが、夫の会社の本社があるニュージャージー州プリンストンでした。プリンストンには多様な人が住んでいて、日本語補習校もありました。夫は会社に異動願いを出し、新学期に間に合うよう夏の間にあわただしく引っ越すことになりました。

そして九月、長男はプリンストンの公立中学校へ進みました。すべては順調に、と言いたいところですが、そこでも問題はもちあがります。いじめこそないものの、落ち着きがない、授業中話を聞いていない、宿題をやってこない。本来の彼自身の問題がまた浮かび上がってきたのです。先生やカウンセラーから連絡があるたびに、ストレスやプレッシャーを感じました。学校では各科目の先生方が長男に特別に注意を払う（一番前に座らせる、毎日の宿題を手帳に書き込んだかどうかチェックする）、家庭では学校との連絡を密にとり、宿題を手伝う（ノートを開き、鉛筆を持たせ、毎日数時間隣に座る）などの対策をして毎日を乗り切っていました。

そんななかでも翻訳作業は続けていました。ルースが嘉納先生と私の間をとりもってくれ、嘉納先生と二人で翻訳を推敲していきました。嘉納先生には貴重なお時間を割いてくださったことに本当に感謝しています。

さて、今の時点で我が家の長男がどうなっているかというと……。ゆるやかではありますが成長していると言っておきましょう。長男の話しか出ませんでしたが、うちには次男、三男がいます。次男は世の次男の常らしく、長男の困難を目の当たりにしているせいか、なんとも要領のいい子です。三男はまだ幼くいたずら盛りです。一番上の子を育てるにあたって親はいつまでも初心者なので、これからも手探り状態が続くのでしょう。

最後に読者のみなさんが、私のようにこの本に助けられ、導かれ、少しでも癒されますよう。

二〇一〇年七月

新版 訳者あとがき

日部八重子

初版から、あっという間に十三年が経ちました。後日談を少しお話ししたいと思います。本が出た後日本への転勤が決まり、長男はやっと「帰国」を果たすことになりました。ところがいざ日本に帰ってくると、自分は「純ジャパ」ではなく「ハーフ」であることを思い知らされることになったのです。道を歩いていてもじろじろ見られたり、英語で話しかけられたり。果ては「日本語上手だね」と言われる始末です。

長男のアイデンティティ探しはその後も続きました。最終的にアメリカの大学への進学を選び、卒業後はアメリカで就職しました。今は成人し、アメリカと日本とフランスのバックグラウンドを持つ国際人というところで落ち着いたようです。一つ喜ばしいことはと言えば、子ども時代の頑固な性格は大人になってからは利点に転じたことです。やりたいことをやり抜くパワーのある大人になりました。

次男三男はこれから先、どこを拠点にして生きていくのかまだわかりません。私も同じです。夫は日本での駐在を終えアメリカに戻りましたが、私は三男のインターナショナルスクール卒業までは日本に残ることにしました。そして現在は日本とアメリカを行ったり来たりする生活をしています。どちらの国にも大切な家族がいます。家族が分散しているため、どちらかを選ばなければならないとなると身が引き裂かれる思いです。

日本に帰ってきてからは、講演に呼ばれれば全国に本を持って出かけ、さまざまな所で話をしました。しかし、時間と共にサードカルチャーキッズの本は私の中では段々と過去の出来事の中に流れていき、ソーシャルメディアのページの更新も頻度が少なくなっていきました。その間に原書の英語版は改訂を重ねていました。

ある時、峰松愛子さんから突然ソーシャルメディアを介してメッセージを受け取ったときはびっくりしました。「今でも思い悩んでいるTCKがたくさんいる」「アメリカで出版されている改訂版を翻訳する予定はあるか」と言うのです。日本語版サードカルチャーキッズは日本向けによくまとまっているので、実は新しい版の必要性を私はあまり感じていませんでした。ところが、峰松さんを通して幅広い世代や状況のTCKを知ることとなり、これはアップデートが必要だと思うようになりました。

そこでスリーエーネットワーク編集部と嘉納もも先生に連絡を取り、そのアイデアを話しました。初版発売時に販促活動をしてくださった馬場さんが、現在の編集者である谷岡さんにつなげてくださり、また初版の編集に携わっていただいた井上さんもチームに加わってくださいました。そして峰松愛子さんを共訳者に迎え、新版プロジェクトが発足しました。

今回の翻訳作業はテクノロジーを駆使しました。共同編集ドキュメントを使い、同時に作業を進め、毎週または隔週で共訳者ミーティングをビデオ会議で開催し、いろいろなことを話し合いました。編集部も随時進行状況を共有し、初版の時のようなEメールや紙での原稿のやりとりはほぼありませんでした。そして共訳者三人はこの作業を通して、話し合いを重ねるうち、お互いに深く信頼するようになりました。実際に対面で会ったのは数えるほどだというのに不思議なものです。本書の中にもテクノロジーによるコミュニケーション手段の変化について出てきますね。

このプロジェクトの実現のために尽力くださったスリーエーネットワークの皆様、そして共訳者に感謝いたします。また初版から引き続き何があっても私を支えてくれる夫へ。私のブレーンストーミングや愚痴に忍耐強くつき合ってくれて本当にありがとう。

新しい日本語版を読んだ皆様が、何らかの形で心のよりどころを見つけられることを祈っています。

二〇二三年四月

訳者あとがき

峰松愛子

　私が初めてサードカルチャーキッズについて知ったのは、二〇一〇年に初版の日本語訳が刊行されたときでした。当時私は日本の帰国生受け入れ校に教員として勤めており、帰国生関連の資料に目を通すことも仕事の一つでした。初版の『サードカルチャーキッズ』日本語版と英語の原書を早速取り寄せ、学校で毎日接する、十人十色の帰国生たちに対する理解を深めるのに役立つことを期待して読み始めました。

　しかし正直なところ初めて原書を読んだときには、内容は興味深く思えたものの心が揺さぶられるほどの感動はありませんでした。今振り返ると、教員としてまだ駆け出しだった私は、「帰国生」というレッテルで生徒を特別視しないように意識し、帰国生であろうとなかろうと目の前の生徒一人ひとりと向き合うことに必死だったのでしょう。そして何よりも私に自己理解が足りていなかったからこそ、サードカルチャーキッズについて読んでもどこか他人事にしか感じられませんでした。私自身六歳から十一歳まで米国シカゴの現地校と補習校に通い、中高時代を帰国生として日本で過ごしましたが、自身がサードカルチャーキッズであるという自覚は皆無でした。むしろ日本の大学を卒業し、れっきとした教員として教壇に立ち、無事に「帰国子女」を卒業して日本社会の一員になれたと自負していたのです。

転機となったのは三十代に突入した頃、ふとしたことがきっかけで、「日本人らしくしなければ」と常に頑張っている自分に気づいたことでした。アメリカから帰国して約二十年も経つのに、いまだに日本人になりきれていない感覚があることに戸惑い、再び『サードカルチャーキッズ』の原書を手に取りました。以前読んだはずの内容が、今度は自分事として捉えられ、開眼する想いでした。特に第1章第1節にある No one is ever a former third culture kid.（TCKは大人になってもTCKなのだ）という言葉は、「帰国子女」を卒業して日本人になれたと頑なに信じていた私の心を溶かすようでした。それまで封印してきた「日本でもアメリカでもない」どっちつかずな自分にやっと向き合い始めることができたのです。

その頃、私は大学の講師として英語の授業を担当しており、ちょうど大学のカリキュラム改編で新規の開講科目を担当することになったため、この原書をテキストとして授業で用いることにしました。初版の日本語訳と原書（当時は第2版）を照らし合わせながら、学生にとって内容が分かりやすくなるように教材を作成し、また学生が日本の文脈でもTCKについて考察できるように、帰国子女研究の文献や自分自身のTCKとしての体験談も織り交ぜながら授業をつくっていきました。今思えば、この一連の作業も私自身の自己理解を深めるプロセスだったのかもしれません。

いざTCKをテーマに授業をしてみると、学生の反応にこちらが学ぶことばかりでした。なかでもクロスカルチャーキッズ（CCK）について扱った際、授業内や授業後の振り返りのなかで「カミングアウト」する学生が続出したのです。自身または親が外国籍だったり、外国に住んだことがあったり、家庭内の文化が日本の一般的な家庭とは少し異なったり、背景はさまざまでもそれぞれに共通していたのが「カメレオンみたいに私も周りと同じフリをしてきた」ということでした。一見すると日本人学生だけの、ごく一般的な日本の大学の教室にこんなにも多様性が潜んでいたのかと私自身も驚き、そして無意識に学生たちを一括りに見ていたことを反省しました。そして、この本に出てくるようなＴＣＫの特性について理解し共感する入口として、幼少期の異文化体験に焦点を当てるＣＣＫの概念は有用だと感じるようになりました。

とはいえ、ＣＣＫの概念は学術的に確立しているものではなく、原著者のルース＝ヴァン・リーケンが提唱しているものです。実際、どのような議論が繰り広げられているのかを知りたいと思い、ルースが発起人の一人でもある Families In Global Transition（ＦＩＧＴ）のカンファレンスに参加することにしました。学術的な好奇心から軽い気持ちで開催地のオランダに向かったものの、この地でルースや世界中のＴＣＫたちに出会い、一気に視界が開けたような体験をしました。

ＦＩＧＴのカンファレンスには、ＴＣＫ関連の研究に携わる研究者のみならず大人になったＴＣＫ、ＴＣＫの親、インターナショナルスクールの教師など、国際移動という一つの共通テーマをもとにさまざまな背景の人が参加していました。それまで日本国内で帰国生に囲まれた生活をしてきた私にとってテーマ自体は馴染みのあるものでしたが、人種や年齢、国や文化を超えてＴＣＫの話をするのは初めてで、多種多様な発表を聞きながら不思議と涙している自分に最初は戸惑いました。しかしそれは、他人の体験談を聞くことで、それまで忘れていた幼少期のトラウマともいえる体験を感覚的に思い起こしていたのだと思います。アメリカの現地校で何が起きているか分からず、自分という存在が突然世界から消えてしまったような感覚になったこと、先生やクラスメイトに「分からない」と伝えたくてもどう伝えてよいか分からず途方に暮れていたこと。まさに本書にもある通り、六歳の自分が感じていた言葉にならない気持ちをあらためて自覚することで、やっと自分自身と向き合えた気がしました。なかでもルースは、涙を流している私に寄り添い、励まし続けてくれました。

ＦＩＧＴのカンファレンスから帰国後、日本国内にも似たようなＴＣＫに関連した交流の場を設けることができないかと考え、勉強会や交流会を開催し、ご縁があり株式会社ティー・シー・ケー・ワークショップの水田早枝子さんと共同でＦＩＧＴ日本支部も立ち上げました。同時に、大学でも引き続き原書を用いてＴＣＫについての授業をし、このような活動を続けるうちに、原書は第3版まで発刊されているのに日本語版はなぜ初版のままなのだろうか、という疑問を抱くようになりました。国際移動をする家族が増え、日本の文脈でもますますニーズがありそうな内容にもかかわらず、日本では原書の初版のみが翻訳され、話題としてＴＣＫが下火になってしまったような印象を受けたのです。この素朴な疑問をルースに投げかけてみたところ、初版の共訳者である日部八重子さんと嘉納ももさんのお二人に聞いてみたらいいじゃない、と言われたのです。

ルースの助言に素直にしたがい、二〇一九年五月に『サードカルチャーキッズ』のFacebookページにメッセージを投稿し、私の想いと疑問を共有させていただきました。まさかその後に日本語訳の改訂に関わることになるとは考えもしませんでしたし、今振り返ると本当に恐れ知らずなことをしたと思います。初めての顔合わせで、スリーエーネットワーク編集部の井上様と谷岡様から『サードカルチャーキッズ』初版への思い入れを伺った際には、私はもしかしたらとんでもないことをしてしまったのではないかと大変恐縮しました。しかし、そのように初版から大切にされ、また私自身にも大きな思い入れがある本書だからこそ、共訳者のお二方と共に妥協せずに議論を重ねて翻訳を改訂できたのだと思います。

この本の持つ威力の一つは、世界中のＴＣＫやその家族に「こんな想いを抱えているのは自分だけではなかったのか」と気づかせてくれることだと思います。本書を手に取った方が、そのような想いと気づきに少しでも勇気づけられたら本望です。

最後に、この改訂版の刊行に当たりご尽力くださったすべての方にお礼申し上げます。スリーエーネットワーク編集部の皆様、共訳者のお二方、本当にありがとうございました。また、私がＴＣＫについて考えるきっかけとなった教え子の皆さん、授業でさまざまな意見や体験談を共有してくれた学生の皆さんにも感謝します。

ＴＣＫの話は常に家族にまつわるものです。彩り豊かなＴＣＫ人生を与えてくれた両親、そして日本とのつながりを維持してくれた祖父母にも心から感謝します。

二〇二三年四月

著者略歴

デビッド・C. ポロック David C. Pollock

ハウトン大学大学院名誉教育学博士。20年以上にわたり、TCKとATCKへの活動に従事。インタラクション・インターナショナル、グローバル・ノマド・インターナショナル創設者の一人。TCK、その両親、また企業や団体向けに世界各地でセミナーを実施。2004年4月没。

ルース＝ヴァン・リーケン Ruth E. Van Reken

宣教師の子どもとして幼少期を海外で過ごし、自らの子どもや孫たちもTCKである。30年以上、国際間移動をする家族にまつわる問題について世界各地で講演をし、近年はTCKの経験に関する知見を、諸般の事情から多文化環境で育つ子どもたちにも活用する道を探究している。単著『送られなかった手紙』をはじめ、その他の著書がある。米国NPO法人「ファミリーズ・イン・グローバル・トランジション(FIGT)」の共同設立者及び元代表。

マイケル・V. ポロック Michael V. Pollock

父デビッド・C. ポロックの仕事の関係でTCKとして育つ。ロヨラ大学教育学修士。教員免許とコーチングの資格を持つ。妻とともに3人のTCKを中国で育て、2012年に米国に帰国した。TCKのためのコーチングとコンサルティングを提供する米国NPO法人「ダラージャ」の設立者。米国NPO法人「ファミリーズ・イン・グローバル・トランジション(FIGT)」の理事を2年間務めた。現在は駐在員のためのオンラインコミュニティ「アイ・アム・トライアングル」の理事を務めている。

訳者略歴

嘉納もも Momo Kano Podolsky

父親の転勤により3歳でロンドンに渡航、4歳から15歳までをパリで過ごす。日本に帰国後は神戸の私立女子校に編入し、関西学院大学社会学部、同大学大学院修士課程を卒業。トロント大学博士課程に留学し社会学博士号(Ph.D.)を取得する。専門はエスニシティ研究、博士論文はトロント市在住の日本人家庭における子どもの社会化がテーマ。京都女子大学現代社会学部准教授を経て、2009年から2020年までトロント大学のMunk School of Global Affairs and Public Policyにてエスニシティ研究プログラムの事務局長を務める。現在はトロント郊外でフリーランスの通訳・翻訳業を営みながらカナダ人の夫と愛犬と暮らしている。

日部八重子 Yaeko Kabe

3人のTCKの母。フランス人の夫の仕事の関係でフランス・日本・アメリカ・シンガポールに住み、子育てをする。現在はテンプル大学ジャパンキャンパスとメリーランド大学オンラインコースで留学生や継承語学生に日本語を教えている。

峰松愛子 Aiko Minematsu

父親の転勤で幼少期から移動を重ね、通った小学校の数は合計7校。6歳から11歳まで米国シカゴで過ごす。コロンビア大学ティーチャーズ・カレッジTESOL (英語教授法) 修士課程修了。都内の帰国生受け入れ校で中高教諭として勤務したのち、大学講師としてサードカルチャーキッズについての英語の授業を担当。現在はニューヨーク州立大学バッファロー校教育学部博士課程に在学中。

新版 サードカルチャーキッズ
国際移動する子どもたち

2010年9月23日 初版第1刷発行
2023年7月 1 日 新版第1刷発行

著者　デビッド・C. ポロック
　　　ルース＝ヴァン・リーケン
　　　マイケル・V. ポロック

訳者　嘉納もも
　　　日部八重子
　　　峰松愛子

発行者　藤嵜政子
発行所　株式会社 スリーエーネットワーク
　　　〒102-0083
　　　東京都千代田区麹町３丁目４番トラスティ麹町ビル2F
　　　電話 03-5275-2722（営業）　03-5275-2726（編集）
　　　https://www.3anet.co.jp/
印刷所　萩原印刷 株式会社

Printed in Japan ISBN 978-4-88319-921-1 C0037